2015年度浙江省社科联省级社会科学学术著作出版资金资助出版（编号：2015CBZ03）

浙江省社科规划一般课题（课题编号：15CBZZ03）

当代浙江学术文库

DANGDAI ZHEJIANG XUESHU WENKU

英汉植物词汇词义特征及其文化理据对比研究

陈晦 著

中国社会科学出版社

图书在版编目（CIP）数据

英汉植物词汇词义特征及其文化理据对比研究／陈晦著 . —北京：
中国社会科学出版社，2016.4
（当代浙江学术文库）
ISBN 978 - 7 - 5161 - 7929 - 1

Ⅰ.①英…　Ⅱ.①陈…　Ⅲ.①植物—英语—词汇—对比研究—
汉语　Ⅳ.①H313②H136

中国版本图书馆 CIP 数据核字（2016）第 070572 号

出 版 人	赵剑英	
选题策划	田　文	
责任编辑	丁　云	
责任校对	张爱华	
责任印制	王　超	

出　　　版	中国社会科学出版社	
社　　　址	北京鼓楼西大街甲 158 号	
邮　　　编	100720	
网　　　址	http：//www.csspw.cn	
发 行 部	010 - 84083685	
门 市 部	010 - 84029450	
经　　　销	新华书店及其他书店	

印　　刷	北京君升印刷有限公司	
装　　订	廊坊市广阳区广增装订厂	
版　　次	2016 年 4 月第 1 版	
印　　次	2016 年 4 月第 1 次印刷	

开　　本	710 × 1000　1/16	
印　　张	14.75	
插　　页	2	
字　　数	254 千字	
定　　价	56.00 元	

凡购买中国社会科学出版社图书，如有质量问题请与本社营销中心联系调换
电话：010 - 84083683

目　　录

第 一 章
导　论

第一节　本研究的背景

一　植物词汇——认知语言学研究的一个关注点

语言的出现与人类的生活习性密不可分。"生太古之先，觉识于天、地、草、木、虫、鱼、鸟、兽，俾人居巢穴，积鸟兽之肉，聚草木之实"（《古三坟·汉魏丛书》），早期人类是在树上栖居的。语言是为了满足交往需要而在劳动过程中产生的，劳动决定了产生语言的需要，同时也决定了创造语言的可能。人类有了语言以后，种群部落不断扩大，生活内容逐渐变得丰富多样。人类在自身所处的客观环境中使用语言，语言与外部世界现实事物之间，存在着某种约定俗成的联系，这种联系便是语言的所指意义（许余龙，2002：38）。最早的语言研究是与哲学、历史和文学的研究同步进行的。我国汉朝时出现了训诂学，以学科的形式对古书词义进行专门研究。在印度和希腊，公元前4世纪到前3世纪，就建立了语法学。这些研究体系实际上就是人类对语言的专业性认知活动。

语言是人类认知世界及进行表述的方式和过程（潘文国，2001）。人类语言最初的词汇是名词，其形成基于对自身和生活处所、生活资料的理解，如人体部位、房屋家具、各种食物的名称等。语言的概念系统是在名词的基础上通过丰富的想象力，运用隐喻等认知方式不断扩展、逐步形成的。譬如用形容词来描述花草、树木特征，用代词来指称家族成员等。传统的词汇研究，无论是针对单个的词还是固定短语，在英语和汉语中都属于词汇学的范畴，是形式语言学的产物。20世纪70年代后，受词汇语义学的影响，有些学者也采用框架语义分析方法，将形式与语义结合起来研究词语，但还是围绕构词和语义"打主意"。80年代以来，词汇研究逐渐走出单一性，呈现出五彩纷呈的形势，如探讨词语的语法化、词语在交际中的语用标记、词语的模糊性，再如依据语言文化学讨论词语的民族文化性及从语言习得的角度讨论词汇的类别和习得等等。进入 20 世纪 90 年代及 21 世纪后，伴随着认知语言学的兴起，词汇研究开始转到与人们的认知方式相联系的方向上来。

植物是自然界重要的生命形式，其与人类的生存与延续密切相关。植物不仅是人类赖以生存的基础，还是人类运用类比描述事物（人）、发展思维的重要取象源。植物词汇是各民族语言词汇中重要的组成部分，其词义的产生、演变反映出人与自然、语言系统与植物系统互动的印迹。作为语言中的基本词汇，植物名不仅是一个民族在语言形式上的个性反映，而且是一个民族感知植物、认识植物、利用植物、栽培植物的历史写照，其词义理据是人类与客观世界互动的结果，反映出不同民族的地域特色、民俗活动、审美情趣和生态文化观念。如在各民族的民俗活动和特别仪式中，植物的树、藤、竹、草、花、果、枝、叶等，都是代表某种重要意义的象征物，与人的心理寄托、精神追求紧密相连。植物词汇不仅用作指称植物实体，而且用来描述非植物类的动物和事物，表达人类的情感和思想。

"词—物"不可分割，植物是人类语言创新和发展的客观源。植物同世界上的其他万物一样，本来也是没有名称的。植物名是人类在生存环境中，本能地运用自身五种官能，即通过视其形、听其声、嗅其气、尝其味、触其表，再经过理解、凝练、总结出来的。各民族先人任意地依据凸显体验的某一特征作为植物命名的理据，当这一特征相近时，理据也是相似的。但由于自然环境、文化心理及认知视角存在差异，同一植物在不同语言的名称也会不一样。正是由于各个国家的植物叫法不一样，不利于人类对全球植物资源的认知、利用、开发、保护，所以，早在 250 年前，瑞典生物学家林奈（Linnaeus）就提出"拉丁双名法"，采用两个拉丁化的名字来命名地球上的植物，以避免一物多名、同物异名或异物同名的混乱现象。1905 年在维也纳召开的第二届国际植物学大会通过了"国际植物命名法规"，以林氏的拉丁双名法作为国际植物学界进行交流的标准用名，其他的名称都不算数（崔大方，2006）。从此，各国的植物俗名（或地方名）又多了一个学名（scientific name）。虽然已知的植物有共同的拉丁学名，但对于绝大多数并非从事植物研究的人来说，植物俗名实际上是用来指称植物的唯一选择。因此，每个民族日常语言中都会用到基于植物俗名的植物词语。

英汉语植物词汇在本民族的语言学、词汇学、语义学等基础性研究中一直获得关注和重视，有不少学者在不同时期、以不同视角研究过植物词汇。植物词汇除具有一个指称植物实体的字面意义，还有一个或多个指称人或他物的引申义。认知语言学认为，语言是人类认知活动的产物，是人类体验活动的结果。词语的引申义建立在概念隐喻基础之上。概念来源于我们日常具体的生产和生活体验，具体概念是身体与外部世界互动的直接感知，抽象概念则是通过隐喻构建的。隐喻受生存环境、心理倾向、文化定势、经验多寡、年龄层次及教育背景等因素的影响。因而，植物俗名和植物词汇的引申义本质上属于概念性的，是隐喻的结晶。认知语言学对英汉植物词汇的研究从纵向的线和横向的面展开。纵向线的研究包含对植物词汇词义生成、概念映射、词义扩大、词义演变、词形组合、文化理据、语用表现等进行系统归纳分析，横向面的研究包含在纵向的每一个层面上都将英语和汉语进行对比阐释，所以是多面二元的描述。

二　植物词汇对比研究的基础

人类对世间万物的认知往往经历陌生——观察——了解——熟悉这样一个过程。对某种物质或事件熟悉以后，就会在大脑中留下印记，形成感性认识。然后用语言记录下来，并通过语言进行理性和更高层次的认识，从而使文明得以延续，文化得以传承。按照广义进化论的观点，在与人脑认知有关的七个层次中，语言层（语言、符号、技能与行为）只是其中的一个层次，在它之下是意识层（感知、意识、情感、感受），在它之上是文化层（逻辑、科学、宗教、艺术），语言处在意识层和文化层中间（钱冠连，2002：100）。由于人的生物学、社会学特征（如头脑四肢、心理感受、情感体验等）普遍相同，所以对同一物事（entity）的意识层认知也会基本相同。

千百年来，人类之所以能够迁徙融合、交往不绝，也正是因为具有相同生理、心理的意识层。然而，由于每个族群所处地理环境不同、拥有的自然条件迥异、承载的历史变迁不一、应用的科技发明不齐，在语言和文化层面的认知表现也不尽相同，甚至千差万别。认知语言学的创始人之一Langacker说过："意象是约定俗成的，因为各种语言的象征性成分并不相同，无法预言……各种语言只不过是用不同的方式来说话，即使表达的思想是雷同的"（转引自潘文国，1997：36）。比如，同样表达植物自然开花这一现象，汉语说"花开了"，英语说"The flowers are out"，除了语义、语音、符号、结构都不相同。文化层由于受思维习惯、风土人情、宗教信仰、教育方式、生态理念的影响，认知上的差异也更大。文化中的许多要素是通过语言来表达、通过语言来演进发展的。

萨丕尔（1964）认为，语言有个底座，说同一种语言的人是属于一个种族或几个种族的，也是属于身体上具有某些特征而不同于别的群的一个群；语言不脱离文化而存在，即不脱离社会流传下来的、决定我们生活面貌的风俗和信仰总体。虽然同一种语言内，在地域相距较远的方言之间，说话人用纯粹的语音形式交流也比较吃力（如粤方言分别和其他方言），但很少产生冲突和误解。例如，一个不会讲普通话也不会读写的浙江人到广东生活或一个不会讲普通话不会读写的湖南人到上海生活，就不至于有"culture shock（文化冲突）"的感觉。不是说这个人的适应力多么强，主要是所有的汉族人都处在相同的文化层中。语言的这种"所属性"说明，人的言语表现形式无时不受潜存于语言之外的社会要素的影响和制约。今天看来，被誉为"现代语言学之父"的 Saussure 百年之前把复杂的语言现象分为语言（langue）、言语（parole）和言语行为（language）三个层面，该是多么了不起。

无论何种语言，作为非物质文化形式的载体，都有一套包括语音、词汇和语法规则的符号体系。我们进行对比研究，就是从互不相同的语音、语法和词汇层面入手，探究分属两种文化的语言背后的异同点，归纳出认知规律或语言共性，揭示导致语言现象差异的民族性特征。而语言共性研究就是通过比较语言之间的相同点和不同点，发现所有人类语言共同的属性（Comrie，2009：33）。所以，对比研究本身也算是一种类型学的研究，语言之间的每个层面都可以开展对比，归纳出共性。剑桥大学英语及应用语言学研究中心 Gillian Brown（1999：2）等学者认为：语言存在着一套可以在不同层次——语音层次、构词层次、组句层次和话语结构层次进行描述的模式，而且"意义"的某些方面可以与每一层次相联系。

从"本体论"（Ontology）来看，词汇应是语言中最重要的组成要素。因为其他两个要素实质上也是为了表达意义。1905 年，英国哲学家罗素提出著名的"指称论"，认为词语与其所指事物之间的关系就是意义。语言表达不是空洞的，必须实现传递意义的根本任务。英国语言学家 D. Wilkins（1972：111）说"Without grammar very little can be conveyed；

Without vocabulary nothing can be conveyed. （没有语法，人们可以表达的事物寥寥无几；而没有词汇，人们则无法表达任何事物)"。可见，掌握词汇是承担语言交际的必要基础，理解词汇是实施语言理解的突破口。

那么，进行英汉植物词汇比较的基础到底有哪些呢？除了语言使用者生理、心理上的相同点，首先还是语言的共性。对于语言共性，出现于17世纪的《普遍唯理语法》一书就有精辟的论述。作者认为，既然语言是思想的外在表现，那么语言和思想之间必然有着内在的联系。人类语言的共性既表现在人类语言本身的形式和功能上，也表现在人类共同的认知心理上，还表现在语言生存的外部环境上（寇福明，2007）。不仅仅是英语和汉语，所有的语言之间都具有语源上的共性，因为"在我们说任何时期都不存在世界上只有一种语言的同时，今天世界上各种语言仍有可能来自同一个祖先；更有可能的是，当今各种语言，最初起源于少数几种语言……人类今天各语言的亲缘关系，比我们想象的还要近"（Bolinger，1993：485）；其次，我国和英国生长着近2000种相同的植物，许多植物的英语名和汉语名已经产生了非植物学上的意义，成为具有想象或联想意义的普通名词进入日常词汇部分；第三，英汉语有近两百年相互借用、相互吸收的历史，不仅目前的英汉语词汇中都留有许多对方语言的痕迹，而且这种相互吸纳的趋势还在不断发展。

总之，英汉民族认知自然的共性，自然语言类型的普遍性，语言和文化之间的共性，是英汉语言具有可比性的前提和基础；英汉语言宏观微观上的不同，东西方文化和哲学的差异性，是英汉对比的初衷和归宿。英汉植物词汇对比研究的基础概括起来就是：（1）语源共性；（2）语言内部（认知、功能）的共性；（3）语言外部（生理、社会、自然环境等客观存在及人的认知规律）的共性；（4）语言演变的共性。

第二节 本研究的主要内容

一 研究的对象及问题

本研究主要依据认知语言学、词汇语义学、文化语义学和植物民间分类原则等理论，从概念隐喻、"范畴化"、"原型"和"互动体验"、"百科知识"角度入手，基于植物俗名的词义理据和文化引申的考究，通过对英汉植物词汇命名机制、认知途径、语义特征、组合情况、惯用构式、语用特点、意义对应和词群概貌等方面的系统对比研究，探讨植物名隐喻化的概念建构和英汉植物词汇的认知语用特征，对比阐释英汉植物词汇的基本义、隐喻义和语用义的异同，论证、归纳和补充描述植物词汇所反映出的英汉民族认识自然、理解世界的文化共性与差异。

本研究主要围绕下列问题展开：英汉语植物词汇研究现状；植物名与理据；植物名的"有理"和"无理"表现；英汉植物名理据对比；认知、隐喻等基本概念及植物词汇词义的认知观照；英汉植物名词义理据及其生态观；英汉植物词汇结构形式；英汉植物词汇词义扩展与引申（民俗义、文化义、语用义表现）；英汉植物名中的人体隐喻及其文化理据；英汉植物名中的动物隐喻及其文化理据；特别语言现象——英汉植物词语惯用搭配，等等。

研究的目标有两个。一是从植物俗名出发，依据个体植物的立体生命形式所对应的"苗"、"草"、"树"、"竹"和其构成部分的"根"、"茎"、"节"、"枝"、"刺"、"叶"、"苞/芽"、"花"、"果"、"种（子）"、"核（仁）"等中心概念词为范畴划分层次结构，分析对比由这些中心词组成的英汉植物词语的语义、语用特点（包括词义的词源概貌、结构形态特征、转义特征等），提出"自然名物——类比映射——添加合成——民俗派生"的英汉植物词语的立体认知路径，并在此基础上，以框架图形式对应描述英汉基本植物词词群的语言表现和文化印迹，为进一步构建英汉植物词汇语料库提供语义语用描述的基础。二是以概念隐喻理论为视阈，将植物命名与民族文化联结起来，对英汉复合植物名中所体现的"植物是人"、"植物是动物"、"植物是器物"等概念隐喻进行定量统计，并揭示英汉民族对植物"拟人化"、"拟动物化"、"拟器物化"命名的认知现象及背后折射出的英汉民族社会文化心理的异同。

二 研究采用的方法及语料

鉴于植物词汇词义的复杂性和丰富性，既有客观词义，又有主观词义和浓厚的民族文化色彩，恐怕某个单一的理论不足以阐释其语义表现，故本研究试图在前贤研究成果的基础上，借鉴认知语义学、概念隐喻、文化语义学以及语用学理论，构建一个综合的理论分析模式，综合运用文献调查、概念梳理、语料库数据、历史研究、语言翻译、对比论证等研究方法，侧重英汉植物词义及其文化理据的微观探究，从多方面、多维度对植物词语的语义、文化和语用进行系统的描述与剖析。

语言研究离不开描写和解释。离开详尽的描写，解释就失去了说服力；没有可信的解释，描写也就失去了作用。描写是基础，解释是归宿。本书研究的思路是依据相关理论、运用对比方法，首先对英汉植物名的名、形、义和语法结构等语言现象进行宏观分类和描写，在此基础上对英汉植物词汇进行微观层面的对比，同时对英汉植物词语义形成和理解的文化理据进行解释及系统总结。对比描写主要是共时性的，但由于在追踪具体词义时要结合词语的语源，所以也不排除使用到一些历时性的比较。虽然本研究主要的方法是分类和对比、分析和描写，但在对植物名理据进行归纳、对英汉植物词引申义进行综合比较时，也采用归纳和演绎法及统计分析法。

本书的考察对象是英汉植物名和用于人名、地名、物名、习语、谚语、惯用短语、经典句子及著名诗歌中的植物词。由于植物名数量较多，具有一定的专业性，其中有些还比较生僻，所以本书将所考察的植物词分为两部分：一部分为特称植物名，诸如"arrowgrass（三芒草）"、"camel thorn（骆驼刺）"、"goatweed（羊角芹）"、"蜈蚣草"、"马鞭花"、"银条菜"等；另一部分为泛称植物名，诸如"树、竹、花、草、叶、枝、根、刺"等。特称植物名语料主要来源于下面的典籍：汉语《植物名实图考校释》［（清）吴其濬原著、张瑞贤等校释，2008］、英语 The Timber Press Dictionary of Plant Names（Coombes，2009）、汉英拉语《汉英拉动植物名称》（胡世平，2003）。泛称植物名语料主要来源于《新英汉词典》（2005）、《英语大词典》（陆谷孙，2007）、《现代汉语词典》（2002）、英语国家语料库（The British National Corpus）和 Chinese Giga Word 2 Corpus：Mainland（现代汉语语料库）等英汉语权威词典及语言类语料库。

此外，为了更为详尽地考察英汉语言中的植物词汇，本书的研究除了利用语料库来分析英汉基本植物词语的搭配、词义扩展和转义现象，还选用一些英语俚语和汉语方言中的口头常用语、歇后语作为例证语料，这部分例子只用来证明植物词语在语言形态、文化语义和句法特点方面的共性与个性，不代表它们应用的广泛性和题材涵盖面。还有一些用于例证的植物词语选自报刊、网络、街头标语。为节省篇幅，书中例词不再一一标明出处。

［注：我国清代大型植物学典籍《植物名实图考》，"在世界植物学界

颇具影响，受到国际学术界高度评价"（张瑞贤等，2008：648）。而《植物名实图考校释》是对其进行校记和注释的专著（词典），主要用简体字呈现各种植物的"名"、"实"及生物学特征，校释了《植物名实图考》中收载的全部 1714 个中的 1708 个植物名，能够为本书提供丰富的汉语植物名例证。英语词典 *The Timber Press Dictionary of Plant Names* 收录英语国家（主要是英国和美国）植物名 2079 个，其目的主要是帮助园艺学家、植物学家及植物爱好者了解植物的所属种类、生长习性及颜色、外形和药用特征等。该词典还标出英语植物名所对应的拉丁名、法语名和德语名，能够比较全面地反映英语植物名的词义概念及与另外三种语言的植物名之间的形义联系，为本书考察现代英语语言中的复合植物名提供基础。

三　研究的理论和现实意义

植物名不仅有助于我们区别植物特征、称谓成千上万的植物（就像人名区别人一样），而且经过长期锤炼、代代相传，已经成为日常交际中有助于信息编码和解码的富有民族文化意义的"能指"（signifier）词。英语和汉语都有丰富的植物词语。这些词语洗练、形象地反映了英汉民族在人类历史长河中的价值观念、审美取向、风俗习惯、生活哲理，是进行语言文化研究、哲学思想研究的重要语料资源。

因此，建立在英汉植物词汇命名理据、隐喻认知、词源语义、构词特征、词义扩展、文化理据、民俗知识、语用表现等方面对比之上的认知语言学研究，其成果不仅有助于了解英汉民族的认知特征，有助于从不同文化角度认识植物词语所体现的文化内涵，而且在英语教学、对外汉语教学、跨文化交际、语言研究与翻译等方面都有十分重要的意义。

第一，研究成果可以有效地运用于英语教学和对外汉语教学。这是因为语言学习和语言教学只有同文化含义紧密结合，才能有效地促进语言应用能力的培养和提高。植物词语蕴藏着丰富的文化特色、折射出典型的意识思维，不仅在日常生活和社会劳动中广泛使用，而且还应用于诗歌、小说、散文等文学作品中。

第二，研究成果可以更好地帮助我们了解英汉语言中植物词语的国俗义、文化义，从而更好地掌握和运用含有植物词语的各种固定表达，有利于跨文化交际。语言是民族精神的外在表现，与思维有着密切的联系。英汉植物词语经历千百年锤炼出来的国俗义、文化义，能够鲜明形象地反映英汉民族的文化特点。系统的英汉植物词汇研究能使我们加深对英汉民族特征和思维方式的深入了解，从而增进两族人民之间的理解和包容，提高跨文化交际的应用能力。

第三，研究成果可以广泛运用于词汇学、语义学、英汉互译以及词典编纂。植物词汇在长期的语言发展变化中，逐渐演变成了一词多义的典型代表，在人们习用中早已不同于普通词汇。对《汉英拉动植物名称》、《植物名实图考校释》、*The Timber Press Dictionary of Plant Names* 等典籍中英汉植物词汇的全面搜集、分类以及在此基础上做进一步的认知阐释和分析对比，不仅能够为词汇学、语义学的研究提供重要材料和研究内容，而且可以为英汉互译实践、词典编纂提供重要的参考和依据。

第四，研究成果可以体现植物民间分类、认知语言学和文化语义学的价值。植物名称在植物学上有门、纲、目、科、属、种之分类，在语言学上则只能根据人们日常交流中的使用频度和文化语义的多寡进行分类。语言学上的植物词汇蕴含着大量的隐喻特征，体现着不同民族深层的文化内涵，对英汉植物词汇进行认知、文化及语用方面的对比研究，既有助于我们了解英汉民族的文化特征、社会历史，又有助于我们从不同文化的角度去体会植物词语反映的认知特点。

第五，研究成果可以运用到民俗学、生态学研究领域。植物与人类的生存和发展休戚相关，植物词是劳动人民认识植物、食用植物、栽种植物、感知植物的历史写照，反映和总结了劳动人民生产、生活的种种经验和规律。一些含有植物词的习语和谚语随着社会的发展而发展变化，留有鲜明的时代特征，反映出族群成员体会生活的共有经验。一些植物词语在不同民族文化中具有不同的象征意义，留有深深的宗教色彩和民族图腾，反映出各民族传统上的精神追求和心灵向往。因此，英汉植物词汇对比研究有助于生态人类学和民俗学的对比研究。

第六，研究还能有助于唤起人们爱惜植物、崇尚自然、保护环境的生态文化意识。伴随着连续多年的经济快速发展，我国的植物资源和生态环境也遭受到了前所未有的浪费和破坏，面临着新的威胁，有些植物甚至濒临灭绝的危险。爱护植物、合理利用植物资源、与大自然和谐共处是我们共同的责任和义务，也是建设和谐社会的良好表现。因此，本研究对"改善环境、保护生态"理念的牢固树立可起到促进作用。

第二章
文献综述

第一节　认知对比研究综述

德国语言学家、哲学家、普通语言学的创始人威廉·冯·洪堡特（Wilhelm Von Humboldt）说："每一种语言都包含着一种独特的世界观"，"都在它所隶属的民族周围设下一道樊篱，一个人只有跨过另一种语言的樊篱进入其内，才有可能摆脱母语樊篱的约束。所以，我们或许可以说，学会一种外语就意味着在业已形成的世界观的领域里赢得一个新的立足点"（洪堡特，1997：70）。王寅（2007：7）认为，"语言也是一种认知活动，是对客观世界认知的结果，语言运用和理解的过程也是认知处理的过程。"英语和汉语同为目前世界上使用人数最多、具有悠久历史和丰富词汇的两种语言，由于分属不同的人种群和国度，它们背后所体现的地域环境、社会文化、思维方式等存在诸多差异。

一直以来，中外许多语言学家都希望并努力通过英汉语言系统内要素的对比，来探究两种语言系统外的相同点和不同点，从而进一步解释人类语言的共性和本质。如洪堡特早在19世纪上半叶就对汉语和印欧语进行研究，并得出结论：汉语是不同于印欧语系的语言，没有语法范畴，词类完全取决于词义、词序和语境。国内的英汉语对比研究从马建忠的《马氏文通》算起已有100多年的历史。《马氏文通》是模仿印欧拉丁语的语法理论、语法框架建立起来的汉语语法体系，受西方普通语法的约束，无法与汉语的语言事实琴瑟和谐、相互适应（徐通锵，2001）。因此，现代汉语语法研究从一开始就受到西方语言学的影响，实质还是建立在对比或比较基础上的。潘文国教授戏称《马氏文通》被语言学界"爱了一百年，骂了一百年"。继马建忠之后，赵元任、高名凯、黎锦熙、王力、吕叔湘等老一辈语言学家基于他们娴熟的双语能力和深邃的语言洞察力，通过英汉/汉英对比，分别建立了各具特色的汉语语法体系。

　　从方法论上看，比较是人类认识世界的重要方法，也是语言研究的基本方法。语言研究中的比较，有在同一语言内部进行的，也有在不同语言之间开展的，可以是历时的，也可以是共时的。所谓对比研究，是对两种或两种以上的语言进行共时的比较研究，通过描述语言之间的异同，尤其是不同之处，促进人们对所对比语言的研究和习得，并为语际翻译、语言教学和双语词典的编纂等提供理论上的指导（潘文国，1997：381）。

　　20世纪80年代以后，英汉认知对比研究进入一个新的发展时期。紧随我国第一本全面系统论述对比语言学理论和方法的专著——许余龙教授撰写的《对比语言学概论》（1992）出版之后，瞄准普通语言学的英汉对比研究蓬勃兴起，中国英汉语比较研究会也于1994年12月正式成立。后来，杨自俭先生将英汉对比语言学定义为"语言学的一个分支学科，兼有理论语言学与应用语言学的性质，其任务主要是对英汉两种语言进行共时和历时的对比研究，描述并解释英汉语之间的异同，并将研究成果应用于语言理论研究和语言应用领域"。（杨自俭，2000）从此，标志着英汉对比语言学作为语言学的一个分支学科正式确立。除许余龙、杨自俭外，在此期间，刘宓庆、沈家煊、赵世开、钱冠连、连叔能、潘文国、邵志洪等知名学者也从哲学的高度进行英汉对比研究，他们发表论文、出版专著，提出了一系列突破性的观点，无论从微观还是宏观上都大大推动和发展了英汉语认知对比研究。

第二节　词汇与植物词汇研究综述

一　词汇意义研究的三种观点

　　为了更加清晰地梳理英汉语植物词汇词义研究的文献，有必要对植物词汇意义的上义词——词汇意义的研究进行简单的介绍和综述。

　　关于词汇意义的起源研究历来在哲学、人类学、语言学中占有重要的地位。以古希腊柏拉图、当代维特根斯坦和罗素等为代表的大哲学家提出"指称论"，认为词语就是真实世界里客观事物的"名称"或"标记"，即语言符号与其所代表的事物之间存在着一种直接的指称关系；19世纪末德国逻辑学家弗雷格（Frege）提出"观念论"，认为语言符号是通过人类大脑中的概念与客观外界相连的，在符号与所指之间存在"sense（概念/意义）"，而不是object和reference之间的直接联系；1923年英国语言学家奥格登和理查兹（Ogden & Richards）在其《意义的意义》（*The Meaning of Meaning*）一书中提出"语义三角（Semantic Triangle）"理论，可以说是总结和发展了 Frege 的理论；索绪尔（Saussure）则从语言的主要特征出发，提出语言符号的"任意性（arbitrariness）"特点，认为语符是把概念和声音形象结合起来，不是把物和名结合起来，声音形象为 signifier（能指），概念为 signified（所指），二者的结合体为 sign（符号），能指与所指之间不存在自然的、必要的联系，而是任意的。自 20 世纪 80 年代以来，新兴起的认知语言学（Lakoff & Johnson，1980；Lakoff，1987，1999；Langacker，1987，1990；束定芳，2000；王寅，1999，2005）灵活继承和大大发展了既往的词汇意义研究。认知语言学认为，词与词义之间的联系是建立在相似性的基础之上，即所指事物和能指概念之间存在相似性，属于不同概念域的事物之间存在相似性，通过隐喻、转喻和概括化的认知过程构建形成的。

这些基于词汇意义的研究虽然在不同时期具有时代创新性，但各自都存在一定的局限性。"指称论"难以确定抽象事物的意义；"观念论"似乎否定了主观因素在语义学中的作用，只关注客观事物在人脑中的反映；"任意性"又把拟声词排除在语言词汇之外；认知语言学虽认为词义与人类的身体体验有关联，词义或概念基于相似性，但对于某一事物在获得命名之前，词义或概念与事物的相似性是如何被确定的似乎也无法全面解释，比如，对于一种"外皮为绿色，黄色，红色，褐色，粉红色等颜色，果肉白色，多汁，味甜，质地粒状的钟形水果"，为什么英语用 pear 而不用 apple 来指称，汉语则用"梨子"而不是"苹果"来指称呢？不过，伴随着现代科学和语言学的发展，有一点是可以确定的，那就是早期物事的命名、词义的形成与理解都是人类与客观世界互动的结果，是人类思维的反映。语言中的名物符号产生于能动的人感知具体事物并给该事物赋予名称的活动之中，语言符号联系的是事物（实在的或虚幻的）和名称，然后抽象为概念进入人脑（转引自卢植，2006：66）。

二 植物名的理据性和无理据性

植物名从属于名词，名词属于语言词汇里的原生词，原生词的形成既有理据性的一面，也有任意性的一面。理据所在是叫喊、感叹和拟声。不过，由于古今语言的巨大变迁及古代人和现代人思维上的差异，许多原生词今天已经无法从形式和词义上探究出其来源的理据性，客观上被当成了任意性的词。植物名中有许多属于任意性的、约定俗成形成的，这些名称与植物之间并没有自然的、本质的联系。我们把这一类从形式和词义上无法解释理据来源的植物名称叫作不具有理据性（non-motivation）的植物名。徐烈炯（1981）认为，"一种语言的词汇中有两部分词：一部分是有理据的，一部分是无理据的。根据现有的资料知道：任何一种语言的词汇系统，在任何历史时期都有这两种类型的词，这是语义学上的共性之一。"李冬（1988）认为，"词语的形式与意义之间没有必然的联系，它们之间的关系是约定俗成的——这就是现代语言学的原则之一，词语的无理据性。"比如，汉语为什么把植物开的花定名为"花"，而不是别的什么名呢？本研究将根据语音结构和词义来分析对比英汉植物名词的异同情况：（1）同一植物名，英语中无理据，汉语中有理据；（2）同一植物名，汉语中无理据，英语中有理据；（3）英汉语中都不具有理据性的植物词语。

三　植物词汇研究的两个维度

植物词语的研究分为植物俗名来源认知研究和植物词汇词义扩展研究。研究英语植物俗名来源的学者，除语言学研究者外，还有植物学研究者和人类学研究者。例如：Cecil H. Brown（1977）从认知人类学、民族生物学和语言共性的角度研究指称民间植物生命形式的英语植物俗名 tree，bush，vine，grass 是如何按次序出现在语言中的，认为表达植物生命形式的字面意义的术语在语言编码中遵守某种普遍的命名行为原则，语言中来自民间植物生命形式的词汇数量与社会复杂性和植物多样性有紧密关系；Gorge Lakoff 和 Mark Johnson（1980）指出隐喻建构我们的日常概念，认为人的思想是植物隐喻的；Witkowski Stanley R. 等人（1981）以"木/树（wood/tree）"为例，认为若干年前"树（tree）"一词的范畴在语言中没有得到凸显，是因为"木（wood）"一词词义的广泛运用，指出由于"树（tree）"的凸显度随着社会复杂性的增加而增强，但由于语言出现单词单义的发展趋势，"木/树（wood/tree）"的多义性开始变得越来越少；Paul Rastall（1996）探讨了隐喻认知和植物命名之间的关系，认为植物隐喻是植物外形及其组成部分通过人的想象联系的结果；Laura Rival（1998）等人类学者探讨了"树（trees）"的象征意义与不同社会文化

的关系，认为植物"树（trees）"基于不同地区的象征意义反映了不同地区
人的生存和人类社会存在形式，是具体的人种论认知智力的表现；Zoltan
Kovecses（2002）认为隐喻是以"一个概念域来理解另一个概念域"的认
知机制，指出社会机构等复杂抽象的体系是植物隐喻的；Andrew Garner
（2004）探讨了植物"树（trees）"是如何被用来帮助形成英格兰的地名
和物名的，发现植物"树（trees）"是人类反映的形成过程中等待正确介
入的潜在容器和积极的意义生产者；Orazgozel Esenova（2007）以英语中
表达情感的植物隐喻为视角，研究了植物源域是如何映射到情感目标域
的，认为情感是植物隐喻的。

　　汉语植物词语研究主要包含两层意思，一是指以汉语植物名为语料进
行的研究；二是指国内从事汉语教学的学者探讨植物词语的研究。以汉语
植物词语为语料进行的研究者既有国内的（包括台湾地区），也有国外
的。例如：我国著名的植物学家夏纬瑛（1990）运用植物学、农学等方
面的知识解释、讨论汉语固有的植物名称。常敬宇（1995）从语言与文
化的关系入手，探讨了汉语植物词汇的形象性、植物象征词语的象征特点
和文化含义、部分中草药名命名特征等。王德春（1998）研究了植物词
语的国俗语义和结构形式。王珏（1998，2001）通过对植物名词及其语
义和语法特征的分类及区别，证明了植物名词的意义范畴和语法特征之间
确实存在语义和语法之间相联系的对立。出身农艺学科的美国夏威夷大学
潘富俊博士通过观察汉语古诗词中植物词语的大量运用现象，研究植物特
征与汉民族文化的紧密关系，揭示中华文化中自然科学与人文精神的渊源
（潘富俊，2003a，2003b）。中国台湾地区的 Shelley Ching-yu Hsieh 和
Yuan-Ling Chiu（2004）通过观察植物固定语式的字面意义、内涵及其中
心语意和语意出发点，探究这些词汇在使用上的认知基础。国外有 Yu
Ning，Ye Zhengdao 等学者，通过对比英汉隐喻化表达研究英汉词语认知
方式及民族心理和文化的异同。Vicky Tzuyin Lai 和 Kathleen Ahrens 则探
讨了汉语植物源域是如何映射到诸如爱情、婚姻、幸福和信仰等目标域
的，认为这些映射背后存在一定的映射原则。一些从事汉语教学的研究者
也围绕植物词语进行了很好的探讨。例如：冯英（2009）从语义范畴和
隐喻认知的角度，分析和阐述了汉语"草""花"词群产生的认知基础和
语义范畴特征。谭宏娇（2004）撰写了迄今为止第一篇关于古汉语植物
命名研究的博士论文。作者在论文中介绍了我国古代有关植物命名理据研

究的典籍，在名物命名的相对可论证性认识的基础上，对古汉语植物命名
的特点和规律进行了总结和归纳，并通过对古汉语单个植物命名的具体考
释，提出"命名义"和"源义素"的概念，认为古代人在植物命名过程
中体现出以类比性、具象性、单一性、文化性为特点的思维意识，造词的
方式方法主要有语音造词、语义造词、语法造词和修辞造词。文中指出了
诸如曲解名称词义、释词选择不当、违反矛盾律、误解音译外来词等释名
存在的主要错误，对古汉语植物命名取象与特点进行了细致的分析。但正
如作者自己所申明，该论文是"以古汉语植物名为研究对象，选材范围
从先秦与秦汉间至清以前语言文献中的植物名，其中以各代对《尔雅》
草木篇的注释、增补、考释的内容为主要研究材料"，对现当代汉语语言
文献中的植物名和包含植物名的各类习惯表达未作研究，其研究类别属于
汉语语源学、训诂学。此外，也没有将汉语植物名与其他语种的植物名作
对比分析。在古汉语时代，我国还有一些专门研究植物命名理据的著作，
比如西汉成书的《神农本草经》、西晋嵇含的《南方草木状》、清代吴其
濬的《植物名实图考》等，这些著述虽然不够系统，但目的和内容都是
围绕植物名进行词源学阐释和词义理据探究，无疑为我们进行现代汉语植
物词语的研究奠定了坚实的基础。

上述关于植物词汇的单一语言研究可谓角度广泛，研究者的学术背景
可谓纷繁多样。由此看出，植物不仅是人类赖以生存和发展的基础，也是
人类语言创造和使用的重要源泉。当然，相对于英汉语中共有的 1682 种
树、花、菜、果类植物俗称（胡世平，2003）来说，这些研究成果还只
是浮出水面的冰山一角，暗藏在植物词汇里的大量未知现象需要我们从多
角度、跨学科进行坚持不懈的探究，只有通过对植物命名、植物名隐喻及
植物词汇与语用的关系的考察、分析，才能更全面、更科学地解释植物词
汇的认知机制、文化理据、语用规律，与此同时，对比研究英汉语言中的
植物名结构形式、词义特征和语用表现，还可以帮助我们更好地了解英汉
植物词汇语义、语用、语法等方面的异同，有助于跨文化交际。

第三节　英汉植物词汇对比研究综述

一　英汉语言的共性和个性表现

以英语和汉语中的植物词汇为语料，比较英汉语言认知、文化、民

俗、语法和语用等方面的共性和个性的研究，在数量上超过单一语言的植物词语的研究，研究成果主要是论文形式，研究内容分为讨论英汉植物词语、讨论英汉动植物词语两类，研究的地区主要集中在中国大陆及台湾地区，研究的视角涉及语言与文化、跨文化交际、英汉翻译、认知语言学、语用学、词汇语义学等。例如：通过对比分析英汉植物词联想意义的异同，探讨英汉民族文化意义及其对跨文化交际的影响（杨元刚、张安德，2002；卞于靖，2005）；通过对比分析英汉植物词语的国俗语义，探究英汉文化差异的成因（张宜波，2000；罗荷香，张治国，2003；徐宏亮，2003）；通过对比分析英汉植物比喻义探究英汉植物文化的差异及其社会因素（赵新，1998；陈蕊娜，2003；崔爱勇，2003；徐郑慧，2006；陈蕊、梁丽，2007）；有的通过比较英汉植物文化词的不同数量与种类，研究英汉文化植物词的结构形式、意义类型及派生构词力的异同情况（廖光蓉，2002）；有的根据英汉植物词语的不同文化内涵研究如何进行植物词语的对等互译问题（Jerome Cheng-lung Su，2003；周方珠，2003）；也有从文化和修辞功能两个方面来对英汉植物词语进行比较的（段照炜，2008）；还有通过对比英汉植物词汇隐喻意义的异同分析认知思维差异的（王静，2009）；中国台湾地区的 Shelley Ching-yu Hsieh（2004，2007）通过检测汉英语语料库中的植物固定语式，运用词汇语义学理论分析对比"树""花""草""根"等前十个最常用的英汉植物词的组织结构与其固定语式语义之间的关系，并因此提出"英语民族倾向实用主义，汉语民族注重群体观"的观点，令人耳目一新。在一些研究英汉或汉英词语文化差异的专著和论文集中也涉及对植物词语的构式、语义、民俗文化、认知方式的研究（王福祥、吴汉樱，1994；李瑞华，1996；邵志洪，1997；吴友富，1999；王逢鑫，2001；何善芬，2002；王德春、杨素英、黄月圆，2003；殷莉、韩晓玲，2007；吴世雄，2008；杨元刚，2008），这些研究既有较高的理论价值，也有具体词句的例证，代表了英汉植物词语比较研究的最新成就。另外，近几年还有一些硕士论文也从认知语言学、认知语义学及语言文化对比的角度分析探讨了英汉植物词语的独有或共有的特征（林孟美，2006；王璞，2007；尹小梅，2008）。

二　植物词汇对比研究的不同视角

语言对比研究的目标有两级，一级目标是寻求所比对象的异与同，或者个性与共性；二级目标是寻求其产生异同的原因。研究某一个问题，要实行共性与个性并重的策略，从两种语言的发生机制入手，探讨使用这两种语言的两个民族的认知方式，并追溯到两个民族不同的原始思维发生学（杨自俭，《对比分析》（*Carl James*）总序，2005）。

根据生物进化论的观点，植物早于人类若干年就在地球上存在了。植物名称是人类为了方便辨别和利用它们而单方面添加其上的。所以植物词，最初作为用来指称大自然中林林总总、各色各类植物个体或植物部分的名词，只是一种符号而已。比如，"peach（桃子）"就是指"桃子"这种好吃的水果，而不是"漂亮的姑娘"；"根（root）"就是指"长在泥土里的那部分（植物）"，而不是"基础，背景"。就像人的名字一样，实际上就是用来区分彼此的称谓符号，刚开始并无其他意义。给自己所生存的地域环境里的植物取名是每一个民族的共同表现，含有植物名是每一种语言的共性。思维是大脑的机能，无论人类生在何地，身属何族，大脑的生理构造都是相通的。拥有这种生理结构的人类，就能思维，具有思维的本领和本能，所以思维能力是不分地域、不分民族的。思维能力是普遍的，但思维方式有差异，而且思维方式的差异往往体现在语言中，并影响词汇创设的方式和语言表达的规律。然而，作为思维工具的语言，由于受其使用者所在地域、社会、历史、文化等因素的影响，具有鲜明的民族特征，这种民族特性也就是语言的个性。因为每门语言都有个性，所以民族之间交往就需要翻译，扩大交往、加深了解就需要学习外语。自古以来，翻译家在跨文化交流中都担当着语言大使的重任。语言需要学，说明语言具有个性；语言能够学，说明语言具有共性。可以说，人类大脑相同的生理构造和不同的民族文化特征在语言的共性和个性上表现最为明显。

语言离不开语言使用者所在的自然环境、社会结构、生产生活方式、宗教信仰、道德观念、价值取向等等，由于这些因素的影响，不同民族心理认知、语言表达方式也会互不相同。英汉民族各自生活在自己所特有的自然地域和社会环境中，历史沉淀、文化传统、思维方式都保持和发展着自己的特色，这些特色通过语言表现出来。植物词汇中有许多反映这些民族特征的例子，如英语中的 fruit 有"后代"的意思，可用来指称"小孩、儿童"，但汉语无此意，只有相当于 outcome 和 achievement 的喻义词"结果"和"成果"；再如汉语的"红豆"有"相思"之意，可用来指称"美好纯洁爱情"，而英语的 red bean 意思则几乎相反，喻指"蝇头小利"。

　　植物词语从概念意义的出现到引申意义的应用都是隐喻认知的结果。英汉植物词语在语义和结构上表现出来的许多共性正是源于人类共同的隐喻性思维。隐喻性思维的形成与人类的身体经历、物质环境息息相关。英汉民族远隔千山万水，一个属于以大陆为主的民族文化，一个属于以海洋为主的民族文化，但由于都生活在同一个地球上，与生俱来拥有相同的身体构造和感知器官，并且在认识和改造自然世界的过程中积累了大致相同的身体经验，无疑也产生了一些相通的文化积累，形成了一些认识上的共性。因此，尽管使用的语言系统迥异，但基于共同的认知机制和扎根于不同文化中相似的人体经验，形成了英汉民族认知的共性，反映在语义中便凝结成为共同的文化语义（寇福明，2007）。这种英汉民族的共性可以从喻体相同、喻义相同的植物词语中体现出来。例如：英语植物词 big tree 和汉语植物词"大树"的引申义是一致的。无论是 big tree 还是"大树"，最初都仅是单义词，为泛指木本植物专名词义的词，结构都为"形容词＋植物单名"。属于裸子植物门的"tree/树"高大挺拔、树冠盖地、遮阴蔽日的特征为其他门、科植物所不及，所以英汉民族就用感知到的这些特征作为源域来映射目标域"有权势的背景、靠山"。这样，通过类比和联想，大树的特征就在语用中用来隐喻社会上某一类人的特征。"tree/树"只是植物界中的一"属"，利用权势或重要身份来照顾与自己有关系的人也只是一部分，汉语民族和英语民族都将"树"范畴用来代表"人"范畴，充分说明两个民族在认知事物、创造语言上的共性。

三　植物词汇对比研究的理论意义与不足

　　植物词语一直是近 30 年来词汇研究的一个重要观察点。来自不同领域的学者从语言哲学、人类学、生物学、语义学、跨文化交际、语言文化学、语言认知、语言类型学、语言习得和语言教学等角度，对植物词语的名称起源、概念属性、语义认知、文化内涵、语言间词义对应与缺省、固定句式、二语习得等现象进行了广泛的研究。这些研究虽然视角丰富，观点鲜明，不乏独到的见解，对英汉植物词语也做了较为细致的分析，但系统性、理论性方面还需要进一步提炼和探索。具体而言，主要存在如下几方面的不足：一是语例主要以含有特殊文化意义的植物名词为主，比较零散，没有借助专门的植物词典或语料库获取植物词汇语料进行较为全面系统的研究；二是英汉对应植物名理据类型的归类和分析有待整体深入，植物命名理据与民族生态文化思想之间的关联性还需要合理阐释；三是英汉植物词汇形式和内涵上的差异反过来是否影响两个民族的思维方式及如何影响的问题没有受到重视；四是英汉植物词汇表现出来的差异是否说明英汉民族对植物的认知程度存在差异的问题还有待证实；五是英汉植物词汇词义演变及语用表现方面的对比研究几乎还是空白，至于诸如"植物词＋人体词"习惯搭配的语用对比研究还未涉猎，远不能揭示英汉植物词汇的总体特征；六是植物作为人类思维发展的主要认知源之一，对人类语言的丰富和发展的具体表现还需要深入挖掘。

在英汉语认知对比领域众多的研究成果中，选取植物词语或植物隐喻作为视角，运用各种语言学理论，描述、解释英汉语文化内涵、结构形式、符号表征、修辞功能、认知特点等方面的论文，中国期刊全文数据库显示：从 1994 年以后国内共有 32 篇，其中以"英汉/汉英植物词语对比"为主题的有 21 篇，以"英汉/汉英植物隐喻比较"为主题的有 11 篇，硕士论文 3 篇（其中台湾地区 1 篇），博士论文 0 篇，另外还有 20 篇左右论及具体英汉植物词语的类同或差异；在国外用英语发表的研究植物词语的论文也有 10 余篇，或从跨文化的角度探讨英汉语某一植物词的异同，或运用现代隐喻理论解释汉语植物隐喻的映射路径，或利用文化人类学理论探讨植物词语的民俗意义等。这些研究进一步表明，植物词汇在语言中的重要地位越来越引人关注，英汉植物词汇对比研究方兴未艾。

本书论题"英汉植物词汇词义特征及其文化理据对比研究"，是对英汉植物名词（植物俗名和植物词语）进行共时性的对比，分析和阐释两种语言中的植物名理据、结构形式、隐喻化认知、语义词源演变、文化义理解、语用表现和转义特征等方面的异同，既是进一步完善英汉植物词汇认知及其词义理据差异的研究、推进跨语言对比，也为语言类型学、语言共性研究提供一定的参考。

第 三 章
植物词汇的基本概念及认知观照

第一节　认知、概念与隐喻

一　概念及隐喻的认知形成

语言是认知系统的一部分，而人类的认知系统由感知、情感、范畴化、抽象化及推理等组成，具体认知过程建立在对自身和空间、时间及外界事物进行理解的基础之上。认知先于语言发展，并决定和影响语言的发展；语言是认知发展到一定阶段的产物，并能反过来促进认知的发展。

传统语言观认为，自然语言的意义是独立于人的思维和运用之外的客观意义。认知语言观认为，认知是语言的基础，语言是认知的窗口（赵艳芳，2001：6）。由于语言是一种指称外界事物的有声符号系统，所以在"能指（语言）"和"所指（现实）"之间存在认知和概念这一中间层次，人类依靠认知结构和范畴知识来认识和理解现实。"语言符号也是这样，遵循着'现实—认知—语言'的进展程序，在很多情况下是有理可据的"（王寅，2005：48）。语言学论著上通常会说"词汇意义是客观事物或现象的某种反映，这种反映是通过概念来表现的"。可见，词义与概念紧密联系。

那么，我们日常语言中的概念是如何形成的呢？在认知语言学看来，概念是通过隐喻建构的。Fauconnier（1997：168）指出，隐喻是连接语言和概念化的一种显著的、普遍的认知过程，主要是依赖喻体和本体这两个输入空间的跨域映射（转引自王寅，2005：227）。胡壮麟（2004：11）指出，"人的认知能力影响到对隐喻的创造使用。反之，隐喻的创造使用对人的认知能力也会有积极作用"。这就是隐喻"可以扩大人们认识一些尚无名称的和尚不知晓的事物的能力"。王寅（2005）认为，"隐喻"是用具体的、可视可触的、可嗅可闻的形象性强的词语作喻体，来表达相对应的另一概念（常为抽象概念）这一本体，用具象的事物表示抽象的概念似乎是人类一种常见思维方式。束定芳（2000：50）指出："现代隐喻理论明确地把隐喻看作是一种认知现象。语言中的隐喻正是这种认知活动的反映和手段之一，是一种与语境密切相关的语言使用现象。许多成语、谚语、诗歌，都可能充当隐喻，满足人们'以某一领域的经验来看待或认识另一领域'的需求。"

隐喻的形成离不开人的形象思维，在隐喻建构和运用过程中，形象思维是领导语言和现实完成对应的最高"指挥员"。"人们认识世界时，往往由简单到具体、由已知到未知，习惯用具体的事物来理解抽象的事物，因此精神状态、思想意识等抽象的概念都是通过隐喻来理解的"（陈晦，2009）。大自然呈现的事物林林总总、千千万万，人类自身因为情感、求知等产生的思想也是千奇百怪、形形色色，很多事物，近如人体、动物、房屋、生活用具等，远如天空、海洋、山川、大地等都可以成为隐喻认知、形成新概念的方式，植物隐喻正是这样的认知之一。

二　植物概念与植物隐喻的认知形成

认知语言学强调，人类的初始概念是通过身体在空间与客观世界互动的经验中形成的，然后在此基础上通过隐喻、心理空间等机制扩展到对其他概念域的认识，逐步提升和丰富了人类的概念结构（王寅，2005）。我们认为，一个概念结构的生成是与人们的感知功能密切相关的。感知功能是人们通过感官对外界物体或现象的一种感悟能力，或者通过大脑对外部世界发生的事件或问题所作出的一种判断或推理能力，基于这种能力人们形成一种感知结构或经验结构，而感知结构或经验结构影响语言结构的生成（陈晦，2009）。语言中的植物概念较为典型地体现了人对自然实物的想象和推理，透露出植物与人的感知所存的无形联系。例如，"blanket-flower（天人菊）、irontree（铁树）、buck's beard（鹿胡子草）、金钱花、飞刀剑、凤尾草"等植物名，其概念就并非只是单一的植物域，而涵盖或跨越了其他非植物域的概念，属于某种概念隐喻。当然，我们也可将植物概念隐喻成非植物域概念，例如，"The last straw、a gooseberry、开花结果、落地生根"等词的概念可能是表达人的行为。

Zoltan Kovecses（2002：6）认为，概念隐喻典型地使用更抽象的概念作为目标域，使用更具体或实物概念作为始源域，争论、爱、思想、社会组织与战争、旅行、食物等，和植物相比，是更抽象的概念。我们那来源于有形世界的经验是我们理解抽象域的自然的逻辑基础。认识和利用各种植物的过程也是获得"有形世界"经验的过程。人类最早的食物来自于植物，采摘野果、攀爬树木、种收苗籽等是人类最原始的身体经验。通过这种身体经验所感知的对有形世界的语言描述，就要借用描写人本身的词语和身体活动的对象——植物（或动物）词语，如树、花、果、苗、根等概念。这些植物概念词本来是用来指称人类与之互动的植物或植物器官的，当人们把它们用于植物以外的其他事物，如人（人的身体部分）、思想、爱情等概念或名称时就出现了隐喻的表达方式，通常将这种语言表达冠之以"植物隐喻"。植物隐喻是指人类把对自己生活环境中的植物通过观察、接触、了解和使用所形成的概念作为喻体（始源域）投射到不熟悉的、抽象的事物（本体或目标域）上，以完成语言和现实的概念对应，达到认识抽象事物的目的。大量出现在成语、谚语、诗歌等语言形式中已经脱离了其字面指称意义的植物词语，就是一种基于植物隐喻认知的概念表达。

英汉语都有概念类似的词语形式，如英语中的"peachy cheeks、a willowy woman、bitter fruit of love、the flower of life、the seeds of friendship"等，汉语中的"瓜子脸、柳叶眉、爱的苦果、生命之花、思想的种子"等。植物隐喻化认知体现在两个方面，一是植物名是隐喻的，一是植物概念域投射到其他域——植物隐喻义用来表示另外一个领域的概念。Stephen Ullman（1972）指出，"隐喻的基本结构包含有两个方面，即我们正谈及的事物和我们正在比较的事物。"Rastall（1996）认为，"许多植物的名称来自于模糊的相似物、建立在对动物的模糊的相似性上，常常是奇异或诙谐的，如 goat's beard、cock's comb、cock's foot、cockspur、dog's tooth、dog's tail，等等。"隐喻语言的表达和理解涉及本义和喻义。本义与喻义之间主要的语义联系是隐喻性的，这是由人类具有隐喻性的思维特征所决定的（王寅，2001：229）。

三　他域概念隐喻植物

各种概念的形成是人类认识世界、了解自然的进程。对世间万物的概念表达早先是通过感知人体自身的生理构造、器官功用形成。各民族几乎都将身体概念投射于客观物质存在、采用人体隐喻的方式来"体认"世界。植物、动物尽管是人类最早认识的自然生物，但它们存在于人的身体之外，属于身体的"外部"世界。人类无论与植物、动物相距多近，在空间上都不可能是零距离，而会有"物"、"我"之间隔，随着人的移动，这种空间距离会不断变化。人与动植物的这种空间关系决定了人类会以认知自身的方式来认知身外的动物、植物。布莱恩·特纳（2000：99）认为，"身体既是一个环境（自然的一部分），又是自我的中介（文化的一部分）。通过写作、语言和宗教等中介，身体恰好处于人类劳动作用于自然的结合点上，因此，身体决定性地处于世界的自然秩序和世界的文化安排结果之间的人类结合点上。"这说明，人、动物、植物虽然拥有共同的空间，组成共同的环境，但是人类认识世界的生理基础是人的大脑和身体。就像文化上的"民族中心主义"一样，人类的认知顺序具有"自我中心主义"的倾向。每个民族祖先的思维都具有"体认"特征，习惯把人的身体和经验作为衡量周围世界的标准（陈家旭，2007：91）。按照人类社会和人类认知能力的发展规律，人类最初认识的事物往往是有形而具体的物体。除自身外的物质，人类都要通过身体运动和外界环境相互作用的方式来认知。上文列举的英汉复合植物名就是"人体—植物"互动之下的语言表达。随着认知范围的扩大、思维能力的提高，人类渐渐地就把已经熟悉的东西作为认识、体验来描述其他事物，从而在感官感知的基础上形成心理感知。心理感知是感官感知的发展和延伸，也是一个从具体感知到抽象感知的过程（刘铁凯、谷化琳，2005；陈晖，2009）。运用这些感知，表达具体植物的"ivy、blossom、rose、墙头草、竹节、春笋"等概念可以用来描述抽象概念。

　　相对于人体部位、人体特征而言，"身外"的植物是不熟悉的，经过接触了解，就需要对新认识及逐渐熟悉的植物实体进行概念区别，即命名。很多表示植物概念的植物实体、植物器官就是借用表示人体部位或特征的熟悉概念来描述的，这是人类以所了解的人体结构、人体部位、人体器官作为参照物描述植物实体和植物器官的认知结果。例如 the arm of a tree、the eye of a potato、catchfly、树冠、树身、树皮、果肉等词，就是借助人体域来表达植物的外形、性状、功用等，它们的始源域是人体概念，目标域是植物概念。

　　除了用人体概念去类比植物概念，以人体做喻体（始源域）、植物作本体（目标域）外，人们还用动物作喻体来认知植物。英汉植物俗名中都有许多包含动物名的植物词。例如 bearberry、bear's foot、bear's ear、 buckwheat、butterfly weed、deer-berry、goats-beard、马蹄莲、马齿苋、马兰、杜鹃花、鹅掌楸、狼尾草、龙胆、龙眼、龙爪槐，等等。植物名称通过动物隐喻获得，可以说明人类在认知动物、植物的过程中存在两种时间顺序上的可能性：一种是人类继认识自己的身体及其器官之后，接着认识了动物，之后开始认识植物；一种是继人体之后，人类对动植物域的认知是共时渐进的，只不过对于具体的动植物个体而言，存在任意先后的次序。如从上面列举的植物名"bearberry"可以推知，英民族先人在认识植物"bearberry"之前已经认识了动物"bear"，植物"bearberry"的概念是建立在对动物概念"bear"熟悉的基础之上。［注：bearberry"熊果"，字面义就是外形像"熊"的坚果，或是"熊"爱吃的松果］。同理，汉语植物"狼尾草"也是以动物概念"狼"作为始源域投射到目标域"草"概念上，以"狼尾巴"的形状来类比这种草本植物的外形，并因此获得对"狼尾草"的认知，其余均可类推。

人体和动物是植物隐喻化的主要概念来源，随着社会的进步和生产力的提高，加之认知进程的由浅入深、由有形到无形、由具体到抽象，人类对植物概念的认知了解、定义命名的能力也越来越强，便相继采用人名、地名、其他物名及其功能、性质等较抽象的概念来表达植物概念，从而形成了不同概念之间相互关联的隐喻化植物名称。

四　植物概念隐喻他物

千百年来，人类生存在大自然的绿色怀抱中，采集、种植、食用和使用植物是生活生产的重要组成部分，随着时间的累积和认知的扩展，对植物的特性、形态结构、生长环境等越来越熟悉。语言反映知识经验。一些熟悉的植物特征在各民族的语言交流中逐渐被转移到其他事物的特征上，我们暂将此认知过程称之为植物词汇的第二种隐喻。

具体而言，植物词汇的第二种隐喻表现为：字面义指称植物概念的名词被比喻性地用来表达或描述另外一种事物，也就是人们借"植物"谈"另一事物"。这种隐喻现象在认知顺序上属于感官感知、心理感知向文化感知的延伸和发展，是一个从抽象感知到更抽象感知的过程（陈晦，2009）。

植物实体是有形的、具体的，容易感知的，而"另一事物"往往是抽象的、无形的，不易感知的。在认知过程中，用已熟悉的植物概念投射到刚刚了解的其他概念域，以形象类比抽象，使抽象的东西在思维上具有具体事物的特征，是我们认识世界的基本方式之一。原始人类在最初认识世界时，遵循着"近取诸身，远取诸物"的原则，以体认或体验的方式来直接认同世界。随着语言的发展、认知领域的扩大，有限的人体概念完全无法满足"体认"和"体验"感知的需要。于是，人体触目可视、触手可及、嗅而知味的动植物便渐渐被用作始源域来构建、派生其他目标域。

地球上无论哪个民族的原始初民在计算物品时，总要借助另一个不相关的事物进行比对，除了用自己身体的手、脚之外，还借用豆粒、果核等植物实体来计量（马清华，2006：9）。那些本身基于"体认"和"体验"感知之上的以动植物概念为主体的名物词便被用来间接地支撑另一个概念、另一个思想，这种二次跨域的类比，既扩大了人类的认知域，也使得认知方式向更高级和更复杂的方向发展，隐喻从表层进入了深层，无形中大大锻炼和提升了人类的认知思维能力。Lakoff 和 Johnson（1980）谈到什么是隐喻这一问题时，说人们借助一个概念领域结构去理解另一个不同的概念领域结构，这就是隐喻过程。结合隐喻的实质来看，同一植物名，在语言形式上并无变化，但其涵盖和表达的概念却呈现不同的隐喻轨迹。通过隐喻形成的植物名，其中隐含着他域概念，可视为第一次隐喻；当该名词用于指称既非内含他域概念、又非植物概念的另一概念（如人）时，属于又一次跨域类比，可视为第二次隐喻。例如，"Jessy is the apple of her parents' eyes"，句中"apple of one's eye"原本就有隐喻含义，意为"眼睛的瞳孔"（而不是字面义"眼睛的苹果"），源于瞳孔的形状像苹果；由于眼睛里的瞳孔是人体极为重要的器官，所以人们常把珍贵或宠爱的人或物也称为"the apple of the eye"。这样，该句中的植物词就有了二次跨域映射，一次是将"apple"隐喻成"瞳孔（pupil/lens）"［植物映射到人体器官］，再一次是将"apple of the eye"隐喻成"the beloved/the precious"［人体器官映射到人］。汉语中如"一个好女人真是一棵君子兰"。植物名"君子兰"本身已经包含了一个含有人概念（君子）的隐喻，但"君子"＋"兰"复合起来指称一种植物概念"花"，将"君子兰"（花）被隐喻成"女人"（人），是第二次隐喻，属于将植物概念投射到人概念。吴恩锋、全晓云（2007）论述了植物"茶"词语在语用中出现二次隐喻的现象，如"婚姻如茶""夫若茶，妻似水"，就是隐喻中

又套了一层隐喻，"茶"为始源域，"夫"为目标域；"水"为始源域，
"妻"为目标域。夫与妻的关系为目标域，茶与水的关系为始源域。文化
背景不同，人们对地理环境及附生其上的植物的理解和使用也会不同
（陈晦，2004）。当然，并非是所有植物概念隐喻其他概念时，都会有二
次隐喻过程的发生，如"Some dictators use the 'carrot and stick' approach
to control their people"、"sour grapes"、"瓜儿离不开秧"、"吃不到葡萄说
葡萄酸"等表达，其中的植物词通常认为并非隐喻形成。

二次隐喻过程实际上属于文化感知。文化感知是客观事物在人的文化
思维上的反映，也是人的已知经验对未知经验在语言文化上的一种联系。
文化感知的理解与形成往往与文化背景和教育程度成正比，即文化背景越
丰富，教育程度越高，文化感知也越丰富、越正确（陈晦，2009）。

第二节　隐喻、转喻与植物词汇词义的演进

一　隐喻、转喻与比喻的关系

一种语言的发展往往十分绵长，是一个缓慢渐进的过程（王文斌，
2005：9）。由于句法结构和文字书写具有天然的固定性，语言的发展与
演进往往通过其中各类词词义的引申、扩展、转移、缩小、消失等现象显
示出来。词义引申或转移的主要方法是"隐喻"（王寅，2007：154）。一
个名词从仅有纯粹的具象指称义到含有抽象的隐喻义、文化义，必定是在
较长的语言使用过程中经历内涵和外延的演变。植物词义的演进与"隐
喻"、"转喻"的认知方式及其被用于语言交流的社会文化密不可分、三
位一体。

隐喻作为人类认知自然、与世界保持互动的思维方式，几千年来一直
被视为语言中的修辞现象，与象征相似，从属于"比喻"。比喻（trope）
作为一种表达思维、行为和情感的修辞手段，是对两个性质的不同事物的
某种相同或相似之处进行比较。比喻的作用总的来说是要揭示事物的特
征，把所要说的内容表现得形象、具体、生动，加强语言的感染力，启发
听（读）者丰富的联想（胡曙中，1993：329）。一般修辞习惯把比喻分
为明喻（simile），隐喻（metaphor）和借喻（metonymy）三大类型。认知
语言学则将认知方式归纳成隐喻、转喻（metonymy）。

我们可以从几种隐喻的定义来逐步了解隐喻和词义演进的关系。《现

代汉语词典》（第 5 版）对隐喻所下的定义为：比喻的一种，不用"如"、"像"、"似"、"好像"等比喻词，而用"是"、"成"、"就是"、"成为"、"变为"等词，把某事物比拟成和它有相似关系的另一事物。如"少年儿童是祖国的花朵""荷叶成了一把把撑开的小伞"。也叫暗喻。《辞海》（1999 年版）对隐喻的定义为：比喻的一种。本体和喻体的关系，比之明喻更为紧切。明喻在形式上只是相类的关系，隐喻在形式上却是相合的关系。本体和喻体两个成分之间一般要用"是"、"也"等比喻词，如："My love is a red red rose.（我爱人是一朵红红的玫瑰。）"而在 *Oxford Concise Dictionary of Linguistics*（Matthews，1997）的定义中既有与上述汉语辞书相似的说法，也补充了新的解释：隐喻是一种普遍模式。在这种模式中，一种语域可以系统地用另一种语域中的词汇来谈及或表达。因此，隐喻便存在两种定义：（1）是一种修辞格，像明喻、借喻一样，从属于比喻；（2）是一种认知模式。

二　中西方"隐喻"研究溯源

　　隐喻作为一种语言表达的手段，人类对其研究的历史已逾两千年。在西方，是亚里士多德最早开启了对隐喻的系统研究。亚里士多德将隐喻定义为"Metaphor is the application to one thing of a name belonging to another thing"。他在《诗学》和《修辞学》中对隐喻都做了详细论述。在亚里士多德的眼里，隐喻就是"把属于一事物的名称用于指称另外一事物"。称谓事物的名称（语言符号）就是名词，名词是语言中的基础词汇。受亚里士多德的影响，长期以来隐喻一直被视为是一种用于诗歌创作和理解的修辞手段。如莎士比亚戏剧《哈姆雷特》中有名的台词"The world is a big stage（世界是一个大舞台）"。就是典型的隐喻创作，其中抽象的 world 是本体，具体的 stage 是喻体。后人将亚里士多德的隐喻研究理论概括成"对比论"（Comparison Theory）。继"对比论"之后，英国修辞学家理查兹（I. A. Richards）1936 年在他的《修辞哲学》（*The Philosophy of Rhetoric*）中提出了"互动论"，促进了隐喻研究从修辞格研究向认知方式研究的过渡（陈家旭，2007：14）。

　　理查兹（Richards，1936：92、119）认为：隐喻是人类语言无所不在的原理。作为一种语言现象，隐喻的"代称"魔力不仅仅体现在词或词语本身的层次上，而主要在于它是人类思维的一种方式或倾向。我们表达概念、形成思维几乎都通过隐喻这一途径，隐喻无时无刻不与我们相伴，我们的口头交际中平均每三句话中就会出现一个隐喻。在众多隐喻研究者中，理查兹首次用"本体（tenor）"和"喻体（vehicle）"来分别指称隐喻中"两种相互作用的思想"，将隐喻归纳为"本体"和"喻体"发生相互作用而构成的特殊语言现象，并进一步将检验隐喻的方法总结为：要探知某个词是否被当作隐喻使用，可以通过确定它是否提供了一个本体和一个喻体、本体和喻体是否共同作用产生了一种包容性的意义。理查兹把喻体和本体之间的相似性称作是喻底（ground）。以英语习语"the grass roots of the society"为例。其中"草根（grass roots）"的字面意义是大自然中植物"草（grass）"的底层部分或器官；社会是由人组成的，人与草并非同类，之所以能够说"社会的草根"，就是因为"社会的底层部分"与"草的底层部分"共有相同特征，都属于"事物的低端"，所以在该习语中，"事物的低端"就是隐喻的"喻底"。

布莱克（Black，1962：230）认为，在隐喻的理解过程中，本体和喻体并非只是两个词，而是两个相互作用的系统，在相似性的基础上，本体的某些原有特征通过与喻体"相关的常识"而被"选择、掩盖或突显"出来。隐喻无疑让我们对本体的理解变得简单和快捷，同时也延伸了我们的思维，激发出丰富想象。布莱克在理查兹隐喻"互动"思想的基础上，向前推进了隐喻的研究、推动了互动理论的发展。正是由于理查兹和布莱克等人从喻体和本体互动的视角对隐喻所进行的创新性研究，隐喻研究得以开始从修辞格的研究逐渐过渡到认知方式的研究。20世纪80年代，以George Lakoff等为代表的认知语言学家在此基础上实现了隐喻研究的认知转向（陈家旭，2007：17—18）。Lakoff和Johnson合著的 *Metaphors We Live By*（《我们赖以生存的隐喻》），第一次将隐喻研究正式纳入认知语言学的范畴。他们首次提出概念隐喻的理论，并对隐喻形成的机制进行了解释，认为隐喻是基于身体经验的普遍思维方式，是人们认知、思维、语言甚至行为的基础。隐喻在本质上是概念性的，普遍存在于我们的日常生活中，让我们通过一种概念去理解另一种概念（Lakoff & Johnson，1980）。Lakoff和Johnson不仅从认知角度观察和研究隐喻，而且将隐喻研究纳入语言学研究领域，他们通过对英语中大量隐喻表达的调查和分析，认为隐喻就其本质而言是"用一种事情或经验理解和经历另一种事情或经验"，属于人类普遍的认知方式，其过程是概念性的。隐喻意义的形成是概念域之间相互联系的结果。隐喻的两个概念域分别叫"源域"和"目标域"，人类通过认知和推理，将"源域"系统地对应地映射（mapping）到另一个概念域"目标域"，从而建立不同概念间的相互联系，形成隐喻意义。例如英汉语常见的"forget-me-not"、"bleeding-heart"、"心花怒放"、"藕断丝连"等词语，其词义的引申或转移都通过源域概念向目标域概念映射而成，它们也较为典型地反映出植物词汇的隐喻认知和词义演进。虽然现代隐喻理论实质上与亚里士多德"隐喻就是不同词语的替换或借用"的定义一脉相承，但 Lakoff、Johnson 等人的隐喻认知理论被认为是当代认知语言学产生的标志之一，从此，语言学从注重描写过渡到注重解释。

与西方的隐喻研究历史相似，我国的隐喻研究最早可追溯到先秦时代。《诗经》中广泛运用的"赋"、"比"、"兴"手法，其中就包括隐喻。东汉的郑玄在《周礼·春官宗佰下》中认为，"比兴"是"比者，比方于物也；兴者，托事于物"。刘勰在《文心雕龙·比兴》中说："比者，附也；兴者，起也。附理者，切类以指事；起情者，依微以拟义，起情，故'兴'体以立，附理，故'比'例以生。'比'则蓄愤以斥言，'兴'则环譬以托讽。"意思是要用分类的方法来指明事理，以具体微小的事物来传情达意、表述抽象概念。南宋陈骙在《文则》中第一次提出了"隐喻"概念，并明确地把"隐喻"归为"比喻"的一个下项。现代语言学家陈望道于20世纪30年代在其《修辞学发凡》一书中将譬喻分成明喻、隐喻和借喻三种类型，认为隐喻与明喻并列，都隶属于"譬喻"，并指出"思想的对象同另外的事物有了类似点，说话和写文章就用那另外的事物来比拟这思想的对象的，名叫譬喻"（陈望道，2001：73）。虽然都是从修辞学的角度来讨论隐喻，但共识一致：隐喻是借助于喻体和本体之间的共同或相似特征或它们之间的相互联系，来达到比喻意义的目的。

随着近几十年对隐喻的多学科研究的发展，人们对隐喻的认识有了全新的进展。尤其是受国外认知语言学的影响，国内当代的隐喻研究也进入了认知研究阶段，如耿占春、束定芳、王寅、赵艳芳等学者，对隐喻的认知功能、语言的隐喻性及工作原理等进行了广泛的论述或评介。有些学者（如胡壮麟、胡曙中、张敏、邵志洪、蔡基刚、冉永平、陈家旭等）还从认知的角度对英汉两种语言中的修辞、词汇、语法、语用等进行了多维度、综合性的对比研究。这些结合我们母语的认知语言学研究，不仅大大推进和发展了隐喻认知理论，而且也让"隐喻是人类认识世界和赖以生存的基本方式"这一观念深入人心。

植物词语作为一种形象化的语言形式,其词义理据及语用扩展无不折射出隐喻认知的深深烙印。得益于中外隐喻研究的丰富成果,我们对植物词汇的研究不再停留在简单的词义理解和语言运用上,而是将研究触角深入到族群的认识过程(cognition)、思维过程(thought)和文化同化过程(acculturation)的层面,于具体语言现象中探寻认知规律。基于此点,英汉语言中诸如"bitter fruit of love、bitter fruit of anger、blossoming heart、know one's onions、gild the lily、连理枝、浮萍、并蒂莲、桑榆之年、豆蔻年华"等大量特色鲜明而又经久常用的植物词语,其所富含的人体隐喻、动物隐喻、植物隐喻等认知现象还需要我们进一步研究和加以比较。

三　中西方"转喻"研究溯源

同"隐喻"一样,"转喻"的研究也经历了从修辞格到认知的发展过程。从词源学来看,英语中的"metonymy"术语来自于希腊语,意思是"changing of meaning"(意义的改变),是强调"域"内的联系,而非跨域类比。metonymy 在汉语中有两种译法:一是"借代";二是"转喻、换喻"。与隐喻"相似联想"的心理基础不同,转喻强调"邻接联想"。隐喻涉及不同现象之间的相同点,是一种跨域映射,转喻则是基于邻接关系或涉及同一概念域结构内部的映射,认知语言学家从广义上将转喻理解成是比隐喻更为基本的一种意义延伸过程(陈道明,2007)。一直以来,都有学者对转喻的相邻关系进行研究与探讨。

西方转喻的观点最早也是源于亚里士多德,他将转喻(metonymy)归类为隐喻(metaphor)的一种。既然属于隐喻,那么源概念和目标概念之间的关系就是异域同"形/似",而非同域异"点"。这显然模糊了两者不一样的心理基础。以至此后很多年里,转喻研究的凸显度都不可与隐喻同日而语。直到 20 世纪 50 年代,Jackobson 指出转喻是基于邻近(contiguity),而隐喻基于相似(similarity),提出隐喻和转喻实际上是基于相互对立原则上的两种不同形态。从此,转喻从隐喻中脱离出来,开始活跃在认知研究领域。Lakoff 等认知语言学家则把转喻看成是概念层面上的邻近关系,认为转喻是在同一认知框架下一实体(源域)为另一实体(目标域)提供心理通道的认知操作(李勇忠,2005)。这就把转喻从传统的修辞格提升到认知语言学的高度。

Lakoff 和 Johnson 在《我们赖以生存的隐喻》（*Metaphors We Live by*）一书的第八章 Metonymy（1980：35 - 40）中指出，虽然转喻主要具有指代功能，即让我们可以用一种实际存在物去代（stand for/substitute）另一种实际存在物，但它并不仅仅是一种指代手段。转喻还为人们提供了一种理解功能，它跟隐喻一样都不仅仅是一种语言修辞手段，而是人们日常说话、思维和行动的一种方式。认知语言学家经过大量的研究后发现，转喻在一定程度上也是一种基本认知观，甚至比隐喻更为基本（Taylor，1989；Radden & Kovecses，1999）。Lakoff（1987：77）认为，在转喻中，涉及的是一种"接近"和"凸显"的关系，事物容易被感知和理解的方面被用来代替事物的整体或事物的另一方面或部分。

关于相邻词义之间出现转换或替代的现象，Ullmann（1983）在认知语义学的研究中进行过较好的探讨。他试图对不同种类的相邻转喻关系［如空间关系、时间关系、逻辑关系、发明者——发明（inventor—invention）、生产者——生产（producer for Product）等］进行分类来阐释词汇转喻演变的路径。这样，词语转喻所探讨的两实体的意义关系已不局限在替代范围，而被视作一个意义整体。陈香兰（2005）认为，转喻已不被简单地看作一个词对另一个词的替代，而是两实体之间存在一种邻近的意义关系：（1）涉及转喻映射的两表达的指称同为一个时空（spatio-temporal）整体内的部分；（2）涉及转喻映射的两实体不是通过指称连接，而是通过意义连接，它们属于同一意义整体。

简言之，在传统的修辞理论中，隐喻和转喻被看作是两个并列的修辞格，在认知语言学研究中，隐喻和转喻都被认为是人类的认知手段。隐喻涉及两个不同领域（domain）的事物之间的关系，而转喻往往涉及同一个认知领域的事物之间的关系。隐喻的基础是事物之间的相似性，而转喻强调的是事物本身的特点或它与其他事物之间的特殊关系。

转喻在植物指称和涉及植物词的实际语用中也较常见，很多植物名都存在以指称植物局部器官的名词来转喻植物的整体，或以指称植物整体的名词来转喻植物局部器官，例如植物名"acorus calamus（菖蒲）"、"celery（芹菜）"等，既指植物的局部器官"菖蒲叶"或"芹菜叶"，也指整株植物"菖蒲"或"芹菜"；再如"watermelon（西瓜）"、"wheat（小麦）"等词，既指植物的果实，也指该两种植物的整体（包括叶、株等），都是转喻的表现。

通过对英汉植物词汇进行批量考察发现，其词义的转喻操作依据邻近性基本涉及以下两种情形：（1）植物局部与其整株植物互为一体（相邻近），继而局部植物名用作转指整体植物，如 walnut（核桃）、persimmon（柿子）、apple（苹果）等；（2）与其某一突出特征或功能相邻近，继而整体植物名用作转指局部植物名，如 California poppy（花菱草）、butterfly weed（蝴蝶草）、Benjamin fig（垂叶榕）等。

王珏（1998）认为，就人类认识的一般规律来说，通常是先认识一个事物的整体，而后再认识它的局部，但有些情况下，也可能是先局部再整体。转喻在植物名中的广泛运用，"说明了人类用语言中的词给事物命名时，在一定程度上受到人们的认识和生产、生活习惯的影响和制约，而不仅仅取决于某种事物是否存在于主观和客观的世界中。"

表示整体植物名和表示局部植物名相互转用的认知行为，是人类通过转喻思维转换的结果，既凸显了事物的不同方面，同时也是语言经济性和省力的体现。植物名转喻并不是个别的或临时的现象，而是极为普遍的认知方式；不仅是植物词转义的重要来源，同时也是植物名词转类的基础。因为，"转喻具备便利性，即只要存在邻近性，就可发生转喻操作，而通常人们越认识的事物或越熟悉的概念，就越能了解和挖掘到它与其他事物或概念间的邻近性关系，转喻操作就越频繁，也就越能产生转喻意义"（黄碧蓉，2011）。

四 植物词汇词义演进的隐喻、转喻概貌

人类命名植物、区分不同概念的过程实质上就是"隐喻"和"转喻"思维的过程。在数千年的"人—植物"互动过程中，表示植物整体和部分的名称意义相应地被赋予厚重的隐喻性和转喻性。

植物词在产生、发展和语用变化过程中，其结构、功能和运作机制都深深留有隐喻和转喻的烙印。在表达植物的基本概念（即指称植物生物实体）时，就是通过隐喻或转喻形成植物名、成为植物分类符号的，如英汉对应植物名 cranesbill——老鹳草、cotton grass——羊胡子草、adder's-mouth——赤莲、busy Lizzie——凤仙花、century plant——龙舌兰、beggar's ticks——鬼针草、cockscomb——鸡冠花等。在这些复合型的植物名中，都或明或暗地存在隐喻性的"本体（tenor）"和"喻体（vehicle）"两部分。有些词的"本体"本身就是表示植物部分或整体的

名称，转用于这里，并不是统指或泛指一般或普遍的植物部分或整体，而是特指某种植物部分或某类植物整体，如……草（grass），……兰（或"植物—plant"），……花，"草"、"兰（plant）"、"花"在这里是泛称植物名用于特称植物名，属于转喻。进一步分析例词，不难发现，前3个英语名通过转喻形成，其排位第二的单词与排位第一的单词在词义上存在主体与局部的关系。而对应的汉语植物名无一例外都是由隐喻形成：整个词义是根据第二个词的概念与第一个词的概念在具象特征上存在相似性来确定，其中的"草""兰""花"是目标域（target），其前面的词是源域（source），整词词义通过具象类比获得，涉及两种概念域。可见，虽然同是复合型植物名，英汉语在隐喻还是转喻的方式上，存在差异。另一个明显差别是，虽然这些植物名都是双词复合的结构，但汉语词都出现了表植物的本体名称，而英语词除了"cotton grass"和"century plant"之外，其余词都未出现本体名称，仅有复合型的喻体名称。在含有植物词隐喻的习语、谚语中，英汉语也存在词义的隐喻性一致，本体所指一致，但喻体概念并不一致的现象。例如"（somebody is）a pumpkin""（somebody is）a big potato"、"一朵鲜花插在了牛粪上""残花败柳"等，英汉语所表达的全词词义同为以"物"喻"人"而成，其中的植物词都是"喻体"，"本体"都是出现或未出现的"人"，但英汉语所选用的植物喻体并不相同。

在转喻形成的植物名中，有两种情形英汉语基本保持了一致：一种是植物名的"喻体"和"本体"都不再反映相似性，而只反映一种临近或相互共有的关系，在结构上虽然与隐喻植物名相似，即"喻体"+"本体"的形式，但在概念关系上，往往是"喻体"包容"本体"，或者"本体"属于"喻体"部分，如 wheat corn、strawberry、cotton seed、oak tree、grass root、无花果、豆芽、西瓜子、树叶、梨花等；另一种是植物名的"喻体"和"本体"没有明确的区分，但两者合成起来的概念则是指称植物某一方面的特征，突显属类下的特殊种类，如 coneflower、blue stem、burning bush、acorn squash、黑刺李、无籽草莓、桂菊、黄花菜等。植物局部与其主体不可分割，用指称植物局部的词语转指植物整体，或者用指称植物整体的词语转指植物局部，是人类充分依据空间、完型等关系概念进行认知组合，构建新概念的表现形式。

作为一种形象化的语言形式，英汉植物词语的词义在隐喻和转喻的形成过程中都存在着异同。词义隐喻、转喻相同是因为英汉族群具有相同的生理基础和认知方式，加上"植物天然所具有的某种临近性，这种临近性经由英汉民族在认知自然的过程中提炼成概念特征，用文字符号通过隐喻和转喻思维表达生成"（束定芳，2004）。相异是因为所熟悉的源域概念不尽相同。因为植物词义隐喻或转喻都需要以一种原有事物（如植物）去理解和代替另一事物（如植物），植物名称的隐喻、转喻形成或植物词语的隐喻、转喻演进，归根结底是人们以一事物（如植物）认识、理解、表达另一事物（如植物）的过程。英汉植物词汇的词义特征及隐喻、转移表现异同将在后面章节具体探讨。

第三节　族群文化与植物词汇词义的演进

从本章前两节的讨论已知，植物词汇的词义并不是凭空形成、孤立认知的，而是人类利用隐喻/转喻描述实体事物（或现象）和抽象概念的语言产物。本节讨论族群文化对植物词义形成、变化与理解所具有的影响或决定作用。

一　词的概念意义和关联意义

词汇语义学认为，一个词的词义不一定是单一的，它往往由概念意义（conceptual meaning）和关联意义（associative meaning）两个方面组成。概念意义是词义的核心，它直接地、明确地表达所指对象，所以概念意义又叫作"所指意义"（referential meaning）。词的所指意义表现为词与语言外部的物质实体或抽象概念（统称为所指对象）之间的联系，反映了语言使用者对语言外部世界的认识（Leech，1981 转引自许余龙，2002：100）。这种认识早先表现为同一族群思考、判断和社会行为的共识，久之渐成文化基因，代代传承。隐喻、转喻的认知方式决定了人们认识植物、命名植物遵循"由已知喻未知、由笼统到具体"的顺序，而植物词词义在其内部演变和外部延伸的现象是将已知植物概念作为媒介来理解和指称刚刚认识或需要认识的其他植物（事物）的结果。

刚刚熟知或有待认识的植物需要命名。而用语言形式对外界实体进行认知理解后形成的概念的命名（语言符号）是任意的（Saussure，2001：66 - 67）。任意性仅指名称确立过程中的"无理性"，而不是说使用时可以"任意"、没有规约。实际上，以任意性为基础的命名一旦被了解和接受，规约性和社会性也就紧随而至。不同的语言社团（民族和地域）在接受和使用名称过程中具有不同的规约性和社会性，久之，不同的语言形式和思维方式伴随产生和继承。反过来，在名称确立和使用的实践中，"语言形式和思维方式又成了民族文化的一部分"（Raginald，1960：12 转引自钱冠连，2003：266）。

二 植物词汇的文化基因

语言是文化的有机组成部分，同时也承载着文化。无论语言学家，还是人类学家，往往都通过研究语言来理解、区分和描述民族文化。早在1911 年，Boas 就指出，"语言是打开一种民族文化的钥匙"（转引自钱冠连，2005：265）。通过语言研究文化一般从词汇入手。"词汇是语言的基本构素，是语言大系统赖以生存的支柱，因此文化差异在词汇层次上体现得最为突出，涉及的面亦最为广泛。"（叶蜚声，1991：61—63）英汉词汇中的很大一部分属于文化词汇。文化词汇是指有丰富文化内涵的词汇，特别是包含在习语、谚语、俚语和歇后语里的那些词汇，它是民族文化在语言词汇中直接或间接的反映（常敬宇，1995：2）。如英语中的 Damon and Pythias（生死之交）、the heel of Achilles（致命弱点）、like an Apollo（风度翩翩）、carry off the palm（得胜，获奖）、olive branch（和平，讲和），汉语中的岁寒三友（松、竹、梅）、四君子（梅、兰、竹、菊）、卧薪尝胆、四面楚歌、完璧归赵等习语，本身就载有明确的民族文化信息，隐含着深层的民族文化语义，出现在其中不可替代的人名、人体名、地名、植物名和器物名不仅提升了语言的形象性，而且能激发学习者探究的兴趣。

英汉植物词汇词义的文化属性通常体现在如下两个方面：一是植物实体的隐喻命名本身受族群文化的无形影响，导致同一植物在不同民族会有不同名称，如英语植物名 "baby's breath（婴儿的呼吸）"、"bachelor's button（光棍的纽扣）"、"beggar's ticks（乞丐身上的虱子）"、"blue bonnet（蓝色无边帽子）"，汉语名分别叫"满天星"、"矢车菊"、"鬼针草"、"羽扇豆"；二是植物名作为出现在习语、谚语、短语、名句等固定搭配中的一个词素，促成和实现了整个词语具有隐喻性的文化义。从这两个方面对植物词汇进行讨论、分析，无疑能更多、更好地挖掘和阐释植物词汇文化理据。

　　具有文化理据的植物词汇在一个民族的语言中扮演着不可或缺的角色。它不仅具有重要的语言使用价值，如用得好能使语言生动、文笔增辉，而且作为一定文化背景下的产物，它往往通过整词词义和其中的本体/喻体词词义折射出一个民族的历史渊源、地域特征、风俗习惯、文化传统和生态观，能让使用者和学习者传承一个民族的传统文化和社会风貌。

　　除了词义，植物词汇的结构形式也与族群的思维习惯、心理倾向存在一定的关联性，折射出不同的文化特征。尽管从语言类型划分来看，全球2700 多种语言的叙述句语法只有六种排列方式：VSO、SVO、SOV、VOS、OVS、OSV。

三　文化感知对词义扩展的重要作用

　　认知语言学认为，不同于有限的单字/词式名词，一个词语结构的生成并非完全是任意的，而是与人们的感知功能密切相关。感知功能是人们通过感官对外界物体产生的一种感悟能力，或者通过大脑对外部世界发生的事件或问题所作出的一种判断或推理能力。思维中，一种感知结构或经验结构的形成必须基于人的感知功能。感知功能在层次上还可进一步细分为感官感知、心理感知和文化感知（刘铁凯、谷化琳，2005；陈晦，2009）。感官感知一般通过视觉、听觉、触觉、味觉等外在感觉器官获得某种具体感受，形成经验。心理感知是在感官感知的基础上形成的，是感官感知的发展和延伸，也是一个从具体感知到抽象感知的过程。词语结构的形成受感知结构或经验结构的影响，词语词义的生成体现出感知层次。语言中的比喻性结构就是典型的通过感官感知和心理感知形成的修辞手段。英语例句如：（1）Time is money；（2）Sally is a block of ice。不难看出，句（1）是由心理感知形成的判断或结论，句（2）是由感官感知和心理感知形成的判断或结论。只要是一个健康正常的人，无论他的文化基因是英民族或汉民族，即使他对 time（时间）这个概念不清楚、对 Sally这个人不太了解，只要他懂得 money（金钱）和 ice（冰）的特征，就能明白 time 的概念和认识 Sally 的态度。再如：Strike while the iron is hot、the apple of one's eye、rose between two thorns、五十步笑百步、九牛二虎之力、镜花水月，等等。

　　比感官感知和心理感知层次更高的是文化感知。文化感知是客观事物在人的文化思维上的反映，也是人的已知经验对未知经验在语言文化上的一种联系（陈晦，2009）。在文化语言学看来，人们的语言结构和词语意义也是随着所在文化的发展提高而丰富完善的。语言运用广度和高度由于受使用者认知能力变化和"文化模因（cultural meme）"的影响，文化感知成为解释词义演进的另一标尺。比较而言，文化感知比感官感知和心理感知受文化背景和教育程度的影响更大。例如：英语习语"to kill two birds with one stone"，字面意义是"用一块石头打死两只鸟"，属于描述生活中的真实情况，由感官感知产生，当它脱离字面意义，被用来表达"一举两得"的词义时，"kill、two birds"和"one stone"就在原义的基础上有了比喻性的引申义，所指概念从本体转为喻体，整个习语的比喻义"一举两得"就由"感官感知 + 心理感知"形成。而对于另一英语习语Even Homer sometimes nods，仅靠感官感知和心理感知是无法在大脑中将与某一事物或人合理联系获得准确理解的，只有加上文化背景知识（即了解 Homer 是一个智者），才能获得"智者千虑，必有一失"的理解。

　　英汉语言中有许多含有植物隐喻的习语都是综合三个层次的感知而形成，如"forbidden fruit、Adam's apple、rest on one's laurels、sour grapes、yellow tulip、bark up the wrong tree、a sucked orange、couch potato、banana oil、梅开二度、青梅竹马、南橘北枳、拔苗助长、摧兰折玉、柳暗花明、残花败柳、蕙质兰心、草木皆兵"等，其中所含有植物词的词义理据及词义演进路径，反映了英汉族群的认知结构既受种族遗传、自然环境、生活生产方式的影响，也受文化传统和教育背景的影响，互有共性和差异，对它们进行深入对比研究，不仅是对词汇研究的拾遗补阙，而且可为英汉文化对比研究提供线索和例证，导出民族间文化思想相互扩散、交融与论证的语料。

第 四 章
英汉植物名词义特征对比

第三章讨论了语言认知视域下植物词汇词义的概貌和演进脉络，梳理了英汉民族运用相同感知路径命名植物和扩展植物词词义所存在的文化理据差异，其中归纳综述的一些观点、概念，既为深入探究植物词汇词义特征及其文化理据提供了必要的理论依据，又为本研究进一步提出英汉植物词汇语义语用的认知框架奠定了基础。本章以英汉植物名为语料，具体讨论植物的命名、英汉植物命名理据类型、英汉植物名词义理据特征、英汉植物名的词义理据及其生态文化观异同等内容。

第一节　植物与植物名

一　物名的"任意性"和"故意性"形成

植物界各种实体的名称都是人的主观思维的语言呈现。相比植物，人是一种有思维的生命实体，能够将所感知的各种事物上升到概念层面，并通过想象、联系、替代等认知方式对众多概念进行再思维。语言符号被创设用来表达自然界和人类社会中的各种概念。对于人类是如何用语言符号为自然生长物命名的问题一直以来都吸引着语言学家、人类学家、博物学家和哲学家进行探索。

宇宙万物都有"名"，认知万物从"名"始。《老子·道经》中说"无名，万物之始也；有名，万物之母也。"名即名称。既然认识事物、获得概念要从名称开始，那么各民族最早、最基本的事物名称又是如何思维出来的呢？语言学研究认为，事物名称经由"任意性"和"故意性"的思维形成。"任意性"无"理"可据，"故意性"有"理"可"寻"。Saussure 为了说明"名"与"物"概念结合的任意性，将语言符号分为能指与所指。早在先秦时期，著名思想家、哲学家庄子就对"名"、"物"对应的不唯一现象进行过论述："周遍咸三者，异名同实，其指一也"

（《庄子·知北游》）。从该话可知，同一个"实"可以由几个不同的"名"来指代，同一个"名"也可以用来指称几个不同的"实"。庄子的"名""实"与西方后来的"能指（signifier）"与"所指（siginified）"两个层面相当接近。一个2300多年前生活在东方的庄子，一个19世纪生活在西方的Saussure，对语言"名物"的观察与理解竟然十分相似。

不仅对于语言学家，对于各领域的学者而言，物名具有任意性也是认识世界的一种常识。例如，莎士比亚在其戏剧 *Romeo and Juliet* 第二幕第二场中就写出"Name is meaningless；We call this a flower of the rose，if only for a name，its aroma is also the same fragrance."的著名台词。译文为"姓名本来是没有意义的，我们叫作玫瑰的这一种花，要是换了个名字，它的香味还是同样的芬芳。"（参见朱生豪译《罗密欧和朱丽叶》）莎士比亚认为，如果叫玫瑰的植物当初被确定为别的名字，它留给人的嗅觉印象不会出现两样，依然会被广泛栽培和利用。基于文学大师的描述，"玫瑰"植物与"玫瑰"之名是任意结合的道理广为人知。

物名任意性的观点仅适用于或者只能反映人类在语言的初创时期"名"物的方式。随着任意性的名称与概念性的拟声词一起成为核心词汇，随着语言变得越来越成熟，毫无理据的任意性"名"物显然已不再适应语言自身发展的规律和社会交际的需要。于是，基于"任意性"形成的词汇，语言中占绝大多数遵循构词规则和具有词义理据的"故意性"物名相继出现和不断增加。一事物之"名"包含着"概念意义"和"指称对象"的对应联结，成了后来直至今天命名和指称事物的基本思维。例如"'树'这个声音和文字符号，其意义是指具有一系列特定性质的某种生物，其指称对象是这个符号的每次具体运用中相应指示的这样一个生物。从词的指称对象到词的意义，标志着人的认知能力的一个飞跃"（褚孝泉，1991：32）。所以，英语中的［tri:］音是任意的，无所指的，而tree则是概念性的，有意义所指的；汉语中的［shu:］音也如此，只有与其相应的符号"树"一致，才是指称各种各样的木本植物"树"。

称谓事物的词语在语言学中还有普通名和专业名之分。Rute Costa（2006）认为，词语（lexical units）的研究是以二分法为特征的，这个二分法便是将词语分为普通语言的词语和专门语言的词语。有些学者也将这两类词语称为普通词（或俗名）和专业术语。百姓基于直观（direct observation）、直觉（intuition）、经验（experience）和常识（common sense）

所进行的普通分类，不同于科学分类或权威分类（authoritative taxonomy），得来的普通词属于基本词；专业术语（terms）是指专门化的词语，因为它们描述的知识是某一个特定的知识领域所特有的（specific）和主观间的（inter-subjective），即由某一个专业化的共同体成员所公认和共有（王逢鑫，2001：352）。根据人际交流范围"先亲后疏，先近后远"的特性，可以断定，普通词语往往比专业词语出现得早。当然，在某个特定时期，专业词语作为普通词语进入大众的日常语言交际也是极有可能的，例如三聚氰胺、非典、海啸、植物人、AIDS、DNA，等等。植物名形成既与整个人类语言词汇发展进程相一致，又在指称性上被专业组织附加了非自然语言的特色。

二　植物命名的依据和类别

按照上述的二分法，各民族语言中的俗称植物名应归于普通词语，而国际统一的植物学名或拉丁名属于专业词语。这意味着，同一植物实体在语言中对应的名称会不一致：一个俗名既是普通词，又是专业词，另外还有一个拉丁文的专业词。例如，同样对一种"外形椭圆，有着深褐色并带毛的表皮，而其内则是呈亮绿色的果肉和一排黑色的种子"的水果，英语称为 kiwi fruit，汉语称为"猕猴桃"，但它们也分别作为词条，与用括号标明的拉丁名"Actinidia chinensis"出现在各自语言的植物学词典中。可见，kiwi fruit 和"猕猴桃"既是普通词（或植物俗名），也是专业词（或植物学名）。而拉丁学名"Actinidia chinensis"则主要是为了方便植物研究者之间相互学习和交流，同时也帮助语言学习者明白：尽管这种水果生长在英汉两个不同国度，其语言符号也不同，实际上是同一种东西，属于植物的同物异名（synonyms）。至于英语名"kiwi fruit"和汉语名"猕猴桃"是否具有理据性，我们将在后面章节讨论。不过，在同一语言系统内部的日常交流中，有些专业词语有时可与普通词语互换使用，换用后的概念意义没有改变，比如，"Macadamia nut/坚果"和其拉丁学名 Macadamia integrifolia 都是专业名称，指专业上统称一些属于开花植物或被子植物成熟后的子房、裹着坚硬外壳的诸多植物种子，但我们平常也常建议说"多吃点坚果类食物"，或具体说出坚果的下义词"多吃点核桃"、"多吃点杏仁"等等。当然，哪怕是植物学家，下班后在家庭内或社交中估计也不会使用拉丁学名来指称生活中的植物。通过某种符号给周围的事物命名，自古就是人类认识世界、发展思维的一种方式。地球无数生灵，也只有人这种高级动物才可做到。也许，这种名"物"本性同时又加速了思维的发展，人类因此变得越来越聪明，在智力上大大发达于其他生命形式的存在。从这一点上看，将语言定义为人类的符号则是十分恰当的。

地球上植物资源丰富，种类繁多。据《中国大百科全书》记载，全球已探明的植物有 50 万种。在亚马孙河流域，在世界其他各地的原始森林区，都还有不计其数的植物不被人熟知，它们的形、色、味、性及功用至今都是一个未知数，这些植物自然也没有被冠名。一直以来，世界各地的植物学家都在不断地探究未知植物，包括对未知的植物进行命名。将植物按门、纲、目、科、属、种、变种七个层次，从大到小，采用拉丁语作为文字符号，进行命名，是国际惯例，目的是形成世界上统一的植物学名，便于共同研究和专业内交流。除了专门从事各类植物研究、教学的专业人士，试图为在生产生活中新发现的植物命名的还包括民间的非专业人士及植物爱好者们。这部分人群对植物的命名方式必然与熟知植物学理论的专业人士的命名方式有所不同。在语言学上，往往把经由这类人群命名的、通过植物学家确认了的植物名叫作"俗名"。"植物的俗名是人们在现实生活中形成的对植物通俗的习惯称呼。欧美日常生活中常用的植物英文名称就是俗名。相对于学名（拉丁名）来说，我们国内常用的'中文名'、'地方名'、'别名'等也都是俗名"（baike. baidu. com/view/1395426. htm）。这样看来，俗名其实就是民族称谓。我们认为，任何一种植物都可能至少被两次命名、拥有两个名字。就像一个普通的中国人一样，既有在上学之前就被确定、叫开了的乳名（家族名，地方名），也有一个在上学后供同学和老师称谓的学名。尽管我们在语言学的理解中，不把乳名称作俗名，但事实上，在一个人一辈子的行为活动中，学名才是真正的社会名，乳名仅是家族名或俗名。如果将植物名与人名进行类比，那么，植物拉丁名肯定就是植物学名，但植物俗名并不等于植物乳名（别名，地方名），而是在某种程度上相当于一门语言中的学名。例如，对于一种"地下块茎呈圆、卵、椭圆等形，有芽眼，皮红、黄、白或紫色；浆果球形，绿或紫褐色；种子肾形，黄色；多用块茎繁殖"的植物，拉丁学名为 Solanum tuberosum，汉语学名为马铃薯，俗名（或地方名、别名）为土豆、洋芋，英语俗名学名皆为 potato。我们可将它们图示如下：

表4—1   被子植物门双子叶植物纲茄目茄科茄属马铃薯种的名字

	学 名	俗 名	地方名、别名
拉丁文	Solanum tuberosum		
英语	Solanum tuberosum/potato	potato	potato
汉语	Solanum tuberosum/马铃薯	土豆、洋芋	土豆、洋芋、洋山芋、山药蛋、地蛋等

从表4—1可以看出，除拉丁名属于国际学名外，英汉语中马铃薯的俗名与学名在不同语境里有时可互用。这些称谓的应用范围是国际学名≥（其他语）学名≥俗名≥地方名、别名。

俗名往往包含地域特色，反映民族文化，凸显民俗理据。民俗理据就是新颖或陌生的事物概念可以用民族地域里熟悉的事物概念解释出来。学名由于定在俗名之后，它的确定往往要参考或依从俗名。当然，无论俗名还是学名，无论这些名称能否反映植物本身的形、色、貌和其与人的互动关系，作为一种称谓符号，它必须在语言社团中具有强制性、约定性。因为"某事物之定名再恰当、精确，也包容不了该事物的全部内涵与外延，但事物一经定名而且这个名称在社会上流传开来，它便成了对于个人和集体都具有共同性的符号"（方造，1996）。所以，今天我们只能把一种"芳香美丽，开着红花、白花、黄花，有刺"的蔷薇科植物称作"玫瑰"，而不能再叫它别的什么。"玫瑰（rose）"便是这种植物的俗名和学名。假如有人将其拉丁名用在平常交流中，显然是难以被大众接受的。拉丁学名可以让其他的植物学家确切知道你鉴定的植物，也便于在专业读者中交流。国内外许多植物学数据在科学名称后也会列出被认可的"俗名"和"别名"。

第二节   英汉植物名类别与分布

植物名有"拉丁名"、"学名"、"俗名"、"别名"等称谓类型。语言研究者所关注的植物词汇主要是指国际通用拉丁名之外的各民族语言的特有名称。本书讨论的"植物名"为非拉丁名的英汉语植物俗名或学名。

一　英汉植物名的不同分类标准

植物名类别与植物的民间分类互为因果、不可分割。美国著名的语言人类学家 Brent Berlin 等人在 1973 年提出了民间生物学分类（ethnobiological category）和命名的基本原则。认为，尽管不同民族对动植物的概念化区别很大，但也存在着许多富有规律的民间生物分类的最基本原则。并进一步揭示出了九大人种/民族生物分类的基本原则（Brent Berlin, et al., 1973）：（1）在各种语言中让具有不同程度包容性的生物体脱离属于语言上的认知分类是有可能的；（2）分类单元可继续分成少数被称为人种生物学类的纲；（3）世界通用的五级人种生物学分类按层级划分，指派给每个层别的分类单元是相互排斥的，除了分类中只有一个成员的起点层；（4）在特征上相同的属于人种生物学范畴的分类单元，虽然不是永恒不变的，但在任何特定的分类结构中都出现在同一分类层级；（5）在民间分类中很常见的是，作为一个成员被发现的分类单元，起点层级并不在语言上由一个单一习惯表达所标记；（6）属于人种生物学范畴中"形态"层成员的分类单元的数量很少，大约五到十个，其中包括所有被命名的层级较低的大多数分类单元；（7）在典型的民间分类中，属于人种生物学范畴中的"属"成员的分类单元虽然在数量上要远多于"形态"层级的分类单元，但仍然有限，仅局限在 500 个互为接近的层级；（8）属于人种生物学范畴中的"种"和"变种"成员的分类单元，一般在数量上比属于"属"成员的分类单元少；（9）居中的分类单元是那些能够在人种生物学范畴里被指派到"中间"层的层级（注：本书作者译）。毫无疑问，Berlin 等人提炼出的关于民间生物分类的原则，折射出人类学和语言学研究的耀眼光芒，既科学地阐释了植物分类和命名的原理，也指引着后继的植物命名及植物名研究。

在我国，早在公元 304 年的晋代，嵇含就在其编撰问世的《南方草木状》中，不仅对生长在我国广东、广西以及越南等地的植物生态特征按草、木、果、竹四类进行了描写，而且对许多植物的用途、产地和命名进行了说明，是我国现存最早的关于植物分类和命名的专著。现代也有不少学者从植物的生物属性出发，来考察植物命名特征，划分植物名类别。王珏（1998）根据植物的整体和局部器官之间的关系及是否具有［生命］［整体］［任意］语义特征，将汉语植物名词分为同体异名、同体同名、同体合称三个类别，并证明植物名词的意义范畴和语法特征之间存在着"相联系的成系列的对立现象"。梅家驹（1989）在《同义词词林》中将植物名分为 13 类，即：树（竹），花，草，藻（苔，檊），五谷，蔬菜，水果，药草，经济作物和株（茎，枝），根（叶，花），芽（苗，蒂），果实（种子）。胡世平（2003）综合归纳汉语、英语、拉丁语植物名，将汉英拉植物名分为树木、花卉、蔬菜、水果与干果四大类。《汉英分类插图词典》将英汉植物词按种类分为 17 类，即：稻谷、豆类、蔬菜、水果、香料、油脂植物、纤维植物、药用植物、花卉、常绿乔木、落叶乔木、棕榈、藻类、菌类、地衣、藓类、蕨类。谭宏娇（2005）则按语音、语义、语法、修辞四种造词方法，将古汉语植物名分为四种类型。另外，还有些学者将由植物名演变而来的植物名词分为植物词和文化植物词（王德春，1998；廖光蓉，2002）。综合来看，每种分类都有自己的方法和标准，有的根据已知植物名从植物的自然特征、社会功用进行分类，具有很高的科学性；有的从语言自身特征分类，具有结构语言学的倾向；有的从词语表达形式与文化习惯的关系进行分类，具有文化语言学的性质。不过，用发展的眼光来看，这些分类的不足之处也较为明显，就是对个体植物本身的生物属性重视不够，而过分注重整体植物的社会属性和同类植物的相似特征，且划分标准具有随意性，客观性有待增强。从既有研究可知，对植物分类和命名的探究一直具有较高难度，无法穷尽。因为仅仅基于研究者个体自身的专业背景，各种植物名分类难免会出现失之偏颇的瑕疵。只有植物学家、人类学家、语言学家等联手探索，才有可能获得更加科学的研究结果，完善分类。

实际上，不论什么样的植物名，本义都是指称某个具体植物或植物器官，都是植物生物属性的人为表现形式，因为植物俗名的"命名层次和民俗分类层次大体上是互相印证的"（马清华，2006：25）。马清华（2006：25）基于 Berlin 等人的发现，绘制了植物概念层次的分类图（如下）。我们认为，以个体植物的立体生命形式所对应的"苗"、"草"、"树"、"竹"和其构成部分的"根"、"茎"、"枝"、"刺"、"叶"、"苞"、"花"、"果"、"种（子）"、"核（仁）"等中心概念词为范畴，将植物名词分为泛称名（即泛指各类属于植物形态概念层的名称，如"树、草、竹、花、枝、叶、根、果"等非某一"属"或"种"概念层的植物名）和特称名（即特指某一处在形态概念层之下、属于"属"、"种"或"变种"概念层的植物名，如"面包树、捕蝇草、包心菜、开心果、喇叭花"等植物名）两大类别，可以较好地凸显植物的生命属性与植物名所代表意义的对应性。在此类别下再进行深入和细致的探究，就有可能较为全面地涵盖所有的植物词语，兼顾植物在语言中呈现的自然特征和社会属性。

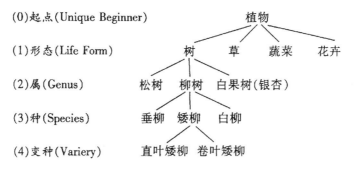

图4—1　植物概念层次分类图

二　英汉植物名收录概况

世界上目前已有植物名的数量非常庞大，且随着科学技术的发展，新的植物名也会不断增加。以国际通用名为例，从林奈（Carl Linnaeus）18世纪使用双名法对1098种属类植物和7300种种类植物进行命名以来，到目前，属类植物和种类植物拉丁名已分别超过8000和300000个（Gledhill，2002：10、13）。英汉语植物名数量虽然少于国际拉丁名，但由于具有民族和地域特性，且其中有许多并不常用，所以对它们所进行的对比研究也会是"长江后浪推前浪"，永无止境。从已知文献来看，英汉语言中还没有任何一本文学著作使用了各自所有的植物名。莎士比亚在其全部作品中使用植物名共190种（Rydén，1984）；曹雪芹在《红楼梦》中共使用了244种植物名（刘世彪，2014）。不仅是文学大师，即使是最权威的学术专著或词典也不可能穷尽语言中的植物名。本研究通过搜集、统计发现，各类词典所收录的英汉植物名数量不一，互有差别。单语词典 *The Timber Press Dictionary of Plant Names* 收录英语植物名2079个、《植物名实图考》收录汉语植物名1714个，两者之差为365；商务印书馆出版的专业性三语对应词典《汉英拉动植物名称》收录以中国地域内的植物为主的植物名2942个，每个汉语植物名都有对应的非音译的英语植物名。双语词典《新英汉词典》（世纪版）收录英语植物词语1478个，而《现代汉语词典》（第 5 版）收录汉语植物词语 2367 个，两者之差为 889 个。从专业性的植物名词典来看，英汉语植物名数量相差较小，英语名多于汉语名；从综合性的语言词典来看，英汉语植物词语相差较大，汉语在数量上远远比英语多。这个统计在效度上虽然存在商榷之处，但也反映出两种可能性和一个现状：（1）英语植物名在总数上实际比汉语少，但在汉语植物名词典中没有反映出来；（2）英语植物词语的总数也比汉语的少，《新英汉词典》（世纪版）中的植物词语没有涵括与汉语植物词语相对应的那部分植物词汇；（3）关于植物名和植物词语的英汉对比研究及词典编纂工作都有待进一步深入。另外，从两种语言的词汇总数上看，英语词汇远远多于汉语词汇。《现代汉语词典》（第 5 版）收词约 65000 条，基本上反映了目前现代汉语词汇的面貌，而世纪版《新英汉词典》共收词 10 万余条，释义囊括了英美同类语词词典的内容。结合英语传播和扩散的历史进程来看，英语语言在英语国家和英联邦地区存在语言变体和地域性词语的现象，实际上生长于英国之外的植物数会大于英国本土的植物，那么与这些植物相应已有的英语名称的数量可能也会更大，因此，世纪版《新英汉词典》尽管收词 10 万余条，也未能收录与汉语植物词语相对应的那部分植物词汇。我们期望《新英汉词典》再版的时候也能将《现代汉语词典》里出现的那部分植物词收录进去，从而更方便英汉语言学习与研究。

第三节　英汉植物名的理据

一　中西方植物名词义溯源

相对于各自拥有数万个词汇的英汉语言系统，植物名总数虽然所占比重并不突出，但按照词汇的类别划分，动辄上千词的植物名，无论在英语还是汉语中，都是数量最多的词汇。发掘、阐释这些词汇的理据，尽管困难重重，但古今中外的植物学家、语言学家、人类学家等从来就没有停止过植物名词义溯源的探究。

西方学者 Isidorus Hispalensis（560—636 年）等人早在公元 5、6 世纪就开始了对英语植物名的词源学研究，1886 年 Britten 和 Holland 出版了 *Dictionary of English Plant Names*，对英语植物名的结构和词义理据进行了较为详尽的解释。虽然这些研究涵盖的植物名数量有限，但为后续的研究

（Gledhill，2002；Coombes，2009）奠定了基础。

我国古代伟大的医学家、药物学家李时珍十六世纪在他的《本草纲目》中就研究过植物命名。他从植物之间的亲缘关系出发，根据植物的经济用途与形态、习性和内含物的不同特点，将一千多种植物按草、目、菜、果、谷五纲分为 30 类和若干种，同时一并研究了植物的命名缘由，且统一了许多植物的命名方法（李时珍，1982）。我国现代著名的农学家与植物学家夏纬瑛（1990）在他的《植物名释札记》中比较详细地解释了 308 个植物名的理据，是"继李时珍《本草纲目·释名》之后又一部由植物学家撰写的专门研究植物命名的重要著作"（谭宏娇，2005）。

虽然"在传统语言学中，名物考证，尤其是动植物得名之由的考索历来是公认的难题"（谭宏娇，2005），但知道"含羞草"、"还魂草"、"仙人掌"或"wallflower"、"bellflower"、"lamb's ears"等词的人，相信无不对这类英汉植物名所表现出来的"顾名思义"的特征留下深刻印象。英汉植物名中大量存在的具有"读名知义""顾名思义"特征的词语说明，植物定名必然有着较强的理据性，而且这种理据性也是能够解释的。语言学家 Saussure（2001：184）曾说："一切都是不能论证的语言是不存在的；一切都可以论证的语言，在定义上也是不能设想的。"陆宗达、王宁（1994：69—70）也认为，名物不是无源可溯的，而是有来源的，人们在给一个事物（也包括人自己）确定名称时，"完全没有根据、没有意图几乎是不可能的"。虽然名称或名字的确定具有一定的偶然性，名与实也"绝非必然的切合"，但人们在对某一物进行命名时，总是对这一事物有一定程度的认识，因而在一定程度上是"有源可寻"的。另外，"探寻名物的来源，往往与希望了解古人对一些事物的认识从而进一步研究古人的科学与思想分不开。同时，也可通过名物的推源进一步研究词义发展的规律，并非仅游戏式地去猜测命名的意图"。"如果把语言比作生命，那么理据就是语言生命的基因。"（王艾录、司富珍，2001：1）。事实上，我国古代早就有《尔雅》《释名》《说文解字》等系列著述和古籍注疏，现代有《汉语理据词典》（王艾录，1995）、《汉语成语考释词典》（刘洁修，2003）等揭示词语的理据和考证汉语词语源流的专著，英语有 *Semantics*（Ullmann，1962；Leech，1981）、*The Oxford Dictionary of English Etymology*（1982）、*Word Origins and Their Romantic Stories*（Funk，1978）、*Old English*（Roger Lass，1994）等词典和著作，已经对物名及部分植物名的理据性进行过不同程度的探讨。只是这些著作和词典中所提供的物名由来和语义分析大都分散在对字（英语为 morpheme 或 word）的解释中，缺乏系统性，而且到目前为止专门溯源植物名来历的著述少而不全。

二 词汇理据的表现类型

本节主要就具有理据的英汉植物名进行对比分析，探讨它们在符号与意义联系、人与植物互动、生物特性与文化特性结合认知方面存在哪些异同之处。我们先从问题开始，什么是词的理据性呢？

词的理据也即是语言的理据。英国语言学家史蒂芬·乌尔曼（Stephen Ullmann）是国外最早对语言理据展开详细讨论的人。乌尔曼（1983）认为，世界上的每一种语言都包含约定俗成的隐性词，这些词在语音与语义之间毫无联系；但同时每一种语言中也包含有许多至少在一定程度上有理据的，因而是显性的词语。这里所说的"隐性词"，就是无理据性的词，"显性词"就是有理据性的词。邵志洪（1997：4）认为，词的理据（motivation）指的是事物和现象获得名称的依据，说明词义与事物或现象的命名之间的关系。在 Tabakowska 看来，理据指被理解成形式和内容之间的非任意性关系，构成了象似性的基础（转引自王寅，2007：509）。"语言符号既存在任意性，也同时存在理据性。任意性指语言符号的音义之间没有自然联系，理据性指语言符号的音义之间具有人文联系。一方面，任意性是一个贯穿始终的变量，它的存在支持着语言的变异性、选择性和多样性；另一方面，理据性是一个普遍潜在的动因，它支持着语言的有序性、机制性和可证性。"（王艾录、司富珍，2002：4）李冬（1988）从汉英词语的形态结构进行理据研究认为，词语的理据与词的形态结构密切相关。从形态结构来说，词一般可分为三种：（1）由一个自由语素充当的简单词；（2）由一个自由语素加上词缀构成的派生词；（3）由两个自由语素构成的复合词。从这些研究可知，语言的词汇理据主要通过语音、形态和词义表现出来。

三 英汉植物名理据的差异

植物名是语言中的基本词汇，其所具有的理据类型与整体词汇保持一致，但具体类型在英汉语各有个性，并不完全对应。

声音和意义的结合是任意的，而用什么声音去称呼什么事物则是有道理的。从植物名的语音理据来看，英汉语都有基于语音翻译出来的植物名，但在音素和义素的对应上存在差别。例如"litchi（荔枝）、gingseng（人参）、tea（茶）、葡萄、枇杷、萝卜"等，英语名音素与义素不能拆分，"litchi"等无其他相同发音的词，而汉语名音素与义素可以拆分，发［pu］音的有"蒲、噗、圃"等，发［tao］音的有"陶、桃、淘"等。

　　从形态理据来看，英汉植物名在组合结构上都有理据性，但存在语法结构上的差别。例如"awl-wort、gold-and-silver、angel's trumpet、王不留行、倒挂金钩、金线吊乌龟"等，英语名有使用连接符"-"和所有格标记"'s"的现象，汉语名有使用完整陈述句的现象。关于英汉植物词汇形态的差异将在后面第六章专门论述。

　　词义理据是反映英汉植物名理据差异的主要方面。无论英语还是汉语，植物名词义的理据性表现在语言的"词内理据（语文理据）"上。对于英语而言，一个植物名就是一个词（单词或复合词）；对于汉语而言，一个植物名就是一个字或词或短句，无论何种形式，其内部都具有字义（义素）或词义（义素结合）。比如，某个类属于植物名的字或词，即使脱离了语言环境，失去了该词词义外的上下文理据或情景理据，但作为语法上的实词，其作为语言形式本身所蕴含的词义无须上下文帮助，具有理据性。有研究者将汉语词内理据分为表层理据（音义结合型）、中层理据（内部形式与理性意义结合型）和里层理据（语法结构与语义结构结合型），且"词内理据是一组反映词语的若干两两相对的构成要素相结合的理据，探究词内理据主要从内部形式入手进行"（王艾录、司富珍，2002：100—101）。这种观点也切合英语植物名词义理据的分析理解。比如，/swiːt pə'te i təʊ/这一语音形式与 sweet potato 这个意义相结合的理据，属表层理据；potatoes 这个"名（单）＋复数词素-es"形式与 potato 的理性意义相结合的理据，属中层理据；small potatoes 则是语法结构"形容词＋名"与语义结构"potato＋复数词素-es"相结合的理据，属里层理据。因此，要对一个植物名的词义进行追踪溯源，首先便要了解该词是否具有理据性，然后进一步追究其词内理据，即该词词义形成的道理或依据。

　　综合来看，我们认为，一个植物名的确定，不外乎四种可能：一是任意的；二是从别的民族音译而来；三是观察植物（整体或局部）的生物性或是根据植物的功用确定的；四是在单个植物词的基础上组合创新。任意性的植物名又可分为音义有联系的和音义无联系的，前者属于语音理据词，后者属于无理据词。音译的植物名大体上应归于无理据词。通过人的观察思考而形成的当属词义理据词，通过复合搭配形成的当属形态理据词。毋庸置疑，弄清楚哪些植物名具有理据性、植物名理据性在语用中有哪些变迁等问题是探究植物词汇词义理据的破题之作。

四　英汉植物名理据的变迁

从语义上说，任何一种语言的词汇，在任何时候都可划为两种类型：一类是有理据的；一类是无理据的。在长期的语言使用中，有些词的理据性还会出现变迁，即由"有理"变得"无理"。英语中，由于在引入和借用其他语言过程中的误解、误传，有不少植物名看似"无理"，实则"有理"，需要特别注意。如"tea（茶）"，虽然从荷兰语的"tee（茶）"演变而来，但实际上是通过第三方从汉语音译过去的，因为荷兰语"tee"就是"茶"的闽南话"te"的音译（秦建栋，1995）；又如"sparrow-grass（芦笋）"一词，就是由两个简单词"sparrow（麻雀）"和"grass（草）"结合而成。当然，由于该词最初来源于法语借词"asparagus（芦笋）"，而其拼写"asparagus"在人们的使用中因语音讹传变成了"sparagus"，后来又由于"sparagus"与人们经常使用的"sparrow"和"grass"两词的发音十分相近，渐渐地"sparagus"在书写上变成了现在的"sparrow-grass"，所以，该词的词义并非字面上反映的"麻雀草"之意。再如，植物名"mushroom（蘑菇）"，也不是其字面意思"软块房间"，而是法语词"moucheron（蘑菇）"在使用中经语音讹传、词形演变的结果。有趣的是，有些词在被借用语言中是单个词，而非复合词，到英语中却变成了"无理"的复合词。英语中绝大多数以复合形式出现的植物名都是有理据的，这类借用别国语言后由于语音讹传而至词形演变的植物名，却也能一直作为活语言在英语的复合词中保持下来，不由得我们不赞叹语言习惯之巨大、奥妙之无穷。词汇学和语义学把专门针对此类词的研究叫作"语源民俗学（folk etymology）"。汉语也有不少这类植物名，例如"苜蓿、茼蒿、荜芨"等（详见夏纬瑛《植物名释札记》）。不过，与汉语植物名因"知名解义"而带来词义变异的情形略有不同，由于英语民族没有"望文生义"的造字心理和认知习惯，所以即使在吸收汉语或日语汉字时，英语植物名也大多采用音译法或基于已有植物名添加国名（地名）

的方法来补充理据，例如"dahlia（大丽花）、phlox（福禄考）、Persian buttercup（花毛茛）、Chinese pine（油松）、Japanese cherry（樱花）"等。作为词汇中的重要组成部分，植物词汇理据性的变迁轨迹可以通过开辟"植物词汇语源民俗学"，进行深入的综合性研究。

对于英汉词义理据的变迁现象，有学者进一步解释为："在英语词汇体系中简单词所占比例并不很大，但它们是基本词汇的主体。作为日耳曼语族的一员……进入中古英语时期后，英语改变了运用复合法作为创造新词的主要手段，而代之以直接借用外来词语——特别是拉丁语系的词语。……汉语词语的理据性在历史上也曾有很大的变迁。在古汉语中，大多数是单音节词，即只能是由一个语素充当，形成大量'语素——字——词'三位一体的现象。因此，古汉语词语绝少理据。随着白话文的推广，现代汉语从单音节嬗变为多音节——主要是双音节词，即所谓的'双音化'倾向。派生词（又称'形态构词'）和复合词（又称'句法构词'）大量出现，在现代汉语词汇体系中占有主要地位，汉语的理据性也随之增大了。"（李冬，1988）这进一步说明，英汉词语理据性在历史上都经历了很大的变迁，其轨迹是从无理到有理、从简单词到复合词。当然，语言的使用又是受经济原则、省力原则所调节，复合词一旦在形式上扩展得太长、太复杂，就会转向简单，以缩略或简化形式出现。本章和下一章将要展开的英汉义特征对比分析，主要基于复合词形式的植物名。

在进一步对比论述英汉复合植物名之前，还需指出的是，虽然英汉语言中有理据性的植物名大多属于复合词，无理据性的植物名基本上是简单词或单音节词，但这并不意味着属于简单词或单音节的英汉植物名完全没有理据，或者两者的理据没有差异。相反，由于英汉语言体系的完全不同，有些形式并非复合的英语植物名，如"chive"（细香葱）、"rose"（玫瑰）、"weed"（杂草）等，在英语中属于无理据或理据无法考证，但在希腊语（Greek）、波斯语（Persian）、拉丁语（Latin）、诺曼语（Norman）、盎格鲁—撒克逊语（Anglo-Saxon）等语言中，也许是有理据的（Gledhill，2002）；而在单个字或单纯词形式的汉语植物名中，偏旁部首也是含有理据的，如"艾"、"芹菜"、"梨"、"笋"等名称中的"艹、木、竹"等。根据徐烈炯（1981）"在英汉语系统中也存在有理据性的植物名和无理据性的植物名"，非复合式的英汉植物名自然也是存在理据的。提及此点，既是说明，也是为了让有兴趣的读者另外关注。

第四节　英汉植物名理据特征对比

一　植物名的形态构成简析

形态与词义相当于一个硬币的两面。"一个词的词义可以通过对该词的形态构成进行分析而获得，如果根据词的形态，能剖析其组成分子，或能从组成分子的意义推得整词的意义，这个词的形态理据就强"（严辰松，2000）。

首先以两个英语植物名为例，探析它们表达植物概念的形态性及词义性理据。例如，在植物名 adder's-mouth/adder's-tongue 中，adder 为一种有毒的蛇，adder's-mouth/adder's-tongue 字面义为"毒蛇之嘴/毒蛇之舌"，词义反映该植物开花时的典型形态（兰科，沼兰属，花小、绿黄色，花瓣较狭，有时呈丝状，唇瓣位于上方或下方，3 裂或不裂），词形为双单词组合，借助所有格"'s"和连词符"-"两个语法标记形成。再如arrowroot（竹芋）原生长于南美，其根状块茎淀粉含量高，且能够解毒，是南美印第安人的一种普通食物来源，也被南美印第安人广泛用来治疗箭伤，17 世纪被引种到英国，arrowroot 一词源于印第安阿拉瓦克语 Arawa-kan，所以早期英国殖民者就根据其发音和功用把该种植物定名为 arrowro-ot（字面义为"箭根"），词形为双词复合词（arrow 箭 + root 根），可谓音、形、义附于一体，结构清楚，词义鲜明。通过对这两个普通植物名的具体分析，不难发现，形态理据是通过语法作用实现的，词义理据则是通过利用人的百科知识对植物生物属性的感知实现的。因此，单一而笼统的语音理据、形态理据和词义理据不能全面有效阐释和比较英汉植物名的理据特征。植物名词义理据之所以一直吸引着中外各个领域的学者进行见仁见智的讨论，就在于其是综合了生物概念、心理概念、民族文化概念、百科知识的语言符号统一体。

二　植物的民间生物学分类和命名原理

虽然同一植物的英汉语名称会因语言类型不同而在词形、词义上也表现不同，但根据人类学家 Brown（1977）的生物概念命名状况（nomencla-ture status）表，可以发现英汉植物名在词义理据形成上的一些规律。该生物概念命名状况表是 Brown 根据 Berlin 的民间生物学分类和命名原理，将生物概念的五大层级在语言中的命名对应划分为四种词位的分析表。现加上例词"花"，将该表例示如下（见表4—2）：

表4—2　　　　　　　　　　植物民间分类及命名例表

层级	例　词	分　类	命名状况
0	植物	起始层	不可分析的基本词位
1	花	生命形式层	可多产的基本词位
2	樱花	属类层	不可多产的基本词位
3	山樱	种类层	次级词位
4	大山樱	变种层	

从表4—2可知，在植物概念的五大层级（Berlin，1973；Brown，1976）中，起始层（unique beginner）对应为不可分析的基本词位，相当于科学分类中的"界"，在整个生物界只有三个名称（即植物、菌类和动物），在语言中受关注度较低；变种层（varietal level）在命名状况中无对应的词位，说明处于该层的植物在民间认知、命名过程中，普遍性、活跃性不够明显，不足以引起人们特别的注意，其命名只是在种类层名称之上加上表示大小、地方等的限定词而成，且数量极少，探究意义不大；生命形式层是"指植物的生活状况，如木本、草本和藤本等植物的外貌特征"（崔明昆，2005），其对应的植物名属于多产的基本词位（productive primary lexeme），"在普通使用及非生物学分类时完全不适宜"（Cruse，2009：145）；处在属类层、种类层的植物占大多数，与其对应的植物名分别属于不可多产的基本词位（unproductive primary lexeme）和次级词位（secondary lexemes）。"可多产的"基本词位，意味着可"被限定""被添加"，因而能够派生；"不可多产的"基本词位，意味着"不能产"或"只能少产"，因而不可派生或只可少量派生。Berlin（1972）认为，民间植物命名过程中，"属"名最先出现，是根本的植物名，紧随其后出现的是"生命形式"名和"种"名。Cruse（2009：146）认为，属类层的词位"形态简单、词义原创（而不是从其他词义领域通过隐喻扩展形成），是事物和生物的日常普通名称，如：教堂、茶杯、猫、橡树、苹果、康乃

馨，等等。只有在这一层级，语言中最大数量的词项才有可能出现，并且大多数分类层级的分支都在该层结束。很明显，在分类层级中并不是每个属类层词位之下都会有好几个种类层词位"。

由此可知，英汉（复合）植物名就是那些生物特征处于植物概念的属类层、词义概念属于基本义位，词汇特性上具有典型层级义位的词。

三 英汉植物名词义形成的差异

处于属类层的植物名词义形成及其内在关系在英汉语之间也存在一定差异。在指称生命形式层（life-form level）植物时，英语直接使用单纯词（如 flower、grass、tree 等），汉语多用单字词（如花、草、树等）；在指称属类层（generic level）植物时，英语既使用单纯词，如 birch（桦树）、narcissus（水仙花）、acacia（相思树）等，也使用复合词，但复合词的表现形式并不一定是"属 + 类"关系的组合，如 blackheart（黑尖果）、bluebell（风铃草）、catchfly（捕蝇草）等，汉语常常使用复合词，并且前后两个词（音节）处于"属 + 类"（即"义象 + 义类"）的语义关系之中，如桃花、烟草、槐树等；而在表达种类层（specific level）时，英汉语里的表达情况更为复杂，"不一定以'词'或者'复合词'相对应，很多情况下是'短语'和'词（或复合词）'对应，或者'短语'与'短语'对应"（丰国欣，2011）。由此可见，除了词义之外，在词型上英汉语同处于属类层的植物名也存在较大差异，英语中以单纯词呈现，汉语中以合成词呈现。不可多产的基本词位和次级词位则几乎全部是复合词，可多产的基本词位多数是简单词。而"简单词（除了少数摹声词外）通常没有理据可言；派生词和复合词——尤其是复合词——可能带有理据"（李冬，1988）。"植物的名称最可能出现在描写它们的外形、产地或栖息地的复合词中"（陈晚姑，2008）。

Berlin（1972）认为，英语民间植物分类中的属名多以特有的"单字词（single-words）"形式出现，目的是保持语义的单一性、语言的区别性，如"花"的总名为"flower"，而"百合花"是"lily"，"菊花"是"mum"，"兰花"是"orchid"等。下面以植物名"pine"和其汉语对应词"松树"为例，列表解析：

表4—3 "pine" / "松树" 词位类型

英语	词的类型	汉语	词的类型	对应生物层级
pine	单纯词	松树	复合词	属类层
ponderosa pine	复合词	美国黄松	短语	种类层
white pine	短语	白松	短语	种类层
jack pine	复合词	短叶松	短语	种类层

植物词"pine"和"松树"同为不可多产的基本词位（primary lexemes），两者的生物分类都处于属类层，但词的类型决然不同；其处于种类层的下义词词型在英汉语中也非一一对应。类推可知，英汉同处于属类层的植物名在词型上存在较大差异，英语中以单纯词呈现，汉语中以合成词呈现。

以上结合人类学和语言学的研究、对照具体例词的分析告诉我们，英汉植物名的词义形成特征互有共性，也各有个性，需要借鉴、提出和运用适合双方而又更加合理的理据类型来加以分类比较。

语言学关于植物名研究已经有了共识：以单纯词呈现的植物名在整个已知的植物词中只占少数，且其中很多无理据性可考；以复合词形式呈现的植物名占据植物词中的绝大多数，且大多有理据可究。这个共识可以让我们在研究词义理据时将视角主要集中在那些英汉特称植物名上。那么，形态复合的特称植物名有哪些理据？英汉语复合植物名词义理据表现有哪些异同？探讨和回答这些问题，就需要对植物名内部结构和词义特征做更加深入的考察，需要对比分析英汉对应植物名在形态和词义上的异同，需要研究植物命名与所呈现包含民族文化的百科知识之间是如何相通和联系的，从而系统地归纳出英汉语植物命名及其理据的个性与共性。

四 英汉复合特称植物名的理据类型及对比

与多数是单字词的泛称植物名不同，复合特称植物名是两个或两个以上的词（字）组合在一起构建出的新词，其词义的内在理据往往是植物特征、植物与自然环境及与人类社会相互联系的概念反映，只有从词内概念之间的联系出发，考察整个植物名的中心词义，才能厘清和阐释其命名的理据。另外，"不同的语言除了理据性程度不同之外，表示同一事物的名称在不同的语言中也可能采用这一事物的不同特征来作为词的理据"

（许余龙，2002：126）。

在对《新英汉词典》（2000）和《汉英拉动植物名称》（胡世平，2003）中 A、B、C、D 部下收录的 100 个英语复合特称植物名及其对应汉语名进行定量考察的基础上，按照"名—义"相符的原则，兼顾语法形态理据和内部词义理据，发现这 100 个英汉植物名词义理据性整体上体现在六个不同方面，我们将之概括为具象反映、性味色反映、功用反映、源地反映、人名反映、季节反映等六种类型（详见表4—4）。

表4—4 　　　　　　　　英汉复合特称植物名理据类型解析与比较

英语例词	理据解析	理据类型	对应汉语名	理据解析	理据类型
baby's breath	形如婴儿的呼吸	具象反映	满天星	形如满天之星	具象反映
bachelor's button	形如单身汉的纽扣	具象反映	矢车菊	形如箭车之菊	具象反映
barrel cactus	状如圆桶的仙人掌	具象反映	圆桶掌	状如圆桶的仙人掌	具象反映
bear's-foot	形如"熊"之脚掌	具象反映	熊掌花	形如"熊掌"之花	具象反映
bear grass	熊爱吃的草	性味色反映	丝兰	形如细蚕丝之兰花/草	具象反映
beggar's ticks	乞丐身上的虱子	具象反映	鬼针草	长有似鬼针般倒刺毛的草	具象反映
bearded iris	花形似胡须的鸢尾	具象反映	髯毛鸢尾草	花形似胡须的鸢尾草	具象反映
arrowroot	形如箭根	具象反映	竹芋	色形如竹叶的芋草	具象反映
bottle gourd	外形似"瓶子"的葫芦	具象反映	葫芦	外形"下部大于上部"的瓠果	具象反映
bottle tree	外形似"瓶子"的树	具象反映	瓶木	外形似瓶子的树木	具象反映

英语例词	理据解析	理据类型	对应汉语名	理据解析	理据类型
acorn squash	外形似橡树籽实的南瓜	具象反映	橡实形南瓜	外形似橡树籽实的南瓜	具象反映
Chinese cabbage	中国白菜	源地反映	包心菜	形似"包裹着的心"的菜	具象反映
broad bean	宽大的豆子	性味色反映	蚕豆	豆角像蚕形的豆	具象反映
bush bean	外形如灌木般低矮的豆子	具象反映	矮菜豆	外形低矮的菜豆	具象反映
black locust	黑色槐树	性味色反映	刺槐	表皮带刺的槐树	具象反映
belladonna lily	形如颠茄的百合花	具象反映	孤挺花	孤单挺立的花	具象反映
California poppy	加利福尼亚罂粟	源地反映	花菱草	开有菱形花的草	具象反映
butterfly weed	蝴蝶飞临的草/招引蝴蝶的草	性味色反映	蝴蝶草	形如蝴蝶的草	具象反映
bell pepper	形如风铃的胡椒	具象反映	钟形甜椒	形状似钟的甜椒	具象反映
Benjamin fig	本杰明无花果树	人名反映	垂叶榕	叶子下垂的榕树	具象反映
buckwheat	雄鹿爱吃的麦子	性味色反映	荞麦	形如"莜子/荞子"的麦子	具象反映
bear's-ear	形如"熊"的耳朵	具象反映	耳状报春花	形如耳朵的报春花	具象反映
coneflower	圆锥形花/球果形花	具象反映	松果菊	头状花序似松果的菊花	具象反映
bluebell	蓝色的钟铃	性味色反映	圆叶风铃草	叶片圆形的风铃草	具象反映
blue bonnet	蓝色的童帽	性味色反映	羽扇豆	形状扁圆像羽扇的豆子	具象反映

英语例词	理据解析	理据类型	对应汉语名	理据解析	理据类型
blue stem	蓝色茎	性味色反映	须芒草	须状有刺的草	具象反映
burning bush	燃烧的荆棘	性味色反映	白藓	花瓣长有条纹像白藓一样的草	具象反映
candleberry	顶部裹有白蜡的草莓	性味色反映	杨梅	叶子似杨柳之形的梅子	具象反映
century plant	世纪植物（花开多达数百朵的植物）	性味色反映	龙舌兰	叶片形状像龙舌头的兰花	具象反映
cotton grass	花开色状如棉絮的草	性味色反映	羊胡子草	叶片细如羊胡子的草	具象反映
cranesbill	形状如鹳的长喙	具象反映	老鹳草	蒴果形状如老鹳的长喙的草	具象反映
busy Lizzie	忙碌的莉齐	人名反映	凤仙花	花形翘翘状如凤鸟、好看如仙的花	具象反映
adder's-mouth/adder's-tongue	形如"蝰蛇"之口/舌	具象反映	沼兰/赤莲	长在水塘边的兰草/通体红色的莲草	性味色反映
allspice	全是香味（的果子）	性味色反映	多香果	果实具有强烈的芳香	性味色反映
air plant	生长在空气中的植物	性味色反映	落地生根	其叶不必依赖种子繁殖，遇泥土即能发芽生长	性味色反映
African lily	非洲百合花	源地反映	百子莲	多籽实的莲子	性味色反映
blue bottle	蓝色的瓶子	性味色反映	蓝芙蓉	蓝色的芙蓉	性味色反映

续表

英语例词	理据解析	理据类型	对应汉语名	理据解析	理据类型
blue flag	蓝色菖蒲	性味色反映	变色鸢尾（草）	萼片与花瓣的颜色令人难于辨认的鸢尾（草）	性味色反映
buffalo berry	水牛爱吃的浆果	性味色反映	水牛果	水牛吃的浆果	性味色反映
buffalo gourd	水牛爱吃的葫芦	性味色反映	臭瓜	臭味难闻的葫芦瓜	性味色反映
buffalo grass	水牛爱吃的草	性味色反映	野牛草	野牛爱吃的草	性味色反映
blackheart	黑色的"心"	性味色反映	黑尖果樱桃	黑色尖形果实的樱桃	性味色反映
black pepper	黑色胡椒	性味色反映	黑胡椒	黑色胡椒	性味色反映
blackthorn	黑色的刺	性味色反映	黑刺李	黑色有刺的李子	性味色反映
black-wood	黑木	性味色反映	黑檀	黑色檀木	性味色反映
black walnut	黑色胡桃	性味色反映	黑胡桃	黑色胡桃	性味色反映
black tea	黑色茶叶	性味色反映	红茶	茶水为红色的茶叶	性味色反映
cowslip	乳牛滑倒（的草）	性味色反映	黄花九轮草	开黄色花、多轮叶丛的草	性味色反映
barren straw-berry	不结籽实的草莓	性味色反映	无籽草莓	无籽实的草莓	性味色反映
bitter bamboo	味道苦的竹子	性味色反映	苦竹	味道苦涩的竹子	性味色反映
Armand pine	阿曼德松树	人名反映	白松	表皮白色的松树	性味色反映
cowberry	乳牛爱吃的浆果	性味色反映	越橘	越过地域生长的橘子	性味色反映
cowherb	乳牛爱吃的草	性味色反映	麦蓝菜	叶子颜色蓝似小麦的菜	性味色反映

英语例词	理据解析	理据类型	对应汉语名	理据解析	理据类型
cowpea	乳牛爱吃的豌豆	性味色反映	豇豆	开花结荚多为双生的豆子	性味色反映
cow parsnip	乳牛爱吃的欧洲萝卜	性味色反映	白芷	开白色小花、香味令人止步的草	性味色反映
China aster	中国翠菊	源地反映	翠菊	颜色青翠鲜艳的菊花	性味色反映
bearberry	熊爱吃的浆果	性味色反映	熊果	熊爱吃的浆果	性味色反映
Canterbury bells	坎特伯雷铃	源地反映	风铃草	风吹时发出铃声的草	性味色反映
butterfly weed	蝴蝶飞临的草/招引蝴蝶的草	性味色反映	蝴蝶草	蝴蝶飞临的草	性味色反映
buckbean	雄鹿爱吃的豆	性味色反映	睡菜	食后令人思睡的菜	性味色反映
cardinal flower	深红色的花	性味色反映	红花半边莲	花瓣为红色、偏向一侧生长的莲草	性味色反映
cloudberry	果实如云朵般变色的草莓	性味色反映	云莓	果实如云朵般变色的草莓	性味色反映
club moss	枝端直立如棍棒状的苔藓	性味色反映	石松	长于山石间、叶型小如针状的松草	性味色反映
crab apple	色如螃蟹般红晕的苹果	性味色反映	花红	开花粉红色（的果子）	性味色反映
crab grass	色如螃蟹般棕红的草	性味色反映	马唐	马食如糖的草	性味色反映
craneberry	鹤爱吃的浆果	性味色反映	蔓越莓	蔓延越地生长的红莓	性味色反映
crown of thorns	棘之冠/刺之冠	性味色反映	铁海棠	枝干坚硬如铁的海棠	性味色反映

英语例词	理据解析	理据类型	对应汉语名	理据解析	理据类型
Belgian endive	比利时菊苣	源地反映	菊苣冠	花型很大、居第一位的菊苣（菊苣之冠）	性味色反映
compass plant	叶片生长像罗盘般指向南/北方向的植物	功用反映	磁石草	叶片生长像被磁石吸着指往南/北方向的草	功用反映
black-eyed Susan	黑眼苏珊	人名反映	多毛金光菊	叶子长有毛的金光菊	性味色反映
African violet	非洲紫罗兰	源地反映	非洲紫苣苔	非洲紫色苣苔	源地反映
Brazil nut	巴西坚果	源地反映	巴西果	巴西坚果	源地反映
brazilwood	巴西木	源地反映	巴西木	巴西木	源地反映
arrowwood	可用于制箭的木	功用反映	箭木	用于制作箭的树	功用反映
basswood	可用于制作低音乐器的树	功用反映	椴树	用于建筑和制作器具的树	功用反映
bear's breech	树叶形如熊的臀部	具象反映	老鼠簕	能刺痛老鼠的尖刺竹	功用反映
catchfly	捕捉苍蝇的草	功用反映	捕蝇草	能捕捉苍蝇的草	功用反映
bearwood	熊爱吃的木	性味色反映	药鼠李	能治病的、果实甚小的李子	功用反映
barrenwort	不结果实的草	性味色反映	淫羊藿	树叶可以助羊之淫	功用反映
Benjamin tree	本杰明树	人名反映	避邪树	可以避邪的树	功用反映
butter bean	色如黄油的豆子	性味色反映	菜豆	用作蔬菜的豆子	功用反映

续表

英语例词	理据解析	理据类型	对应汉语名	理据解析	理据类型
chinaberry	中国浆果	源地反映	无患子	传说该木制成的木棒可以"驱魔杀鬼",因而令人"无忧、无患"。	功用反映
blueberry	蓝色的浆果	性味色反映	乌饭树	其叶可以榨汁浸糯米,蒸成乌饭食用的树	功用反映
China grass	中国草	源地反映	苎麻	可用于造纸、织布的植物	功用反映
China rose	中国玫瑰	源地反映	月季(花)	月月开的花	季节反映
David poplar	大卫杨树	人名反映	山杨	生长在山地阳坡的杨树	性味色反映
dogwood	狗草	具象反映	山茱萸	生长在山坡灌丛中的赤色梾果树	性味色反映
dwarf elm	矮子榆树	具象反映	白榆	果实成熟时呈黄白色的榆树	性味色反映
dyetree	染料树	功用反映	化香树	味辛、可防蛀虫的树	功用反映
Dutch elm	荷兰榆树	源地反映	荷兰榆	荷兰榆树	源地反映
daylily	朝开夕谢的百合花	性味色反映	黄花菜	开橙黄色花的草	性味色反映
day flower	白日花(只在白天开放的花/很快凋谢的花)	性味色反映	鸭跖草	(为"野竹草"之讹)生长于田野如竹之草	性味色反映
devil's ivy	魔鬼的常春藤(像魔鬼一样迅速攀爬的常春藤)	具象反映	黄金葛	叶及蔓茎呈黄金色的葛草	性味色反映

英语例词	理据解析	理据类型	对应汉语名	理据解析	理据类型
dame's violet	贵夫人的紫罗兰（香味似贵夫人一样显著的紫罗兰）	性味色反映	紫花南芥	开紫花的南芥	性味色反映
dog rose	叶片形状像狗牙齿的玫瑰	具象反映	狗蔷薇	叶片形状像狗牙齿的蔷薇	具象反映
donkey's tail	驴的尾巴	具象反映	翡翠景天	整个株形像下垂的玛瑙串珠的景天	具象反映
dishcloth gourd	可用作洗碗布的葫芦瓜	功用反映	丝瓜	成熟时果肉像网络状纤维	具象反映
Dallis grass	达拉斯草	源地反映	雀稗草	穗形纤小似麻雀的稗草	具象反映
duckweed	像鸭子一样浮生于水面的草	性味色反映	浮萍	浮生于水面的水草	性味色反映
dusty miller	（形如）布满浅灰色尘土的碾磨工	具象反映	雪叶莲	叶片呈羽状、颜色似银白色霜雪的莲花	具象反映

　　注：表中所考察的复合型特称植物名，绝大多数均为《汉英拉动植物名称》和《新英汉词典》所收录，少数没有共同收录的植物名则选自有收录的一部，含有人名的仅选自《汉英拉动植物名称》。

第五节　英汉植物名词义理据及生态观对比

一　植物名理据与生态文化的关联

　　当海德格尔提出"语言是存在的家"这一命题时，表明了语言与存在的不可分割，二者是表里关系，语言与存在"同在"。植物名是综合了生物概念、心理概念、民族文化概念、百科知识的语言符号统一体，植物名正是这诸多概念和关系相互作用的产物，决定了它同时具有生物属性、社会属性和文化属性。特殊的地理环境和语言形式规定了英汉植物名词义理据的六大类型及基本差异。在海德格尔的存在主义语言观的指引下，我们认为，植物名包含着人类为植物命名时的敬畏之心，对神圣的崇敬之心，与万物契合的亲近之心。上文中提及的 100 个英汉复合特称植物名理据背后透露出宏观的生态思想，反映出同一族群成员综合考虑生存境域里的各种存在物来认知植物的哲学倾向。接下来，我们以果推因，结合六种理据类型的数量和分布情况，一一进行解析和对比。对比时，既考察英汉民族在地域面貌、植物种类、生存方式及社会活动等显性文化，也考察两个民族在观察事物、延续生存、理解世界的过程中，所保持和恪守的生活态度和思维方式等隐性文化。

二 不同理据类型的英汉植物名数量与分布

不同理据类型的英汉语复合植物名数量及比例是不同的。通过比对统计表 4—4 中的英汉植物名词义理据，计算出下面的理据分布数量及百分比（见表 4—5）。

表 4—5 　　　　　　　　英汉植物名理据类型及分布

理据类型	具象反映	性味色反映	功用反映	源地反映	季节反映	人名反映	总计
英语名数量	25	49	6	14	0	6	100
百分比	25	49	6	14	0	6	100
汉语名数量	37	45	13	4	1	0	100
百分比	37	45	13	4	1	0	100

三 基于理据类型的英汉民族生态思维异同

（一）"性味色反映"型词义理据

英汉语中均占比最大，且英语略大于汉语。反映英汉民族在认知植物时，都倾向从植物本身的性态、气味、色泽等属性中提取特征、把握规律，形成了亲近植物、观察生物、了解自然、尊重自然的相似生态观，如"air plant/落地生根、bitter bamboo/苦竹、black-wood/黑檀、buffalo berry/水牛果"等；英民族立足客观、注重事理的思维倾向表现得更突出，他们往往根据植物本身的"性味色"特征来命名，充分考虑"属"的表现，弱化"类"的表现，较为忽略生物个体的"等级关系"，如"allspice、blackheart、bluebell、blue bonnet、blue flag、cranesbill、cowslip"等植物名，都没有出现表达"类"的上义植物词；而其所对应的汉语植物名，都加上了表达"类"的上义植物词，如"多香果、黑尖果、风铃草、羽扇豆、变色鸢尾草、老鹳草、黄花九轮草"等，说明汉民族强调生物个体与整体之间的领属关系，倾向于以直观经验的知识来描述植物在人、动物和自然中的依存状况，表现出"朴素的系统思维特征"和"等级观"（佘正荣，2011）。

（二）"具象反映"型词义理据

英汉语中所占比例第二，汉语比英语多12%。这一现象说明英汉民族都注重植物的外部形象，都习惯将植物的特征置于人的身体、动物身体、生活物件及植物本身的概念背景中来具象类比，形成新的概念（隐喻性表达），称谓植物。英民族观察植物外部特征的程度细致入微，类比取象物既有稍纵即逝、难以捕捉的现象，如"婴儿的呼吸"等，也有体型极微、不大常见的小虫，如"虱子"等，显示出较为轻视宏观整体、不忽视任何一个生命个体和微小客观的存在实体的行为习惯，表现出世界"存在有价""万物皆有生命"的生态文化观；汉民族观察植物外部特征的角度更多，类比植物的取象范围更大，与植物的互动性也更强，将植物置于人类生命所见、所闻、经历、经验的整个事物及想象的概念中，平等看待，如"满天星"、"凤仙花"等，表现出世界存在"万物一体"、不可分割的生态文化观。这也从一个侧面验证"中国古代哲学讲求观物取象，即取万物之象，加工而成为象征意义的符号来反映、认识客观事物的规律"（申小龙，1988：60）。表4—6为英汉语中部分同属"具象反映"理据，但"具象"源相异的植物名比较。

表4—6　　　　　英汉语不同具象源植物名词义比较

英语例词	理据解析	对应汉语名	理据解析
arrowroot	形如箭根	竹芋	颜色和形状像竹叶的芋草
baby's breath	形如婴儿的呼气	满天星	形如满天之星
bachelor's button	形如单身汉的纽扣	矢车菊	形如箭车之菊
bearded iris	花形似胡须的鸢尾	髯毛鸢尾草	花形似胡须的鸢尾草
bear's-ear	形如"熊"的耳朵	耳状报春花	形如耳朵的报春花
beggar's ticks	乞丐身上的虱子	鬼针草	长有似鬼针般倒刺毛的草
broad bean	外形宽大的豆子	蚕豆	豆角像蚕形的豆
bush bean	外形如灌木般低矮的豆子	矮菜豆	外形低矮的菜豆

英语例词	理据解析	对应汉语名	理据解析
belladonna lily	形如颠茄的百合花	孤挺花	孤单挺立的花
bell pepper	形如风铃的辣椒	钟形甜椒	形状似钟的甜椒
coneflower	球果花	松果菊	头状花序似松果的菊花

注：表中理据解析除本书末尾所提及的文献之外，还参考了韦氏词典、维基百科和百度百科。

(三)"源地反映"型词义理据

"源地反映"型在英语里占比第三，有 14 个词，如"African lily（百子莲）、Belgian endive（菊苣冠）、California poppy（花菱草）、chinaberry（无患子）、Canterbury bell（风铃草）"等；在汉语中占比第三位的是"功用反映"型理据，有 13 个词，如"药鼠李（bearwood）、淫羊藿（barrenwort）、避邪树（Benjamin tree）、乌饭树（blueberry）、无患子（chinaberry）"等；而"功用反映"型理据在英语中虽然占比第四，但仅有 6 个词，即"arrowwood（箭木）、basswood（椴树）、catchfly（捕蝇草）、campass plant（磁石草）、dishcloth gourd（丝瓜）、dyetree（化香树）"；在汉语中占比第四的是"源地反映"型理据，仅有 4 个词，即"非洲紫苣苔（African violet）、巴西果（Brazil nut）、巴西木（brazil-wood）、荷兰榆（Dutch elm）"。这一现象反映出：（1）英语民族更加注重植物物种的起源，倾向于以实证知识来把握事物的复杂演化，充满了"探究自然、尊重个体"的动态生存观，表现出"生物中心主义"的价值倾向。（2）汉语民族则更加注重植物在生活生产中的功能和可用性，倾向于将植物与人和动物置于同一个系统中来理解，充满了"物我相生，以物克物"的静态生存观，表现出"以人为本"的价值倾向。从生态伦理学的角度来看，就是汉民族"注重从事物的功能关系来把握整体，而比较忽视从事物的物质构成关系来把握整体"（佘正荣，2011）。

(四)"人名反映"型词义理据

在英语中有 6 个词 [Armand pine（华山松）、Benjamin fig（垂叶榕）、Benjamin tree（避邪树）、black-eyed Susan（多毛金光菊）、busy Liz-zie（凤仙花）、David poplar（山杨）]，占 6%，而汉语中没有。这一现象反映出：英语民族在认知植物的过程中，将植物个体视为生命个体存在和延续的形式，给予不同物种以理性的观照，表现出求实、继承的生存态度，充满了科学热情。汉语民族则看重植物在自然界中的生存和发展的状态，倾向于"人—物共生、主次有别"的"生态平衡"。谭宏娇（2010）认为，"与英语相比，汉语植物名借用人名的情况也有，但不是出于科学精神，而是源于民间传说，多不可信。"另外，100 个英汉对应植物名中，"季节反映"型理据词［如 China rose（英语理据：中国玫瑰）/月季（汉语理据：月月开的花）］碰巧在汉语中有、英语中无的现象亦反映出这种差别。

四　植物名词义理据研究对重构生态文化的价值

将人类作为整体来考虑时，人是一种类存在物。在这个意义上，可以说，人有其"类本质"，人的生活是一种"类生活"，人的意识是一种"类意识"。英汉植物名词义的理据挖掘，从一定程度上彰显了人的"类本质"。英汉植物名词义理据是英汉民族与生存环境、生态系统互动而形成的哲学世界观在认知植物时的语言呈现。通过借助六种不同的理据类型，对比 100 种相同植物的英汉命名理据，不仅可以更清楚地了解英汉植物名的各自词义特征，而且可以窥知英汉民族在对植物进行分类、命名过程中所显现的微观生态思维的异同。从植物名六种不同类型的理据及折射的生态观来看，人类很早以前就产生了"类"的意识，但这种类意识由于人们生活地域、交往狭小的局限，往往拘于"族群"的狭窄视阈。如在封闭的原始部落，群体就是他们现实和想象中的类（谢春红，2009）。因此，对植物名词义理据特征的研究不仅为认知语言学研究增添了不寻常的内容，而且对人类重构生态文化具有启示作用。

从人与自然的关系的历史演化来看，人类社会的发展迄今经历了三个发展阶段，即农业社会阶段、工业社会阶段、生态化社会阶段。观察一个时代的变化，需要从与人类生活最为直接的生存条件的变化开始。近代工业革命以来，科技的进步促进了社会生产的发展，迅速而深刻地改变着人类的生活，给人类带来了前所未有的物质上的丰裕，极大地改善了人们的生存条件，提高了人们的生存质量和水平（任重，2012；杨士虎、王小博，2010）。然而，正当人类在惊叹科技的神奇、尽享科技带来的便利之时，科技的负面影响却悄然而至，人口膨胀、能源枯竭、环境污染、生态失衡等问题逐步侵入了人类的世界，甚至威胁着人类的生存。但是历史的惯性、人类的习性、技术的发展等多方面的复杂的因素，决定了走出当前人类生存困境的步履将是一次艰难的历程。可是，无论历程如何艰难，人类必须面对，不仅需要通过学习研究，努力去掌握自然科学知识，形成对自然界理性的、科学的认识，走出"人类中心主义"的思想桎梏，寻找一种人与自然和谐共生的发展道路；还要通过学习研究，培养对地球、天空、大地、万物生命的敬畏与热爱，培养作为自然之子而自然主宰的谦和、幸运之情，以及形成"将自然纳入人类整体生存之中的，并与天体、宇宙和人一体的生态世界观"（余谋昌，2001）。

　　生态文化重构的任务是把人与人类文明重新放回自然的母体中，使人的内在自然、文明观念重新获得与自然生命规律的和谐统一（王茜，2007）。其本质意蕴主要包含三个方面：一是对生态世界的理性认识；二是对生态世界的理想追求；三是对生态世界的理性践履。中国传统文化强调人与自然和谐统一的生态思想，从老子的"衣养万物"而不居功，到庄子的"齐同万物"而"与天为徒"，以及儒家的"亲亲而仁民，仁民而爱物"（胡筝，2006）。这种重视生态、亲和自然的思想及其志趣，在深刻地影响了中国传统文化几千年之后，又在全球生态危机情势下得到现代西方生态伦理学的广泛重视。生态伦理学包括了人类中心主义、动物中心主义、生物中心主义和生态中心主义等流派。这些派别理论的共同之处在于将道德关怀的对象由人类扩展到动物界、植物界，甚至整体自然界。尽管其关注的道德关怀对象各有不同，但本质都是强调人类对于自身之外的一切存在物的责任，强调人类作为客观主体对其他存在物的关爱。

　　法国思想家帕斯卡尔（1985）有句名言："人只不过是一根苇草（reed），是自然界脆弱的东西；但他是一根有思想的苇草。……因而，我们全部的尊严就在于思想。"植物名词义理据呈现了人类的思想。我们期待英汉民族建立起全新的生态思维和生态文化，并在未来全球的生态环境保护和生态文明建设中加强合作、携手前行。

第 五 章
英汉植物隐喻化认知对比

前面第三、四两章讨论了植物词汇词义演进的基本认知路径、英汉植物名词义形成理据的特征及其生态观异同等。本章将以英汉植物名为语料，讨论英汉植物名的概念隐喻表现、植物词义范畴化表现、对比分析英汉植物"拟人化"／"拟动物化"命名的各自特征、英汉植物隐喻的异同等内容。

第一节　植物的概念隐喻

一　植物隐喻建构的过程

我们知道，无论哪个民族，通过任意性或相似性的规约或联想，确定了字或词素之后，便是以词或字给人自身（包括人的行为）及周围的事物（动物、植物等）命名，让"名"指"物"，所以语言学界普遍接受这样的观点：人类最早的词汇应该与人体部位、亲人称呼、各种声音、动物植物等有关。除了自身外的其他物质，人类都要通过身体运动和外界环境相互作用的方式来认知，因此，许多植物名就是人体——植物互动的结果。随着认知范围的扩大、思维能力的提高，人类渐渐地就把已经熟悉的东西作为认识、体验来描述世界其他事物，相对于人体结构、人体特征而言，"身外"的植物是不熟悉的，所以，人类就用表示人体的概念去描述植物概念，以所了解的人体结构、器官作为参照物去描述植物实体和植物器官。为了弄清这些问题，有必要先了解人类是主要通过哪些概念去理解世界存在物，认知植物的。

人类构建概念、使用概念去理解和认识事物的过程是一种隐喻认知。隐喻，作为一种认识方式和思维模式，是通过人类的认识和推理将一个概念域投射到另一个概念域，以其间的相似性将两个概念域联系起来，从而实现以简单、具体、熟知的概念去比喻地理解复杂、抽象、陌生的概念。

　　隐喻首先是人类"观察世界的途径"（林书武，1997），除了能为人类提供观察世界的新方法，提供看待事物的新角度，隐喻还是我们创造新的意义、表达新的思想的认知手段。正是有了隐喻这一认知"桥梁"（Ortony，ed.，1993），人类认识世界才能从已知达到未知，从而认识未知、解释未知和改造未知，使知识储量不断扩大和丰富。隐喻的主要功能是使人们在原有概念的基础上理解新概念，让人类具有从比较熟悉的隐喻载体出发，逐步接近新概念的认知方法（林书武，1997）。纵观关于隐喻理解、定义及功能的各种表述，我们发现，隐喻的出现与使用都与概念紧密相连。在具体讨论植物的概念隐喻前，首先就学界常见的"隐喻概念"和"概念隐喻"两种表达方式进行简单辨析。

二　"概念隐喻"与"隐喻概念"

　　我们发现，在有关隐喻理论及隐喻应用的文献中，"隐喻概念"和"概念隐喻"两个术语交叉出现，而作者并未加以明确区分。那么，二者是属于同一概念不同表达呢，还是不同概念不同表达？通过考察"概念"和"隐喻"两个词的词义及它们的组合词义，就能进一步认识和厘清"什么是概念隐喻"、"什么是隐喻概念"的问题。《现代汉语词典》（第5版）对"概念"的定义是：思维的基本形式之一，反映客观事物的一般的、本质的特征。人类在认识大自然、了解世界的过程中，把所接触、感知到的事物的共同特点抽取出来，加以概括，就形成概念，比如从"红花、红豆、红叶、红苹果"等事物里抽出它们的共同特点，就得出"红"的概念。与汉语"概念"对应的英语单词为"concept"或"conception"。*Longman Dictionary of Contemporary English* 关于该两词的释义为：concept—someone's idea of how something is，or should be done；conception—a general idea about what something is like，or general understanding of something. 赵艳芳（2001）在《认知语言学概论》中说："概念是人认识世界的产物，是对事物本质的反映，是对一类事物进行概括的符号特征。概念的形成是以认知范畴为基础的，也就是说，大脑并不是一个一个地认识事物，而是一类一类地认识事物，并不是给一个一个事物命名，而是给一类事物命名。"可见，概念是我们理解事物、区分事物的基本方式，词是概念的表征符号。"概念隐喻（conceptual metaphor）"在英汉语中都属于偏正结构，是"形容词+名词"的组合，词义重心在"概念"。Lakoff

（1980）指出，概念隐喻就是指我们日常借以思维和行动的概念系统是隐喻的，也就是说，用一种系统结构来类比构建另一种系统结构。隐喻认知理论告诉我们，认知与语言是两个不同的领域。概念隐喻与其具体语言表达方式有根本差异：前者具有认知性质，后者是前者的具体实现（Lakoff & Turner，1989）。所以，一个概念隐喻，必定包含喻体与本体系统的映合知识，隐喻本身是一种较为笼统的属层（generic-level）映射，其下有若干个种层（specific-level）映射。例如，在概念隐喻"IDEAS ARE PLANTS（思想是植物）"中，本体和喻体就是笼统的、非具体的，两域之间的映射实体（entity）是不固定的，本体 IDEAS 和喻体 PLANTS 指称都较模糊，属于属层隐喻，在此概念隐喻之下，则可以有若干个具体的种层隐喻，Lakoff 和 Johnson（1980：47）就列举了 10 个，它们是：（1）His ideas have finally come to fruition. （2）That idea died on the vine. （3）That's a budding theory. （4）It will take years for that idea to come to full flower. （5）He views chemistry as a mere offshoot of physics. （6）Mathematics has many branches. （7）The seeds of his great ideas were planted in his youth. （8）She has a fertile imagination. （9）Here's an idea that I'd like to plant in your mind. （10）He has a barren mind. 与英语相比，汉语中概念隐喻"思想是植物"似乎在语用上并不常见，但从属于该隐喻的具体隐喻表达则有不少，例如，胸有成竹；根深蒂固；文明之花遍地开放；思想之果；设计成果；革命种子；培育……思想；等等。结合植物认知来看，就有"植物隐喻概念"和"植物概念隐喻"两种术语、两种理解。

先看"什么是植物隐喻概念"。"隐喻概念（metaphorical concept）"在英汉语中都意味着"隐喻的概念"。也就是指某个语言形式（词、短语或者句子）所表达的意义是比喻性的，而不是字面性的，或者在字面意义之外至少包含了另一个间接性的意义。比如，"the green vine（绿藤）"、"the red flower（红花）"两个词，在不考虑上下文语境的情况下，其表达的就是"那藤是绿色的（那是绿色的藤）"、"那花是红色的（那是红色的花）"两个非隐喻概念。"植物概念隐喻"与"植物隐喻概念"相比，显然，前者在外延上大于后者。赵艳芳（1995）在《〈我们赖以生存的隐喻〉书评》中认为"隐喻概念"就是"概念隐喻"（metaphorical concept or conceptual metaphor），似乎值得进一步商榷。我们认为，"概念隐喻"和"隐喻概念"的区别不在于内涵上，而在于外延上，"概念隐喻"的外延大于"隐喻概念"。例如，"人是植物"就是一个概念隐喻。因为这个隐喻中的源域"植物"和目标域"人"属于完全不同的、非常笼统的概念，构喻者和解喻者对具体"人"和具体"植物"没有清晰的概念。而我们平时说的"Daisy is a pink peach"、"The old woman is a gooseberry"、"某人是墙头草"、"某女子是交际花"等句子中的"pink peach"、"gooseberry"、"草"、"花"就是隐喻的概念，而不是指某人真的变成了各类植物。显然，"a pink peach"、"a gooseberry"、"墙头草"、"交际花"等隐喻都归属于"人是植物"这一概念隐喻。此外，从基本范畴词的词义来看，植物界的基本范畴词汇如"花、草、果、树、根"等，比"生物"的下义词"植物"的隐喻意义多。动物界也是如此，其基本等级词汇如"狗、狮子、狼、狐狸、猪、鸟"等，比上义词"动物"的隐喻意义多。

三 影响植物概念隐喻建构的四种因素

"植物概念隐喻"在外延上大于"植物隐喻概念"，这与人类范畴的层次有关。Ungerer 和 Schmid（2008）认为，科学的分类虽复杂，但不适合人类的范畴化。植物的通俗分类（folk taxonomy）表明，我们是从中心层级（core hierarchy）接近植物的。也就是说，我们对植物界的注意和了解首先是始于"花、草、树、果"这样的基本层次范畴（basic level category），而不是较高层的上位范畴（superordinate category），如"植物"，也不是较低层的下位范畴（subordinate category），如"栀子花、木棉花、含羞草、苹果树、芒果"等。基本层次范畴反映了人类最基本的认知，也是形成植物隐喻的最直接、最主要的基础。Ungerer 和 Schmid（2008）认为有四个因素（感知、功能、言语交际、知识组织）决定了基本层次范畴能在人的大脑中形成单个心理意象。这个观点刚好可以用来区分"植物概念隐喻"和"植物隐喻概念"的问题。因为人类在认识植物的过程中，往往借助已知的经验来感悟、理解未知或刚刚熟悉的植物，包括植物在时空中的动态变化过程。我们可以进一步剖析植物的基本层次范畴在人的大脑中形成单个心理意象的几种因素。

首先是感知因素。植物的基本层次范畴在感官感知上具有相似的外形，容易让人在心理上形成反映整个类别的单个意象，事物的外在形态能让人最快地辨认出来。比如，所有"树"、"花"的外形都大体相似，只是体积、颜色相异，在观察了不同种类的"树"、"花"之后，我们很快就能形成"树"、"花"的单个意象；但"树"、"花"之上的"植物"就难以形成单个心理意象，只能通过更高层次的感知（如心理感知、文化感知）想象出另一个基本层次范畴成员的意象作为其代表。

其次是功能方面的因素。植物的基本层次范畴能激起反映，即相同层次上的范畴成员能引起人们行为上基本相同或相似的反应，而其上位或下位范畴则无此功能。比如，与"水果"相关的心理反应是"可以生吃"，但人们对"水果"的上位范畴"植物"却产生不了共同的生理反应，而对"水果"的下位范畴"香蕉"、"橘子"、"葡萄"产生的身体上的动作反应则是"剥皮吃"或"吐籽吃"。

再次是言语交际方面的因素。人们在日常交际中习惯用较短、简单、常用、中性的词来表达基本层次范畴。这些词是儿童在成长过程中最早习得的，例如，看到公园里的月季花时，妈妈只会教孩子念"花"，而通常不会说"月季花"，除非该妈妈是研究花卉的植物学家，故意逼自己的小孩从小养成植物学家的素养。在日常语言中，"花"就比"月季花"短、简单、常用。随着儿童的逐渐成长，他们才会继续习得"月季花"、"山茶花"、"杜鹃花"等各种各样的花。

最后是人类的知识组织方面的因素。人类在进化、发展过程中，大部分知识都是在基本层次范畴上组织建构起来的。离开了基本层次，上位概念或下位概念无法让占绝大多数的非专业的语言使用者明确清晰。比如，对于"植物"、"树"和"橡树"三个概念，相信大多数人都会对"树"更了解。因为三者中，"树"处在基本层次范畴。赵艳芳（2001：64）认为，基本层次范畴包括具有家族相似性的成员，上位层次范畴包括下属范畴（基本范畴或非基本范畴）成员。基本层次范畴可以从两个方向上进行下属范畴切分，一是从"属"到"种"，如"狗"到"哈巴狗"；二是从整体到部分，如从"树"到"树枝"、"树叶"。由此形成范畴等级结构。世界上所有的事物都可以按照一定的等级（不同水平上的概念）在人世中构成一个关系网，如生物学中将动物、植物分成不同的门、纲、目、科、属、种等。这正好说明，概念与范畴息息相关，先有范畴，后有概念，概念结合形成隐喻，隐喻则是概念跨域映射的结果，是意义表现的外在标志。

第二节　英汉植物概念隐喻的共性

一　类比联系是认知基础

人类认识世界，依靠的是概念和概念系统（张建理，2006）。Lakoff
和 Johnson（1980）提出人们赖以生存的思维和行为的概念系统，从根本
上来说是具有隐喻性质的。这也就是说各种各样的概念系统是通过隐喻来
理解和构建的。作为名物词语中的一类，英汉植物隐喻概念系统存在诸多
相同或相似性。这是英汉民族相同的生理、心理基础和不同地区的自然植
物具有相同的生物特征所决定的。隐喻是由源域向目标域的映射，目的
在于利用一个在感官或心理上属于完全不同领域的经验理解另一个领域
的经验。"我们的概念建构我们所感知的、建构我们如何在世界里行走和
如何与其他人联系（Our concepts structure what we perceive, how we get a-
round in the world, and how we relate to other people）。"（Lakoff & Johnson，
1980：3）各种联系起来的概念共同构成人的认知"大系统"。而"概念
系统（conceptual system）"并非是那些我们通常意识到的事情，大多数
的一般概念系统本质上都是隐喻的（Lakoff & Johnson，1980：4）。既然概
念系统是隐喻的，我们在语言交际中，便可以用一个概念去理解、建构另
一个概念，也可以用属于一个概念的词语去谈论和表述另一个概念，如此
便得以扩展概念数量、扩大认知范围。所以，经验是概念的基础，概念是
隐喻的前提。

植物概念隐喻就是在植物概念框架下派生出来的类比认知，是人们通
过具体的植物源域来构建理解抽象的其他概念的目标域的理据映射，例如
在"LOVE IS PLANT（爱是植物）"概念隐喻中，一个属于心理感知的概
念域（love）被映射到另一个属于感官感知的概念域（plant），相比而言，
目标域 love 更抽象，而始源域 plant 更具体。以植物概念隐喻"爱"等情
感概念在英汉语中都存在，例如，"Their love blossoms（他们的爱情已经
开花结果）"等。Lai 和 Ahrens（2004）在论文"Mappings from the Source
Domain of Plant in Mandarin Chinese"中考察了从汉语植物概念映射到五种
其他概念的现象，这五种非植物概念是：爱是植物，婚姻是植物，幸福是
植物，信仰是植物，人是植物。我们认为，这五种跨概念映射同样在英语
中存在，例如在句子"She is a really peach.（她真是一只桃子/她真是一

个漂亮的女孩）"中——人是植物；在句子"Love is sowing seed.（爱是播下种子）"中——爱是植物。可见，植物概念隐喻在英汉语中存在相同的一面。语言是具有社会属性的文字符号，无论是句式的结构还是语法结构下的意义，都带有典型的民族文化特性。那么，英汉植物概念隐喻的共性是如何形成的呢？除了认知基础的共性，具体还有哪些相似性呢？

二　跨域映射是形成方式

虽然英汉种族不同，肤色不同，生活地域各异，但都要经历生儿育女，生老病死等基本相同的生活体验。这些生活体验促使许多相同或基本相同的概念隐喻的形成（陈蕊、梁丽，2007）。除了与具有作为生命个体相同的生活体验有关之外，植物概念隐喻的共性还与地域及地域上生长的植物有关。英国农牧业历史悠久，英语国家植被分布范围广泛，植物种类多，英语民族目睹、接触、观察、了解、熟悉植物的机会多。中国自古以来就是以农业为主的国家，植物是中国人赖以生存的亲密伙伴（廖光蓉，2002）。所以，英汉民族对植物都有深刻的感知，善于从植物身上来发现与人类相似之处，往往以植物概念来比喻人的生命概念。在这种隐喻模式中，"植物"这一始源域下的所有生命特征，即植物的组成部分"根、茎、枝、叶、花、果、种子"和生长周期"生根、发芽、开花、结果、枯萎"等概念，被跨域映射到了"人"这一目标域中，形成了以植物的生长表现来认知人的生命表现的隐喻方式。例如"apple of the eye、bean brain、bean counter、cool as a cucumber、pea brain、pumpkin head、roses on the cheeks、small potatoes、sprout（youth）、花容月貌、花枝招展、出水芙蓉、人面桃花、杏脸桃腮、樱桃小口、春柳细腰、三寸金莲"，"他风流成性，广播情种"，"一枪结果了他的性命"，等等。对于这种隐喻概念构建模式，Lakoff 和 Johnson 认为是基于人类自然的诸种经验。因为在反复出现的人类经验里，每一个经验基本域都被我们经验组织为结构整体，这个结构整体被概念化为我们所称的"经验性格式塔"。经验性格式塔是结构性整体的具体特征。这些经验是我们身体的产物，我们与物质环境互动的产物，也是我们与我们文化内的其他人互动的产物（Lakoff & Johnson，1980：117）。隐喻是用始源域将目标域概念化地描述。如在英汉概念隐喻"LIFE IS PLANT（生命是植物）"中，两个域之间存在下面这样一个映射模式图：

植物的外形 ——————→ 人的外表

植物的美丽部分 ——————→ 人外表的漂亮器官

整株植物的突出特征 ——————→ 人体的突出特点

植物的生长过程 ——————→ 人的生命进程

图5—1 "生命是植物"映射模式图

不难看出,"植物的外形"与"人的外表"本来是分属两个域的事物,可谓风马牛不相及,但由于人类具有体验事物的认知能力,两者的相似性便可以通过跨域映射、交叉换用被巧妙地结合在一起。植物的外形有惹眼、普通之分,外形漂亮的植物往往引人注意、惹人喜爱。人的外表也有一般、漂亮之别,中国自古就有"沉鱼落雁之容、闭花羞月之貌"的说法。就这一意义而言,人的外表的确如植物的外形一样。其余几层映射,道理相似,都是将对植物的经验基本域组织为对人的经验格式塔,将始源域"植物的生命形式"与目标域"人的生命形式"这两个经验基本域连接在一起,用植物生命成长的各种特征对应人的生命突显出来的各种特征,从而构筑了"生命是植物"这一概念隐喻。

概念隐喻和隐喻表达式属于不同的认知层次,概念隐喻是深层次的,而隐喻表达式则是浅层次的。浅层次的认知往往受深层次的认知支配。隐喻表达式受概念隐喻支配,一个概念隐喻会有多个隐喻表达式,譬如,英语中典型的植物概念隐喻有"IDEAS ARE PLANTS","PEOPLE ARE TREES",等等,而在"IDEAS ARE PLANTS"之下,是"seed-thought、to plant the seed of faith in one's heart、the theory has ever branched out、the friut of wisdom"等许多作为支撑的隐喻表达式。

三 实体隐喻是典型表达

Lakoff 和 Johnson 把概念隐喻划分为结构隐喻(structural metaphor)、方位隐喻(orientational metaphor)和实体隐喻(ontological metaphor)三类。这三类隐喻在英汉语言中都有大量的表现形式。

我们先了解什么是结构隐喻。卢植、孟智君(2004)认为结构隐喻是"指用一种概念的结构构建另一种概念,将谈论一种概念的各方面的词语用于谈论另一概念，通常是用源域（source domain）中具体的、已知的或比较熟悉的概念去类比目标域（target domain）中抽象的、未知的或比较生疏的概念"。在"PEOPLE ARE TREES（人是树）"这一概念隐喻之下，英汉植物概念隐喻表现形式既有凸显单个词隐喻义的词语，也有凸显整体词语隐喻义的词语。例如：英语"word tree、family tree、tree of knowledge、phrase - structure tree、shoe tree、tree house"，汉语"树大招风"、"树倒猢狲散"、"树高千丈，叶落归根"、"树欲静而风不止"等词语中的中心隐喻概念就是建立在其中的单个词隐喻义基础上的，其映射路径是"树⟷人"；而"She is an evergreen tree in the Welsh political parties. You cannot shift an old tree without it dying、Her father is an oak tree"、"树碑立传""科学界的常青树""前人栽树，后人乘凉"等词语中的中心隐喻概念则是建立在整个词语隐喻义基础上的，是一种整体词语隐喻，属于语用隐喻，其映射路径是"人⟷树"。英汉植物习语或固定搭配中含有不少直接的结构隐喻。

方位隐喻并不是直接通过一个单一概念构建另一个单一概念，而是"整个概念系统依靠两个概念互相参照而构建（organizes a whole system of concepts with respect to one another）"，也就是将"上—下、里—外、前—后、近—远、深—浅、中心—边缘（up-down，in-out，front-back，on-off，deep-shallow，central-peripheral）"（Lakoff & Johnson，1980：15）等具体相对互存的空间方位概念映射到人的情绪、身体状况、社会地位以及事物的突显程度、重要程度、数量多少等抽象的概念上。限于植物自身在空间里的体积、形状，英汉植物词语中直接的方位隐喻较为罕见，但间接的方位隐喻也有不少，例如英语中的"the top of the tree（首领、头领）、down to chili and beans（穷困潦倒）、the core of the city（城市的中心）"等，汉语中的"参天大树"、"红花背后的绿叶"、"只见树木不见森林"、"大树底下好乘凉"，等等。

实体隐喻是"指人们将抽象、模糊的思想感情、心理活动、事件、状态等无形的概念视为具体有形的实体（特别是人体本身），从而可以对其进行指称、量化，识别其特征、了解其产生原因等。最典型的实体隐喻是容器隐喻（container metaphors），人、房子、丛林、田野、地区，甚至一些抽象无形的事件、行为、活动、状态等，被看作独立于周围世界的实体、一个容器，有分界面、里外等"（卢植、孟智君，2004）。所有的植物隐喻可谓都是具体的实体隐喻。英汉植物词语由本义（指称植物实体）向隐喻义（指称非植物实体）的引申，就是通过植物实体的特征、规律等去隐喻人或其他非植物概念的特点、状态、行为、规律等，从而让我们可以简捷地感知、理解有关非植物范畴的概念。

　　实体隐喻属于典型的横跨"实—虚"两域的映射，实体隐喻概念就是用指称实体的词来描述某一抽象概念，用有形的实体帮助我们去理解那些比较抽象的经验，如人的成长、行为、感觉、信仰等。在实体隐喻中，人们将抽象的思想、感情、心理活动或模糊的印象、事件、状态等无形的概念看作是具体有形的实体，因而可以对其进行表述、谈论、量化，并对它们的性质特征进行判断、识别等。所以说，人类的概念系统在很大程度上建立在"实体隐喻"基础上（束定芳，2001），有了这样一种基础，我们便能实现将抽象、难于理解的目标域映射到较为具体、易于理解的始源域上，获得形象的概念，使复杂性的事物或概念在理解上趋向简单。像结构隐喻一样，实体隐喻也是通过一个概念来构建另一个概念，将描述、谈论一种事物域的各个方面的词语用于描述、谈论另一种事物域的各个方面的表现或特征。比如，植物概念隐喻"PEOPLE ARE PLANTS（人是植物）"。"萌芽、开花、结果"等能在植物实体上看得见的客观物质特征被用来描述无法看见的人的情感变化过程等主观精神特征。故英汉语有"Their love just starts to sprout lately. A little jealousy germinated in her."　"Their friendship blossomed into love."　"The acquaintance had ripened into friendship."、"嫉妒一旦在男人的心内萌芽，则往往迅速长成巨大的毒藤"、"友谊之花盛开在鋈华山下"、"一桩异国恋情在抗日前线开花结果"（罗晓燕、葛俊丽，2010）等语用表达。无疑，植物实体隐喻在认知概念系统中建立了植物实体与非植物实体跨域映射的隐喻联系，由实体概念意义转到非植物实体的抽象概念意义是植物词向"一词多义"扩展演进的路径之一。

　　通过这些典型的概念隐喻及其属下的各种隐喻表达可以看出，英汉两种语言都有许多用植物概念来表示各种生命变化和思想的"人"的词语。这些词语即是具有或表现"植物隐喻"的语言形式。它们的共同特征就是借用植物生长的生物变化如"细嫩、漂亮、鲜艳、枯萎、高大"等各种现象来表达人或其他动物的"微小、美丽、奇特、死亡、高大"等多种情形或动态。虽然动物和植物同属于生物，但人和其他动物的生命形式形形色色、复杂多变，与植物相比，是非常难以形容的抽象的事物。所以英汉民族在认知人自身（及动物）、理解人的生命变化时都同时借助了植物这一具体的有形的实体。英汉语言中的"植物隐喻"表达式具有很多相似之处。例如，在表示人的生命"长寿"时，英语可说"The old man, like the cypress, is more than 100 years old"，汉语用"松柏常青"，都是将人的生命长寿的无形通过有形的植物实体"cypress（柏树）"表达出来。人的寿命一般为七八十年，长寿现象是很少的，也是难以言表的，但是它又与植物的生长变化有类似之处，尤其是与柏树在植物界"四季常青，树龄可逾千年"的现象极其相似。这种相似性使源域与目标域之间的联系认知获得确认。王文斌（2006）认为，隐喻认知实质就是两者的相似性，相似性一旦被锁定，隐喻也就往往随之而立。由此可见，抽象的长寿由具体的有形的实体——柏树的经年生长而表达出来，英汉语言的"柏树"隐喻充分地说明，实体隐喻在帮助我们理解人的生命特征、变化规律等方面，起到了非常重要的作用。有了实体隐喻，具备了横跨"实—虚"两域进行类比的认知能力，我们就可将抽象、模糊、无形无状的概念诸如思想、感情、心理活动、状态等看作具体的、有形的实体，通过植物整体或植物器官的形、体表达出来。例如"fruit"是植物的组成部分，其作为植物在枯萎前结出的繁殖后代的有形实体，是经历了播种、发芽、成长、开花过程后的相应变化，往往被用来隐喻人的出生—成熟—生子—衰老的生命变化。所以"fruit"一词，除了有实体义，还增加了隐喻义，具有多义的特征。今天，当人们听到"I like fruit"时，更多想到的是实体义，诸如香蕉、苹果、橘子之类的东西，而不会马上想到"子女"、"儿孙"。实体义在词典的义项中一般都作为第（1）义列出。第（1）义使用频率较高，第（1）义也是引申出其他义的基础。汉语中的"果"，中心意义也是指树木的果实，后来人们常用来隐喻事物最后的所得结局，也就有了"成果、结果"之义，在这一点上，英汉两民族有共同的认识。

第三节　英汉植物概念隐喻的差异

在讨论英汉植物概念隐喻的差异之前，我们先将英汉植物概念隐喻存在共性的几种原因做一简单归纳。

由于概念隐喻"不同于单个隐喻表达，它并不因人而异，相反它严格地受制于整个民族乃至整个人类的隐喻思维模式"（李国南，2001），所以，英汉语中植物概念隐喻所表现出来的共性背后反映了两个民族认知思维上的巨大共通性。其次，整个人类所处的外部自然环境、自然现象和物质世界都具有相同或相似性，而且物质世界对附着其上的所有动植物都会释放出相同或相似的刺激或变化信号，因此，英汉民族基本相同的生理结构和生理反射对这些变化信号自然就会产生相同或相似的印象和概念。认知思维的共通性、外部现象的相似性、感知的一致性，三者的共同作用下，英汉植物概念隐喻的语言表达也就呈现出了共同之处。

一 植物隐喻概念系统的不同之处

隐喻是人们选择的看待事物、感知现实的方法之一，其概念系统往往是思维方式的反映。人的思维通过语言来组织和表达。"不同语言的隐喻不同，因此体现不同的概念系统"（陈家旭，2007：88）。于是，不同的隐喻思维方式会导致人们用不同的知识结构来对应两个概念域中的实体。不同的知识结构使得对相同事物的认识及产生的概念互不相同。"因为我们语言中的隐喻表达是以一种系统的方式与隐喻概念相联系的，所以我们可以使用隐喻性的语言表达来研究隐喻概念并且由此获得对我们行为的隐喻本质的理解"（束定芳，2000：7）。又由于不同民族所处的自然地理、历史风俗及社会制度不同，他们在生产、生活中与外部世界互动所产生的经验和概念也会产生差异，所以不同的民族对事物会产生不同的认知概念（李耸、赵晓丹，2004）。反映在概念隐喻方面，英汉民族对相同的事物认知会产生不同的隐喻表达，因此语言上也就出现对植物概念隐喻他物、非植物概念隐喻植物两个方面的差异，形成了两民族互不相同的植物隐喻表达的个性。这些植物隐喻概念的个性差异反过来又透视出英汉民族在植物观赏、植物审美、植物的应用和食用等方面所表现出来的态度、标准、方式、方法上的不同。先看植物概念隐喻他物的英汉语常见差异。

二 源域映射目标域的不同之处

我们调查了收录在《新英汉词典》《现代汉语词典》及《汉英拉动植物名称》之中的 2000 余个植物泛称名和特称名，将英汉语言以表示某一类植物整体形态特征的泛称名词"苗"、"草"、"树"、"竹"及表示不同类植物的共有部位或器官特征的名词"根"、"茎"、"节"、"枝"、"刺"、"叶"、"苞"、"花"、"果"、"种（子）"、"核（仁）"等作为源概念映射各种非植物目标概念的隐喻表达进行列表归类，能够清楚呈现英汉语植物隐喻的差异表现。见下表：

表5—1　　　　　　　　　　植物隐喻映射的目标概念域的英汉差异

源概念	英语词例	隐喻概念	汉语词例	隐喻概念
sprout（苗/芽）	sprouts	儿童/年轻人	雨露滋润禾苗壮；瓜儿离不开秧儿（苗）；阳芽，月牙	儿童/年轻人；集体/母体；形状像芽的东西
grass/herb（草）	grass roots; the grass of economy; grass widow; zinnia; herb doctor;	乡村；基层；基础；离婚状态；离别的朋友	草民，草寇；草猪；班草，校草；草鱼	地位卑微；人；母/雌性；英俊男性；以草为食
tree（树）	the evergreen tree; judge of a tree by its bark; tree ear; bear the palm tree	人的生命；人；木；胜利	大树底下好乘凉；树欲静而风不止；铁树开花；前人栽树，后人乘凉	（有一定权势的）人物，人；好处，利益
bamboo（竹）	bamboo curtain	中国（污蔑性指称）	胸有成竹，功垂竹帛；竹柏异心，梅兰竹菊四君子	主意；典籍，史册；人
root（根）	grass roots; the root of a tooth; the root of one's life; social roots; word root, one's roots country	人；底部；根源，来源，本质；祖先	草根；根基；把根留住；斩草除根；六根清净；男根	人；来源，本质，根源；传统，祖先；出身；精神；身体的感觉器官；男性生殖器
stem（茎/杆）	stem cell; stem wider	主干，基础；柄，杆；词干	枯茎朽骨，光杆司令；阴茎；	人；男性生殖器
node（节）	lymph node	结，中心点	高风亮节；节气，清明节；晚节；节节败退	操守；结合点；阶段/日子；连续

续表

源概念	英语词例	隐喻概念	汉语词例	隐喻概念
branch （枝）	branch water	小	连理枝，攀高枝； 枝繁叶茂	人；事物
thorn （刺）	a thorn in the flesh； to be on thorns	尖锐的东西；痛 苦，麻烦	芒刺在背	尖锐的东西；痛 苦
leaf （叶）	a broken reed；two leaves；a rose leaf	人；书页；花瓣	叶落归根；红花还 须绿叶扶；枝流 叶布	人；人或事物 的分支
bud （苞）	buds' home；nip in the bud	儿童、小孩；萌芽 状态	含苞待放，一朵 花苞	小女孩；未成 熟状态
flower/ blossom （花）	a most unspotted lily；gild the lily flower；the flower of a country's youth； in the flower of one's youth；flowers of speech；be in blos- som；a rose without a thorn；a rosebud； a daisy, etc.	人；东西；幸福； 漂亮少女；精华； 顶峰状态/兴旺时 期；装饰品	儿童是祖国的花 朵；班花，校花； 杏花，红杏出墙， 柳啼花怨；花心； 心花怒放	人；漂亮女性； 及第；女性；爱 情；高兴
fruit （果）	enjoy the fruits of one's labours；the fruits of industry；a small potato, etc.	成果；产物；收入 /报酬；人；	下山摘桃子；劳动 果实；效果；结果； 修成正果	人；成果，胜 利品；产品，产 物；结局；成功
seed （种/子）	the seed of Abraham	人；萌芽，开端， 起因；精子	孽种，子孙；有 种；种族；仔鸡	人，精子，人 种；胆量或骨 气；幼小
kernel/core （核/仁）	the kernel of dialec- tics；the core of the city，to the core； He is American to the core.	核心，中心部分	核心，核武器，杏 仁，桃仁	中心部分

表5—1中源域概念是"植物"，目标域概念是各种非植物的"人"和与人有关的事物，二者联系的认知理据是概念隐喻"PLANTS ARE HUMAN BEINGS（植物是人）"、"PLANTS ARE THINGS（植物是事）"。英汉语对比可以看出，源概念相同的植物名词在英汉习惯表达中的隐喻概念出现如下特征：（1）都与生命范畴有关；（2）表示整体植物的四个名词除"竹"外，都可隐喻人，竹子只在汉语里被用来隐喻人，可能的解释是，竹子原生长于中国，在生产和生活中发挥很大的作用，所以中国人自古就有以竹喻人、以竹喻事的传统；英国属温带海洋性气候，常年是大风多雨的天气，不太适宜竹子生长〔在地处北威尔士的班戈大学，在其心理学学院的院落和植物园中，作者见到了用塑料围墙围着生长的竹子，感到很亲切，也很不解。经过观察和咨询得知，除了气温偏低，室外大风会随时吹断竹子，阻止其生长〕，因此竹子比较罕见。由于缺乏这种植物实体，所以英国人也缺乏对竹子的认知及衍生的相关隐喻。（3）表示植物部分的九个名词中，植物"根"、"枝"、"叶"、"苞"、"花"、"果"、"种（子）"等概念都可用来隐喻人；（4）"节"和"刺"在英汉语里都不直接用来隐喻人；（5）"茎"的隐喻概念在英汉语里差别较大，英语更注重"stem（茎）"的生物功能和其在整株植物中的支撑作用，汉语则从"茎"的外形特征进行类比和想象，把植物概念用在人及代表男人特征的器官概念上；（6）"core/核（仁）"，无论在英语还是汉语里都隐喻"中心"或"中心部分"，显然是原型范畴的表现。

三　隐喻固定语式表达的不同之处

概念与语言相互作用、密不可分。不同的隐喻概念在语言交际中又会形成不同的语用表达式。表5—1中的15个泛称植物名是英汉语常用固定语中的"核心词"或"词眼"，起着表达核心概念的隐喻作用，成为人们熟知的"植物隐喻"。中国台湾地区学者Ching-yu Hsich和Yuan-Ling Chiu（2004）将这类"植物隐喻"称为"植物固定语式（Plant Fixed Expression）"。查阅相关词典发现，汉语只有"固定语"的表达，而没有"固定语式"的说法。"固定语式"应该相当于"固定语"。百度百科对"固定语"的解释是：指语言中把词作为构成成分、结构固定、形式上相当于词组、功能上相当于词的单位。如"自相矛盾、孤掌难鸣、敲边鼓、中华人民共和国、北京大学、全国人民代表大会"等。可见，固定语式实际上包括了语言交流中除了言语义外的所有固定词语，能够反映语言的社会文化属性和使用者的语用习惯，具有代表民族语言特征的典型性。"固定语式（Fixed Expression）"包含比喻词、成语、俗语、名言、僵化的搭配语、不合语法的搭配语、格式化的套语等（Alexander，1978；Carter，1987；Moon，1998）。作为语言中固定语式的一个分支，"植物固定语式"是指词汇中含有至少一个植物名词，且该植物名词除了指称该植物外，另有其他含义（Ching-yu Hsich & Yuan-Ling Chiu，2004）。

　　Ching-yu Hsich 和 Yuan-Ling Chiu（2004）通过查阅并统计 *Academia Sinica Ancient Chinese Corpus*、*Academia Sinica Balanced Corpus of Mandarin Chinese*、*Oxford English Dictionary* 和 *Merriam-Webster Online* 四大数据库的英汉语植物固定语式，获得了用作隐喻喻体的前 10 个植物词的各自排列情况。

表 5—2　　　　　　　　　英语中最常用的植物喻体

序列	植物隐喻	总数
1	wood（木）	177
2	leaf（叶）	168
3	stock（树干）	126
4	rose（玫瑰）	122
5	root（根）	121
6	tea（茶）	107
7	tree（树）	82
8	flower（花）	81
9	stem（茎）	65
10	reed（芦苇）	54

表 5—3　　　　　　　　　汉语中最常用的植物喻体

序列	植物隐喻	总数
1	花	389
2	草	253
3	根	195

续表

序列	植物隐喻	总数
4	木	171
5	林	152
6	刺	118
7	果	109
8	树	102
9	枝	96
10	米	96

基于对 2000 个植物名词的调查和分类，结合表 5—2、表 5—3，我们进一步对英汉语中具有隐喻意义的植物词在数量上的对应情况及差别进行对比分析和原因解释。二者相一致的是：排在前面的 10 个最常用的植物隐喻中，都有"花、树、木、根"四个词；不一致的是：（1）英汉语中排在前面的 10 个最常用的用作喻体的植物词总数不同，汉语为 1681 个，英语为 1103 个，汉语数大于英语数。（2）虽然"花（flower）、树（tree）、木（wood）、根（root）"4 个词都进入前 10 之列，但具体的序列不一样，汉语中，"花"排在第一位，"草"排在第二位，"根"排在第三位，"木"排在第四位，"树"排在第八位；而在英语中，排在第一位的是"wood（木）"，不是"flower（花）"；"root（根）"排在第五位，"tree（树）"和"flower（花）"排在第七、八位。（3）其余 6 个植物词完全不同。英语为"leaf（叶）"、"stock（树干）"、"rose（玫瑰）"、"tea（茶）"、"stem（茎）"和"reed（芦苇）"，汉语为"草"、"林"、"刺"、"果"、"枝"、"米"。英汉语相加，排在最前面、最常用的植物词共有 16 个。在这 16 个植物词中，表示植物类别和整株形态概念的词，英汉语有"树（tree）"、"草（grass）"2 个；表示植物局部器官概念的词，英汉语有"根（root）"、"stem（茎）"、"leaf（叶）"、"花（flower）"、"枝"、"刺"、"果"、"米"、"木（wood）"和"stock（树干）"10 个；表示具体植物种类概念的词，英语有"rose（玫瑰）"、"tea（茶）"和"reed（芦苇）"3 个；表示成片生长的植物词，汉语有"林"1 个。顺便交代，汉语名词"米"，本义还可指所有植物都生长的果实"米粒"，这里的本义仅指"吃的大米"，即属于一种草本植物果实，而不是其他植物概念。通过进一步分析、比较，

我们发现，英语中的植物概念词多数是指植物的器官部分，如"叶（leaf）"、
"木（wood）"、"树干（stock）"、"茎（stem）"等，且表示具体植物类别
概念的"玫瑰"、"茶"和"芦苇"3个词全都出现在英语中；而汉语的
植物概念词多数是表示整株植物形态概念的名词，如"草"、"木"（"木"
在汉语中往往也指树的整体形象或笼统的树概念，如"十年树木，百年
树人"）、"树"、"林"等，没有表示具体植物概念的词。在这些排在前
10的英汉植物隐喻词中，多数为泛称植物名，少数为指称具体某一类植
物的特称植物名：汉语中仅有一个——"米"；英语中有三个——"rose、
tea、reed"。

　　认知语言学告诉我们，隐喻也是一个民族社会文化心理的语言反映。
英汉语言中植物隐喻的差异折射出英汉民族广大普通民众传统社会认知心
理上的个性特征。详述如下：（1）"米"作为具体植物指称词进入汉语植
物隐喻前10之列，反映出中国"民以食为天"的久远饮食文化观念和重
视稻米生产的农业文明。尽管黄河以北地区并不种植水稻，但广大江南地
区自古就是"中华粮仓"，"米"足天下安。大运河就是一条"米河"。
（2）"rose（玫瑰）"作为特称植物名［具体指一种外观美丽，散发芬芳
的花，而不是整株植物或其他植物的花］进入英语植物隐喻前10之列，
也有它的文化踪迹——早在15世纪，植物"玫瑰"就被英格兰国王亨利
七世定为国花。由于"玫瑰"自身所独有的植物特征，它往往被用来比
喻人们心中美好之人、美好之物。世间的美好人、美好物，有的能够获
得，有的无法获得；有的已经获得，有的将要获得。能够获得的，便会让
人心生期待、满怀憧憬；无法获得的，就会让人幽怨满腹、惆怅不已；已
经获得的，满足喜悦之外，必须懂得珍惜和爱护；将要获得的，必须保持
一贯的专心和动力，付出更大努力。这些情感概念属于人类共同享有的社
会认知和常识，其他族群通过心理感知和文化感知也许会用别的花名来表
达，但在英语中，这些情感都能通过"rose（玫瑰）"凸显出来，例如
"rose water、rose windows、the red rose、the white rose、the heraldic rose、
Rose Valley、Wars of the Roses"等使用较频、含有"rose"隐喻的固定语
（陈晦，2009）。（3）"tea（茶）"虽然出现在英国较晚（16世纪传入欧
洲，19世纪在英国流行），但由于它具有清新芳香、易存易放的特点和提
神醒脑、去热御寒的功用，且价格低廉、爽口悦目，很快在英国流行开
来，成为上至宫廷、下至平民广为喜爱的饮品。近200年来，饮茶已经成

为英语族人生活中不可分割的一部分。自然，含"tea（茶）"的"black tea、green tea、loose tea、tea bags、tea culture"隐喻词语也应运而生。（4）"reed（芦苇）"在英民族早期生活中作用非常大，除了用来建房盖顶和制作睡床、小船外，还被用来制作乐器，如著名的苏格兰风笛原来就是用芦苇做的，同时，它还是造纸的原材料，英语中至今还有"paper reed、reed bed、reed boat、reed roof"等词语。简之，"rose（玫瑰）"、tea（茶）、reed（芦苇）"3个词，作为指称具体植物的特称名，进入英语植物隐喻前10之列，从一个侧面反映出英语族人崇尚浪漫爱情、注重休闲思考、兼顾经济实用的民族特性。显然，与"米"隐喻所体现出来的汉族普通民众重视生计、关心粮食的社会特性不同。这个数据及其分析也可反证：为什么起源于中国的"茶"没有进入汉语前10个植物隐喻排名之列，而在英语植物隐喻中排在前6位。喝茶、品茶是吃饱肚子之后的事。所谓的"茶文化"，早先就是从唐朝的文人士大夫、有闲之人兴起的，与为了温饱而成天在山林田野间劳作的百姓关系不大。

Gannon（2001）认为，语言是社会文化的载体，文化体系、价值观念和语言系统三者互相关联，彼此制约。源于不同的文化及不同经济体制的英汉植物隐喻虽然依赖于人类认知模式的共性，在很大程度上表现出相似性，但有时也和普通隐喻一样，表现出明显的民族文化特性，即民族性（Nationality）（李国南，2001）。这种"民族性"也指高于或大于社会认知心理的价值观。植物在人类审美选择中扮演着重要的角色，植物词汇在语言中也具有同样的作用。英汉语中，许多植物词汇的词义蕴含有各自的民族性理据。例如，作为主要用来供人观赏的"花（flower）"在汉语中位列第一，在英语中位列第八，可能说明汉民族较为关心事物的美丽程度、注重视觉审美，反映出对未来怀有美好期望的理想主义观；"木（wood）"（英语中既指木材，也指林地）在英语植物隐喻中位列第一，可能说明英民族较为关心事物的功用程度、注重实施行动、具有领地意识，反映出实用主义观。再如，表示植物果实和生长结果的"果"和"米"均位列汉语植物喻体前10，而英语前10中则没有出现该两词；表示支撑植物生长、为结出果实开路的"叶（leaf）"、"树干（stock）"和"茎（stem）"均位列英语植物喻体前10，而汉语前10中则没有出现该三词。这种英汉差异可能说明：汉语文化重视结果、轻视过程，注重主要角色、忽视次要角色，具有功利主义倾向；而英语文化则比较注重过程、重视次要角色的支撑作用，反映出更多的实用主义倾向。从两种语言前十个最常用的植物喻体中，我们可以看到它们都强调植物的可用性和可食性，但二者相比，英语的可用性程度大于汉语，汉语的可食性程度大于英语。

综上可见，民族社会心理及文化价值观对隐喻的产生、取向、发展及理解产生的影响是多维的。不同民族由于生活环境、心理因素、宗教信仰、认知方式、思维定式和文化背景的不同，人们总是按照自己的思维定式和价值尺度去赋予概念隐喻以自己民族的文化内涵，由此产生的隐喻表达也就存在差异。

第四节　植物词汇词义的范畴化

本节将从范畴化的视角来讨论英汉语在将植物生物体与其他有形或无形物体、现象及思想进行联系感知方面具有哪些明显差异，并以大量的例证对比分析英汉植物词汇隐喻义的异同，讨论英汉植物词的转义现象。

一　认知范畴化的含义

语言中的隐喻产生于人类的隐喻性思维过程，反映了人类大脑认识世界的方式，而且隐喻是我们探索、描写、理解和解释新情景的一个有力工具（束定芳，2000：30）。语言中存在用其他范畴概念隐喻植物和用植物范畴概念隐喻他物等现象，正是大脑具有系统认知能力的表现。作为人类生存环境中的有机体，植物的生长特性与人和动物存在诸多的相似性；人类因植物而生存、延续，植物的生长与死亡也受人类活动的影响，二者休戚相关。在长期的观察和劳动实践中，英汉民族都将自己与植物互动的感性经验投射到对人类自己及其他事物的认知上面，形成各种植物隐喻概念及其语言表达。这种隐喻随着植物名词本身在语言中不断出现、扩散，以至于词汇化，形成包含字面义和隐喻义的"新"的植物词语。语言中语义产生的过程也是语义建构、词义转化的过程。人们理解和使用隐喻，实际上是将喻体的显著词义特征转移到本体上。植物词汇有着丰富的超越字面义的隐喻义，在实际语用中，其具体所象征或比喻的词义可能会根据语境变化更加丰富多彩。然而，无论实际语境中的词义如何变化，植物词的概念意义始终是其隐喻义的形式依据和概念依据。从单一的字面义延伸到众多的隐喻义、从基本的概念义扩展到复杂的文化义，这是人类在"认识世界"时从初级走向高级、从感性认知走向理性认知的必然途径，是语言范畴化（categorization）或身体体验（embodiment）的实际表现。无论是代表科学分类的植物拉丁名，还是代表民间分类的植物俗名，都反映出人对所感知的植物进行分类的心理过程，是认知范畴化（cognitive categorization）的结果；而将植物俗名延伸运用到非植物范畴的概念上，形成不同的隐喻概念，是植物认知衍生的二次范畴化。

人类是具有思维能力的高级动物，在认知自身和世界万物的过程中，通过感知、分析、归纳、类比、联系等意识，能对各种自然界和社会事物依据相似性或相关性进行分类，进而总结经验、形成概念，这种有意识的活动便是范畴化。"在语言里，范畴化首先指的是人们运用语言将其所处的世界进行分类的过程：语言形式的意义形成及人们对它的认识正是人们对所处的世界进行范畴化的结果……若没有对千差万别的现实加以范畴化的能力，人类便无法理解自己在生存环境中感知到的复杂现象：我们将无法对经验进行处理、构造、储存，也无法进行推理，更无法与他人交流经验。"（张敏，1998：48）Berlin 和 Kay（1969）对 98 种语言的颜色词进行研究后发现：人类各种语言中存在着"基本颜色词（basic color words）"的共同范畴；各个颜色词的"焦点色（focal colors）"，即中心区非常清楚、相同，但其边界颜色往往不确定。这说明颜色词对自然色彩的划分是有一定理据的。后来 Rosch（1975）等心理学家通过进一步的实验研究，发现颜色范畴是由三个方面的因素决定的：一是人的神经生理机制，涉及眼睛和大脑的神经联系；二是普遍的认知机制，即人对接受的刺激所进行的感知处理和认知推算；三是特定文化对普遍认知机制的处理结果所作的选择。范畴化在人类认知中发挥最基本的作用（Brown，1958；Berlin & Kay，1969；Labov，1973；Rosch，1977，1978；张敏，1998）。

范畴并非是对客观现实的一种被动反映，它是"通过我们的身体及心智对真实世界的特性进行能动处理的结果；在客观现实因素之外，更有生理、心理、文化因素的作用"（张敏，1998：50）。实际上，作为从动物进化而来的人，和动物一样，所有的思维都是从辨认具体事物开始的，所不同的是，我们人可以从具体进入抽象，而动物不能。所以说，"人类的抽象思维是从具体思维转变和跃升而来，最基本的抽象范畴常常不得不借助更基本的具体范畴来表达"（马清华，2006：10）。

二 植物词汇范畴化的层级划分

植物的基本概念及引申概念是范畴化的产物。例如，植物分类学将植物按门、纲、目、科、属、种等层次分出隶属关系，是基于植物生物学上的需要进行范畴化；而植物的民间分类则更多的是基于人的经验和民族文化知识的累积进行的范畴化。植物隐喻是基于植物范畴概念进行文化感知的结果，是高于原型范畴之上的范畴化。科学上的分类表现的是严格的上下位概念系统，也包含有词的上下位层次关系；在民间的分类侧重属类概念，也涉及下位种概念，词的上下位层次关系不明显或不完整。如图5—2所示的植物分类：

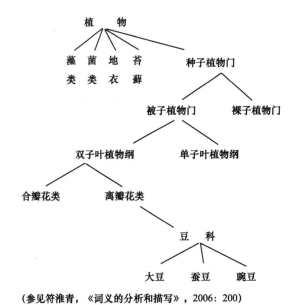

(参见符淮青，《词义的分析和描写》，2006：200)

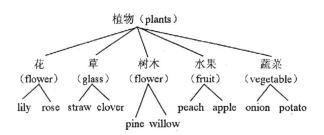

图5—2 植物分类层级结构

显然，植物在科学家那里的范畴化和在民间的范畴化之间存在差异，这种差异表现在语言中就是植物命名不一致，例如，"植物—豆—大豆"是日常语言通用的表达上下位层次概念的 3 个词，并非表达严格的"植物"概念层次分类。心理学家 Rosch（1977，1978）的实验研究证实，人类概念层级中最重要的不是较高层的范畴如"动物、家具、交通工具"，也不是较低层的如"波斯猫、扶手椅、敞篷跑车"，而是位置居中的"猫、椅子、汽车"，这个层次的范畴是人类认知的基本层次范畴（basic-level categories）。在表达基本层次范畴的词义中，又有中心义项与次要义项之分。最基本、最先产生的是中心义项，其他义项由于与中心或基本义项具有某种关联（隐喻或转喻关系）而成为同一词的次要义项，有的已经成为该词的"字面词义"，有的仍保留明显的隐喻和转喻色彩，但由于已成为一种常规关系，也被列入词义词条中（赵艳芳，2001：119）。

语言中词汇数量最多的植物名来源于属概念层次。马清华（2006：27—29）认为，属概念层次以基本词位命名，是最常提及的对于自然环境组织的分类，是心理上最显著的，而且可能是儿童最早学习到的分类单位。认知语言学通常把这种概念称作"基本层次概念（basic level category）"。基本层次概念和基本词汇不同，但却是有联系的。前者是就其在概念体系中的地位而言，后者是就词汇的全民性、稳定性、能产性而言。基本层次概念提供最大的信息，同时花费的力气最小，适用于大多数场合，其名称是基本类名或自然类名。与上位概念相比，基本层次概念更能够图像化（imageable），更直观，下属成员的相似点更多，而且更易于区别。比如，属于基本层次概念的"苹果"就比其上位概念"水果"更图像化，比其下属成员（红皮苹果、青皮苹果、黄皮苹果或富士苹果、国光苹果、嘎拉苹果等）的相似点更多。总之，心理学、人类学和语言学的研究认为，基本层次是人们对真实世界分类分得最为精确的层次。

三　原型词义和非原型词义的划分依据

范畴化认知下的植物名词义有基础性词义和边缘性词义、有基本概念义和引申隐喻义之别。这是因为人对事物的认知分类具有"原型"认同或"中心主义"的思维倾向。所谓"原型"（prototype），就是指一个范畴中的一个中心成员，抑或是一批中心成员。原型理论认为，一个范畴的某些成员所具有的"凸显性"通过几个方面表现出来（陈建生，2008：85）。属于同一个范畴的内部成员之间地位并不相同，某些成员（原型成员）具有特殊地位。例如，"树"作为"植物"这个范畴的原型要比"杜仲"好；"胡萝卜"作为"蔬菜"的范畴要比作为"根"的范畴明显，而作为"蔬菜"的成员，"大白菜"比"西红柿"的范畴要更突出。实际语言交际中，范畴的"中心"性和"边缘"性在语义上并非泾渭分明，存在一定的模糊性。Lakoff（1987：6）认为，事物要么在范畴之内，要么在范畴之外，只有具有某些共同的属性才能属于相同的范畴，事物所具有的共同属性被视为范畴的决定因素。概念的原型中心地位由范畴的正常性、典型性和合格性三个方面决定（Cruse，2009：143）。维特根斯坦指出语义范畴的基础是"家族相似性"。Labov 和 Rosch 把具有"家族相似性"的自然范畴称为"原型范畴（prototype category）"。范畴概念"原型"和"非原型"的区分有助于提高语言使用者对日常应用的语词意义的敏感度，原型词义的实质是强调人体对各种事物的体验。"根据意义的原型理论，语词的语义是由现实的语言应用者赋予的，而不是由语言学家或哲学家赋予的"（吴世雄，2004）。

人由于与属于基本范畴的事物经常接触、直接互动，往往对这类事物能最早获得认知概念，确定语言符号，所以语言中的基本范畴词汇大多都具有较长的历史，是意义扩展、构成新词的基础。在植物词汇层级系统里，很多属于下层词汇的复合词就来源于基本等级范畴词汇，由两个基本范畴词构成，例如英语中的"arrowroot, arrow-wood, apple juice, orange juice, watermelon"等等。还有一些看起来是隐性的下属词，也是由合成词或短语演变而来，具有理据性，例如"acorn squash"（橡实形南瓜，a-corn 是橡子，为橡树上结的果实，squash 是南瓜，为南瓜属植物）、"秧苗"、"番薯藤"等。Brown 在其 *Language and Living Things：Uniformities in Folk Classification and Naming* 一书中指出，个体语言利用四种策略来创构生命形式词语（life-form term）：词义扩展（expansion of reference）、词义限制（restriction of reference）、使用隐喻（use of metaphor）和形容描绘（description）（转引自 David，1987）。有的语言学家通过研究一些植物词的词源，说明下属词与基本范畴词具有一定的关系，如"daisy"由"day's eye"发展而来，"dandelion（蒲公英）"来自法语"lion's tooth"。尽管由于历史的发展模糊了词的来源，但原词结构利用基本词汇以隐喻的形式对"花"进行命名，无形中表明了下属范畴词的特殊属性，例如在表达像太阳的圆盘花（day's eye）和叶子上有像狮子牙齿形状的花（lion's tooth）的词语中，"day、eye、lion、tooth"都是基本范畴词。很多其他花的下属词也是如此，如"buttercup"是一种形似杯子的黄色的花，"tulip"来自波斯语"turban"，指形似穆斯林头饰的郁金香（参见赵艳芳，2001：85—86）。又如"arbor day"中的"arbor"系拉丁语借词，意为"树"，"Arbor Day"就是"植树节"。这些植物词都是由基本等级词汇通过隐喻和转喻发展的下属词义而组合形成。汉语也有这样的例词，如凤凰花、凤凰竹、杜鹃花、凤仙花、相思豆、仙人球、安石榴，等等。

　　植物生长于自然，植物名确立于社会。植物名词义表现在实际语用中的复杂性和动态性仅靠单个理论是难以彻底阐释的。从范畴理论来看，仅以"原型"和"非原型"来看待事物，会导致对共有特征的边缘属性的理解存在模糊性和标准的不唯一性，因为在实际语用中，同一个词语往往会出现几种不同的义素项，例如"cucumber"，义项①"黄瓜（实物具象义）"和义项②"冷心无情之人（社会规约义）"之间还可能会存在某种中间性的义项。就语言而言，词汇有多义的词语出现、一个词有不同义素的出现，也是在客观上引起原型词义的语用义、文化义不尽相同的一个内部因素。"在多义词词义范畴中，非原型成员通过辐射和连锁的方式从原型词义衍生而出，这些衍生出的非原型词义总是直接或间接地与原型义项相联系"（张再红，2010：106）。"一般来说，原型是语言集团成员想到的该词的第一词义，也是儿童较早习得的词义"（赵艳芳，2001：119）。编纂词典时在词条下面列出的所有词义都具有一定的联系，这些词义共同构成一个词的意义范畴。值得一提的是，一个原型义词的上位概念有时有好几种，但人们在日常语用中习惯选择其中一种最具代表、最"原型"的概念作为它的上位原型词。如"玫瑰"的上位概念词除了"花"外，还可以是"制造天然香料的植物"、"具有带刺的枝和茎，开红、白、黄色较大朵香花的灌木"，但后两者显然不如"花"典型，所以通常没有被看作是代表"玫瑰"的上位概念的常用词。

　　事物范畴化，即是对事物进行分类，以便用共通的符号（如语言）在思维中形成广泛接受、共同遵守的概念。确定概念的主体必须具有三个基础，即生理基础、心理基础和社会基础。生理基础是指认知主体的生理健康，心理基础是指认知主体能够与外界事物接触互动形成条件反射，文化基础是指认知主体所背负的社会传统观念、家庭文化教育及潜移默化了的人伦道德定势。与之相应，概念确定的过程也必须经过三个认知层次，即感官感知、心理感知和文化感知。三个层次存在递进关系，文化感知层次最高，因为处在该层次的认知往往来自于一种内化了的约束力，这种约束力会对心理感知进行控制或调节。例如我们常说的"拈花惹草"、"老牛吃嫩草"、"一朵鲜花插在牛粪上"，就是属于文化感知的一种范畴化，也是人们在内心深处自觉选择的意识表现。感官感知、心理感知和文化感知对植物词义的扩展和延伸起到了决定作用，同时，词义的延展又反过来促进词义范畴的被理解与认同，进一步提高人的综合认知能力。

四　植物词义扩展的认知图式

认知语义学认为，词义的获得是体验的结果，词义的延展是在人类经验的基础上，通过隐喻和转喻的方式，使得最初只有单一概念的词由其基本义向其他义扩展。人类经验指成长背景、知识结构及建立在二者基础之上的判断、推理、形成新概念和事物范畴化的一种结构组织或结构网络。这种认知结构网络本质上就是意象图式。"意象图式"是人在对事物之间基本关系认知的基础上所构成的一种认知结构，是"人类经验和理解中一种联系抽象关系和具体意象的组织结构，是反复出现的对知识的组织形式，是理解和认知更复杂概念的基本结构，人的经验和知识是建立在这些基本结构和关系之上的"（赵艳芳，2001：55）。语义结构被认为至少包括语义、语法和语用三个方面内容，是三者的结合体（钟守满，2008：36）。前文论述过，隐喻就是词义所指从具体的概念域到抽象概念域的映射，两域之间的联系是相似性。转喻是从基本层次范畴到较高层次范畴或较低层次范畴的映射，始源域和目标域之间的联系是邻近性与凸显性。在词义的扩展和延伸的过程中，隐喻之中有转喻，转喻之中有隐喻，二者常常相互交织，是一个连续体。例如，许多词的原型义就是隐喻或转喻式的，其中充满了人类认知隐喻化、语言范畴化的智慧，像"arrowhead flower、roof-tree、shoe tree、tree house、tree diagram、from stem to stern、狗尾草、龙须槐、蛇瓜、剑麻、羊胡子、鸡冠花"等词语。Marina Rakova（2004：167）提出了非一词多义观点（no-polysemy view）：（1）一个词——一个意义——一个概念（one word—one meaning—one concept）；（2）

一个词——几个意义——一个概念（one word—several meanings—one concept）；（3）一个词——几个意义——几个概念（相关）（one word—several meanings—several concepts（related））；（4）一个词——几个意义——几个概念不相关（one word—several meanings—several concepts（unrelated））。非一词多义，也叫作"词义概念相关（lexical-conceptual relatedness）"，即每个词的概念都是横跨感官经验域的心理基本概念，一个词一旦获得了一种新的外延精确的固定用法时，这个词便获得了一个新的字面义。

万物因种而传，因春而发。植物起源于种子，生发于季节。植物成熟的过程结构是一个整体，整体是第一位的，部分是第二位的。所以，种子、蓓蕾、花朵、果实等植物实体都在我们的认知思维和语言表达中变成了现成的合适的喻体被我们根据特征选择投射到林林总总的植物概念之外的本体上。正因为植物与英汉人民的日常生活生产紧密相关，植物名词长期、广泛被高频使用，人们往往会从词的基本语义出发，不断赋予这些植物名词以新的意义，使词的内涵得到不断的延展，造就了今天英汉基本植物词语在用法和语义等整体上的多义性（王文斌，2005：20）。

植物词汇的多义性实质上是基本词义在不同语义场之间的映射表现。一个植物词在实际语用中仅能呈现两个语义点，即字面义和隐喻义，隐现在两个语义后面的是跨概念的两端，隐现在两端后面的则是复杂庞大的语义网络结构。我们基于对概念隐喻"人是植物"所阐述的两个语义端的理解，以常见"树"为语义起始端，以"人"为语义终始端，描绘出"树——人"走向的植物词语义跨域映射结构图（如下），从中可以较为清楚地看出英汉植物词隐含的多义性及潜在的转义可能性。

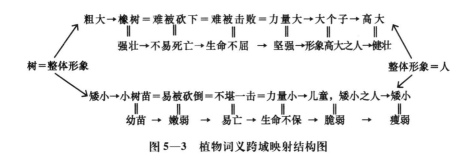

图5—3　植物词义跨域映射结构图

上图反映出整株植物"树"的语义跨域映射"人"的结构或模式，对照英汉语中的"tree（树）"和"person/human being（人）"，概念隐喻"人是树"浓缩了英汉民族根据对木本植物"树"的个体概念去对应理解人的个体概念的认知过程。在该隐喻中，喻体是"树"，本体是"人"，树有大大小小，人有形形色色，二者之间的相似之处就是都有"高矮大小"的整体形象及其在"树"群和"人"群中的不同作用与地位，所以喻底就是"形象上高大之物作用更大，形象上矮小之物作用更小"。Lakoff 和 Johnson（1980：84）指出，判断隐喻是不是两个语义场之间的语义映射有两条标准：①本体与喻体属于不同的活动；②只涉及到部分特征的运用。例如，He is the big tree in their family（他是他们家的一棵大树）就是一种隐喻，因为 tree 与人（He）是不同的事物，我们把人（He）看作 tree，只是把人的某些方面看作是tree。隐喻意义是喻体的部分特征向本体转移的结果（束定芳，2000：43）。

第五节　英汉植物词汇转义现象对比

英汉两种语言间，由于植物词汇的基本意义相同或大体对应，如英语和汉语在区分生长的和非生长的木材时，均有"tree/树"和"wood/木"，"forestry/森林"和"timber/树木"，而不像日语不加区分，均单用"木"一个词统称活着的树和被砍下的木。所以，进行对比研究时，不能忽视植物词汇的转义现象。本节在上一节关于植物词汇语义范畴认知、植物名语义跨域映射结构的基础上，拟从词义的转化和引申的视角来考察植物词语的语义，揭示植物词语语义的普遍性特征和具体语言的个体差异性特征，对比分析英汉具体植物名的转义情况。

虽然"隐喻的本质是根据甲事物来理解和体验乙事物"，"人的概念、人的活动是通过隐喻建构起来的"，"人的思维过程大体上也是隐喻性质的"（Lakoff & Johnson：1980：5－6），但隐喻是基于事物的相似性，是跨越不同的认知域的一种映射。这种映射所涉及一个域还是两个域不取决于客观现实，而取决于特定社会文化语境中的语言使用者对客观现实的识解（Dirven，2003：87）。不同语言使用群体对客观现实的识解，由于认知经验、语言形式及社会环境不同，必定导致跨域映射的差别。而隐喻的产生原因也恰恰是三大类，即：认知原因、语言原因、社会原因（束定芳，2000：91）。因此，相同英汉植物名词跨域映射后形成的隐喻语义不尽相同，譬如在中国"大红花是幸福快乐"的象征，故汉语中有"心花怒放"（隐喻"喜悦是心中的花"）之说。而在英国红色被认为是"流血"和"死亡"的象征，因此英语中不用"红花"这样的搭配来隐喻表达"喜悦"之情，而用红色"花"的下义词、特称植物名"红玫瑰"来隐喻表达"喜爱之人"。另外，认知域的不确定性也是产生语言使用及概念语义变异的重要因素之一，如在英国文化中，TEA 的认知域包含了种茶、采茶、沏茶、喝茶、社交茶会（含休闲饮食）、正式晚餐等成分，TEA 和 MEAL 属于同一个域，故英语中有"Tea is a large meal"的说法。而在中国文化中，"茶"的认知域不包含晚餐，仅指茶叶或茶水，茶和晚餐不属于同一个域（周红英，2011）。

一　英汉植物名转义的五种情形

英汉民族在采集、种植、食用、使用及观赏植物的过程中，根据自己民族的植物种类，植物特征及其依存的生长环境，结合自己民族的社会文化传统和思维习惯，形成了具有自己民族特色的植物隐喻认知域。在这些认知域中，植物词义总是处于"起始端"概念和"终始端"概念的双向映射状态，两种方向的转移路径有明显和隐蔽之分，从植物义向非植物义转移时较为明显，在语言中属于"活隐喻"，而从非植物义向植物义转移时则较为隐蔽，属于"不活跃隐喻"或"死隐喻"。英汉泛称植物名和特称植物名词义义项充满了这样的转义表现。词义从植物义向其他范畴转移的情形可以概括为 5 种，即：（1）英汉植物名同、义同；（2）英汉植物名同、义异；（3）英汉植物名异、义同；（4）汉语独有的植物隐喻义；（5）英语独有的植物隐喻义。下面以英汉植物名为例，列表对比其植物词义转移的表现特征，讨论英汉语之异同。

（一）英汉植物名同、义同

由于在中英两国各自的土地上都生长有许多科、属相同的植物，由于英汉民族相同或相似的认知方式，英汉泛称植物名在跨域映射中出现了许多喻体、本体相同或相近的隐喻词义。如下表：

表5—4　　　　　　　英汉植物名、隐喻义相同的隐喻词

植物类别	植物名词	英语词/语	隐喻词义	汉语词/语	隐喻词义
花	rose（玫瑰）	My love is a red red rose.	爱情，爱人，美好之物感情，钟爱之人	送人玫瑰，手留余香	爱情、恋人、好事
	flower（花）	heart flower	精英人物，美好人/物，人/物	班花，校花	人/物
草	grass（草）	grass roots	不重要的人/物	班草，校草	人/物
树	oak（橡树）	the heart of oak	坚强、勇敢之人	《致橡树》——舒婷	人
枝	olive branch（橄榄枝）	hold out the olive branch	和平；友好；社会关系	伸出橄榄枝	人际/国际关系
花/果	peach（桃）	peachy checks	人的面容；美丽女子；极好的事	面带桃花；桃腮；人面桃花	人的面容
树	laurel（月桂）	laurel tree; gain/reap one's laurels, rest on one's laurels, laurel wreath	荣耀、胜利；成功/成就	蟾宫折桂	巨大成功
根	root（根）	—rootless culture, one's roots country, — root out	——根子、根源；——祖先——除去祸根	不能忘了根，文化根祖；寻根问祖；斩草除根	根子、根源；祖先；祸根
果	fruit（果）	the fruit of a collaboration; His failure is the fruit of laziness.	成果，结果，后果	劳动成果；胜利果实；不计后果	成果，结果，后果
核	core（核）	—the core of the city	中心	领导核心	核心，中心
种/子	—seed（种子）	—a seeded player—seed money—spread seeds—seeds	——实力较强的队员——事物的根本或根源——精液	——种子选手——烦恼初无根，恩爱为种子——播"种"	——实力较强的队——事物的根本或根源——精子

（注：表中所列举的词语不代表全部）

从上表可以看出，无论是指称整株植物的名词——苗、草、树、竹，还是指称植物结构部分的名词——根、茎、枝、叶、花、果、刺、核，在英汉语言中都能找到它们喻体、本体相同的隐喻表达。这也是人类从大自然获取素材、启发灵感、扩展思维的直接表现。林奈在《植物学哲学》中说，"遵从大自然是美好的：从根到茎，到叶柄，到叶子，到叶梗，到花朵"（见第 328 节）。福柯（2001：170）认为，"一个生物的历史就是这个身处把它与世界联系起来的语义学网络内的生物本身"。植物因被搬进了语言中，得到了语言的雕刻，反过来又促使人类不断去了解它，丰富它，从而在整个生物圈中重组自己的纯粹形式（福柯，2001：179）。

（二）英汉植物名同、义异

植物范畴概念向其他具体域或抽象域映射的模式在英汉语中的基本对等，反映了英汉民族在认知植物的生长规律、生长特征及各种属性和功用方面具有高度相似性，并把对整体植物及其各组成部分这一客观实体的认知和体验映射到相似或相同的概念域。这表明不同民族的人们有着相似的思维认知过程，植物隐喻作为认识客观世界和人类社会的一种思维方式，是全人类所共有的。隐喻在实际应用中可能省略了本体，字面意义好像与话题意义无关，但实际上话题意义是通过识别隐喻义来理解的。隐喻基于体验，人的体验往往受三个因素影响：一是生理条件；二是心理反应；三是社会环境（王寅，2007：456）。虽然英汉民族有着相同的感知器官，但由于思维习惯和社会环境的不同，他们哪怕对同一植物的认知及体验也会存在诸多差异。隐喻的典型结构是"x 是 y"，而 x 和 y 是属于两个完全不同的范畴类别，因此隐喻的显著特征是将两种感性认知上完全不同的事物等同了起来，形成语义上的不相容。由于喻体本身具有多种意义特征，所以英汉植物名在跨域映射中出现了许多本体、喻体相异的隐喻词义。见下面表格中所示。

表5—5　　　　　　　　　　　　英语植物隐喻词

植物类别	英语植物名词	英语词语	隐喻词义
苗（芽/秧/蕾/苞）	—shoot —bud	—a photo shoot; a fashion shoot —rose bud	——发射；摄影；试射；接枝 ——漂亮少女

植物类别	英语植物名词	英语词语	隐喻词义
草	—grass —straw —oat —clover —reed —weed	—the grass of economy; grass widow —straw —wild oats —four-leaf clover —a broken reed —a weed	——基础；离婚状态，丈夫经常外出的妇女/离别的朋友 ——毫无价值的东西，无意义的事情 ——放荡的青年 ——好运 ——（不可靠之）人 ——多余讨厌之人
树	—palm —cypress —yew —willow	—bear the palm tree —cypress —yew —willow	——胜利 ——哀悼 ——不朽 ——因所爱之人死亡而忧伤悲痛
竹	bamboo	bamboo curtain	中国（污蔑性指称）
根	—potato —onion —root	—a small potato; potato-head; the clean potato; hot potato; potatoes and point —have one's onions —root	——人；事物，事情；粗茶淡饭 ——基于经验的知识 ——祖先
茎（干）	stem	stem cell; stem wider;	主干，基础；柄，杆；词干
节	node	lymph node	结，中心点
枝（藤）	—branch —ivy —willow	—branch water; —Ivy League —wear the willow	——小 ——名牌，名誉好 ——失恋，死亡
刺	thorn	a thorn in the flesh; to be on thorns	尖锐的东西；痛苦，麻烦
叶	—reed —leaf	—a broken reed; —two leaves; a rose leaf	——（不可靠之）人； ——书页；花瓣

植物类别	英语植物名词	英语词语	隐喻词义
花	—lily —flower —blossom —daisy —chrysanthe-mum —poeny	—a most unspotted lily; gild the lily flower/paint the lily; —the flower of a country's youth; in the flower of one's youth; flowers of speech —be in blossom —（sb. is）a daisy —chrysanthemum —poeny	——人；东西；幸福；漂亮少女；多余的事/不必要的事；装饰品 ——精华；顶峰状态/兴旺时期；华而不实 ——发展、兴旺； ——美丽少女、一流人物 ——财富 ——孤独
果	—apple; —tomato —bean —plum —lotus （落拓枣） —banana —pumpkin —blackberry —gooseberry —lemon —nut	—a smooth apple, a wise apple; apple-polisher, the apple of one's eye; the Big Apple —tomato —sell one's birthright for some red-bean stew; red bean, old bean —plum —lotus land, lotus-eater —banana; a big banana —pumpkin —as plentiful as blackberries —play gooseberry —（sb is a）lemon —（sb is a）nut	——人；心爱的人、物；纽约城 ——美人 ——微小利益；为了蝇头小利而不计原则；老兄 ——佳品、令人垂涎之物 ——安逸 ——生长在西方的黄种人；（大）人物 ——重要人物，大亨 ——事物数量多 ——陪伴老妇 ——讨厌的家伙 ——对某事物极感兴趣的人
种/子	—seed —pea	—the seed of Abraham —seed pearl, seed coral —two peas in pot	——开端，起因 ——小颗粒 ——两种东西一模一样
核（仁）	—core —ker-nel	—the core of the city; to the core（He is American to the core.） —the kernel of dialectics.	——中心部分 ——正宗，地道

（注：表中所列举的词语不代表全部例子）

表5—6　　　　　　　　　　　　汉语植物隐喻词

植物类别	汉语植物名词	汉语词语	隐喻词义
苗（芽/秧/蕾/苞）	苗，秧，芽，苞	——一棵好苗子 ——给……家留了种 ——雨露滋润禾苗壮；瓜儿离不开秧儿（苗）；阳芽，月牙 ——含苞待放 ——长新芽，发新枝	——有潜力的青年 ——后嗣 ——集体/母体；形状像芽的东西 ——小女孩；未成熟状态 ——新思想、新事物逐步成长
草	草	——草民，草寇 ——草猪 ——草鱼 ——班草，校草	——地位卑微之人 ——母/雌性 ——以草为食 ——英俊男性
树	树； 松、柏	——大树底下好乘凉 ——树欲静而风不止 ——铁树开花 ——前人栽树，后人乘凉 ——松柏后凋	——（有一定权势的）人物 ——人的心愿 ——极难实现或非常罕见的事情 ——造福、谋得利益 ——不畏艰险之人
竹	竹	——胸有成竹 ——功垂竹帛 ——竹柏异心 ——梅兰竹菊四君子	——事前已经拿定主意 ——典籍，史册 ——志向不合 ——高尚品质
根	根	——把根留住 ——斩草除根 ——六根清净 ——叶落归根 ——男根	——来源，本源，传统，出身；精神 ——身体的感觉器官（眼、耳、鼻、舌、身、意） ——事物最终的归宿；作客他乡最终要回到本乡的人 ——男性生殖器
茎	茎	——枯茎朽骨 ——光杆司令 ——阴茎	——老人，无用之人 ——队伍，可供指挥的人 ——男性生殖器

植物类别	汉语植物名词	汉语词语	隐喻词义
节	节	——高风亮节；节气 ——清明节，国庆节…… ——节节败退 ——晚节	——操守 ——节日，阶段/日子 ——连续 ——节操
枝	枝	——连理枝 ——攀高枝 ——枝繁叶茂 ——枝流叶布	——恩爱、亲密的夫妇 ——地位较高的一方 ——事物成长快 ——人或事物分布很广
刺	刺	——芒刺在背，如刺卡喉 ——针尖对麦芒	——尖锐的东西；痛苦 ——利害的人或事物，不让步
叶	叶	——叶落归根 ——枝流叶布 ——红花还须绿叶扶 ——枝繁叶茂	——事物最终的归宿；作客他乡最终要回到本乡的人 ——人或事物分布很广 ——众人 ——事物成长快
花	花；菊花；牡丹	——儿童是祖国的花朵 ——班花，校花 ——杏花春雨 ——红杏出墙 ——柳啼花怨 ——花心 ——心花怒放 ——一朵花苞 ——晚节黄花 ——梅兰竹菊 ——贵如牡丹	——寄托将来的人 ——漂亮女性 ——初春 ——有外遇的妻子、女性 ——景象凄凉，心境凄恻 ——爱情不专一 ——心境极其高兴 ——未成熟的小女孩；未成熟状态 ——节操高尚 ——高雅，淡泊，君子 ——荣华富贵
果	果；米；红豆	——下山摘桃子 ——劳动果实 ——效果 ——结果；修成正果 ——巧妇难为无米之炊 ——红豆生南国，春来发几枝	——成果，胜利品 ——产品，产物 ——结局 ——成功 ——必要条件 ——相思，爱慕，思念

植物类别	汉语植物名词	汉语词语	隐喻词义
种	种（子）	——孽种 ——有种 ——种族，黄种人 ——仔鸡	——后人，子孙 ——胆量或骨气 ——人种 ——幼小
核	核	——核武器	——能量大、杀伤和破坏作用大

（注：表中所列举的词语不代表全部例子）

从上面的表5—5、表5—6可以看出，类别相同的植物在英汉语的跨域映射中出现了完全不同的隐喻概念，这些概念既包括指称具体实体的人或事，也包括指称抽象的思想、精神活动。植物是生命的主要形态之一，包含了如树木、灌木、藤类、青草、蕨类、地衣及绿藻等熟悉的生物。从上面三个表可以发现：（1）英汉语植物隐喻词义主要来源于表示整体或器官部分的树木、灌木、青草类植物名词，而表示蕨类、地衣及绿藻类的植物名几乎没有隐喻词义。相比于种子植物（包括裸子植物和被子植物），藻类、蕨类、苔藓植物的动态生命性质表现更不明显，与英汉民族在生活实践中的互动更弱，因此，从认知此类植物的概念"域"扩展到认知其他事物的概念"域"的隐喻就难以产生。（2）英汉语植物隐喻有时虽然喻体和本体不一致，但喻体却存在一致或相似的现象。（3）名同义同的英汉语植物词主要分布在表示整体概念的植物词上，名同义异的植物词主要分布在表示部分概念的植物词上。（4）指称更具有凸显性的植物或植物部分的词在英汉植物隐喻词义中占的比例相对更大。（5）与其他词组合搭配形成的植物隐喻在语用中不可任意更换。（6）植物名隐喻词义在实际的语用中，有时候本体与喻体并不遵循普遍性（即已经公认的一般隐喻词义），会受意识形态、社会语境的左右，呈现出矛盾性，如"宁要社会主义的草，不要资本主义的苗"。

（三）英汉植物名异、义同

英汉民族还依据本民族熟悉的事物来隐喻表达某一相同或相似的事物，形成了隐喻词义相同、植物名不同的语言表达。见表5—7。

表5—7　　　　　　　　　　　英汉语隐喻词义相同的语例

隐喻词义	英语句例	植物类别	汉语句例	植物类别
新生事物涌现，蓬勃发展	to spring up like mushrooms	真菌，蘑菇	雨后春笋	常绿禾本，竹子
味道之苦	as bitter as worm-wood	禾本菊科，蒿/苦艾	苦若黄连	多年生草本，黄连
身材瘦小	as skinny as a beanpole	(含植物名用品) 支竿	瘦如豆芽	植物胚根，豆芽
气味芳香	a breadth as sweet as rose	蔷薇属植物，玫瑰	馥香如兰	多年生草本，兰花
纯洁	as pure/white as lily	多年生草本植物，百合	高洁如莲	多年水生草本，睡莲
青春、爱情、健康永驻、常青不衰	ivy	藤本攀援植物，常春藤	万年青	多年生常绿草本，万年青
挺拔、坚毅	as strong as an oak	栎属常绿乔木，橡树	松树	常绿乔木，松树

从表5—7可知，英汉语隐喻表达同一目标域概念时，始源域概念不同，使用决然不同的相似物或相关物。选用不同的植物具象来隐喻相同的概念，说明语言使用者在不同的文化背景下具有不尽相同的认知视角、审美意识、思维模式等，如，表达"草率"的抽象概念时，汉语"草率"通过"小草"的"任意生长、不择地点、不计后果"的特性隐喻人说话做事"欠思考"。尽管四处可见的"草"也会随风而动，有一定的运动性，但相对于动物及人的动作行为而言，其"运动"性则不够直接、不够明显。而英语里的"cursory（草率）"则是由表示人的直接动作行为的"run"和"go"［词根 curs－（跑）＋词缀-ory（……的）］隐喻而成。比起"草"的安静、不起眼，人的"跑"、"走"在运动性上显然更加直接、明显。这似乎反映出汉语表达概念偏委婉、含蓄，英语表达概念更具直接性和针对性，因为"草率"跟"草"完全无关，而与人有关。

（四）英语独有的植物隐喻词义

在两个地域，地理环境不同，生物物种也会不同。英汉民族所在地域环境不同，各自在生活经验中与植物的接触频率及生产劳动中与植物联系的紧密程度也不同，两种语言中的植物隐喻词义并非总是成对出现。有时英语中从某种植物衍生的隐喻词义，在汉语中并不存在，从而形成英语独有的植物隐喻词义。如表5—8所示。

表 5—8 英语独有的植物隐喻词义语例

植物类别	英语植物词	隐喻词义	语 例
果	peach（桃子）	喻指漂亮；受欢迎的人或事	I must say his sister is a peach. 我得说他姐姐十分漂亮。 He is a peach to work with. 他是个合作的好伙伴。
果	pumpkin（南瓜）	喻指重要人物	A man of learning is supposed to be some pumpkins. 学问高深的人常被认为是重要人物。
果	wheat（小麦）	喻指天真无邪的青年，乡下人	As a young man from the remote village, Peter behaves like a wheat in his urban life. 来自乡间的彼得，在城市生活中的行为像一个典型的乡下人。
果	apple（苹果）	喻指人或事	a smooth apple 讨人喜欢的人；the apple of discord 给人带来争端的人或事；a wise apple 傲慢的年轻人
果	nut（坚果）	喻指"对……极感兴趣的人"	She's a Chaplin nut. She's seen all his films. 她是个卓别林迷，她看过他所有的影片。
花	lily（百合）	美丽的女孩；纯洁的人	She is a virgin, a most unspotted lily. 她是个纯洁的少女，一朵洁白无瑕的百合花。
花	rose（玫瑰）	美人；秘密，私下；结果圆满	She is a rose of loveliness. 她是位可爱的美人。under the rose 喻指"秘密地，私下地"；come up roses 喻指"结果圆满"
叶	cabbage（白菜）	喻指洋白菜，少女	That girl is a French cabbage. 她是一个法国少女。
根	potato（马铃薯）	常用来喻人或事	a couch potato 成天看电视的人；a small potato 渺小的人；a hot potato 棘手的事
果	tomato（西红柿）	喻指美人	Lucy is a real tomato. 露茜真是个美人。

续表

植物类别	英语植物词	隐喻词义	语　例
果	plum （李子）	喻指令人垂涎之物	She has got a plum of a job. 她得到一份高薪工作。
果	wild oats （野燕麦）	喻指放荡（的青年）	sow one's wild oats 放荡，纵情玩乐
花或草	4 - leaf clover （四叶苜蓿）	喻指好运；幸福	be/live in 4 - leaf clover 生活优裕
果	banana （香蕉）	喻指喜剧演员，大鼻子	Martin is the key banana in this comic play. 马丁是这出喜剧的主要演员。
根	onion （洋葱）	比喻内容和方法；讨厌的家伙，笨蛋	Know one's onions. 因经验丰富而精明。The new comer is an onion to girls. 新来者是个让女孩讨厌的家伙。
果	bean （豆）	比喻"一丁点儿"	not know beans about something. 一窍不通。
果	cucumber （黄瓜）	比喻"镇定自若"	as cool as cucumber. 像黄瓜一样凉爽。
叶	cabbage （包菜）	比喻"钱"	cabbage leaves 纸币
果	cherry （樱桃）	比喻"童贞"	She confessed she was a cherry. 她说她童贞未失。

　　通过隐喻认知的方式，最初只表示单一意义的植物词在长期、广泛及高频率的使用过程中，新的意义不断被添加进基本词义里，词的内涵得到不断的延展，产生了许多"植物"之外的其他意义，是英语多义性词汇中的一个重要组成部分。许多从古英语时期开始使用并沿用至今的词汇"大多是表达各种常见的自然现象、植物、动物、家庭成员或其他事物的性质或特征等的名词以及表达人类日常活动的动词等"（王文斌，2005：12），表示常见的植物有：plant, grass, tree, stem, bough, twig, rind, stalk, seed, leaf, pine, fir, maple, palm, willow, birch, elm, rose, oak, bean, sprout, thorn, berry, pear, ash, broom, daisy, yew, 等。这些使用于古英语的英语本族植物词汇与英国人民的生产生活、种族繁衍及

精神活动息息相关，是人们所喜闻乐见的词汇，所以也能够在英语的不断演变当中长期存在并在用法和语义等方面得到不断发展和扩充。"由此可以说明，语言与生活是一对孪生姐妹，两者相辅相成：语言源于生活，而反过来又用于生活并能丰富生活"（王文斌，2005：21）。

（五）汉语独有的植物隐喻词义

同样，有时汉语中从某种植物衍生的隐喻词义，在英语中并不存在，从而形成汉语独有的植物隐喻词义。如下表。

表5—9　　　　　　　　汉语独有的植物隐喻词义语例

植物类别	汉语植物词汇	隐喻词义	语　例
树/枝	柳（willow）	春天的使者；喻指色情	清明不戴柳，红颜成皓首；清明不戴柳，来世变黄狗；寻花问柳，花街柳巷
树	松柏（pine and cypress）	意志坚强、刚直不阿；长命百岁	松柏常青；松鹤延年，福如东海长流水，寿比南山不老松
花	花（flower）	好事、善事	多栽花，少栽刺。
果	桃子（peach）	比喻长寿、学生、义气、春天、理想的隐居地	蟠桃会、寿桃；桃李满门；桃园结义；桃花雪、桃花汛；世外桃源
果	红豆/相思豆（red bean）	喻指爱情与思念	红豆生南国，春来发几枝，愿君多采撷，此物最相思。
根	萝卜（radish）	个人选择、个人爱好；岗位、职责	萝卜青菜，各有所爱；一个萝卜一个坑。
花	芙蓉（荷、莲）（lotus）	男女恩爱；清纯可爱	夫妻要像并蒂莲；……如出水芙蓉
树	榆树（elm）	喻指脑瓜不灵活之人	榆木疙瘩
果	辣椒（hot pepper）	喻指性格泼辣之人	这个女孩是只小辣椒，可别惹她。
树	梧桐（Chinese parasol）	喻指吉祥	栽下梧桐树，引得凤凰来。

植物类别	汉语植物词汇	隐喻词义	语 例
竹	竹（bamboo）	布满孔的竹制品；事情的全貌	竹篮打水一场空；竹夫人；胸有成竹
果	梨（pear）	谐音喻指分离	吃不分"梨"；礼不送"钟"。
枝	连理枝（millet）	喻指夫妻恩爱	在天愿作比翼鸟，在地愿作连理枝。
花	兰（orchid）	比喻美好的人、事和愿望	兰玉弟子；兰堂
花	莲花（lotus）	喻指女性私处	男子三更竹竿起，女子三更莲花开。

由于文化背景的不同，不同族群在其语言的隐喻表达上有不同的取向视点。比如：汉语喜欢用"梅花"、"兰花"来进行隐喻认知，日本人喜欢用"樱花"来类比各种事物，而英国人喜欢用"daisy"、"violet"、"tulip"来隐喻人或物。由于认知视角的差异，人们也会选用相同的植物概念来表达不同的本体概念。比如：英语句子"She is the apple of her father's eyes"，植物概念义侧重于苹果味美可口的感觉与人见人爱、百吃不厌的品质；汉语句子"她的脸红得像苹果"或"她的脸像苹果一样红"，则是用"苹果"的形状及红色来表达其相似性。

汉语中有很多含有植物名的成语已经沉积在词汇层面，成为一种约定俗成的固定表达式，如成语、谚语、熟语等。这些成语字面义并非是隐喻的，而是描述自然植物在不同季节中的独特生长形式或表现形式，所以词语当中并没有本体（目标域）。但整个词语描绘的却是整体背景季节下的一种局部现象，其在暗含的喻体层面上反映出来的意义是通过相关联想（基于相关性）产生的，这种联想又是建立在以局部代表整体或以整体代表局部的转喻或借代方式之上的。如"桃红柳绿、草长莺飞、草木怒生"等词的词义外本体便是春天、春季；"榴花照眼、艾绿蒲香、田月桑树"等词的词义外本体则是夏天、夏季；"桂香梧影，草木黄落、繁英凋零"等词的词义外本体是秋天、秋季；"枯枝残叶、万木凋零、蜡梅低垂"等词的词义外本体是冬天、冬季。这实际上是将指示植物的词跨域用作指示时间的词，是植物隐喻或转喻季节。又如，汉语的"蟠桃献寿"、"南山松"等也是以自然植物来比喻生命时间——人的寿命。虽然英语也用植物来比喻人的生命，有"Life is plant"／"Plant is life"的概念隐喻，并且我们在英语诗歌、小说中也能发现类似的表达，但这种表达却没有沉积在词汇层面上，从这个角度来说，汉语的植物隐喻性词义比英语更加丰富、跨域面更加宽泛。据此是否可以推断，中国人在社会发展进程中对植物的依赖程度和认知程度比英国人更大、更深刻，值得另外探讨。

　　通过观察还发现：植物突显度上，高大的比矮小的要高；颜色鲜艳的比晦暗的要高；功能特别的部位比功能平常的部位要高；支撑整株植物的器官比附着植物躯干的器官要高。植物词的语义突显度高低是与自然界植物体的突显度高低相吻合的。认知语言学认为，无论对于自然物体本身在感官上的突显度假设，还是对于指称自然物体的各类实义词的突显度假设，都有其内在认知动因（蔡金亭、陈晦，2005）。"根"是支撑整株植物的器官，属于生长的基础部分，无"根"，则无"枝、茎、花、叶、果"，所以，"根"在英汉语中转用作动词的义项都相对较多。在人类与植物互动过程中，除了外貌、形态、体积、颜色、功能、生长基础等特征对认知突显产生影响外，不同民族的感知选择、传统习惯及文化倾向性也对认知突显产生影响，因此，英汉植物名的转义和转类会存在一些差异。英语中"草"、"茎"等词转用作动词的义项相对较少，因为对于单株植物和植物器官来说，与"树"、"花"相比，"小草"、"茎"等位置相对低下，受注意程度相对差些，成为隐喻、转喻的机会相对少些；而英语中的"刺"转用作其他词性的义项相对较多，因为"刺"能伤人，功能特别，特征显著。英语植物词转义数量高于汉语是个普遍的规律，不排除少数汉语植物词转义量高于英语植物词转义量的情况。显著的例子恐怕要数上面论及的"树"、"花"了，据 Hsieh 和 Elena（2007）的统计，汉语植物词"树"比它的英语对应词"tree"的转义量高两倍以上。

　　英汉植物名的转义不仅拓展了概念表达形式，丰富了语言组织手段，而且体现了人类的认知范畴的联系和融合。从丰富的例词可以看出，植物名与动物名一样，是仅次于人体词的基本等级范畴词。虽然英汉植物名的词义形成和转移扩展存在多方面的差异，但在认知模式上具有以下相同的特征：（1）最早获得的植物名称（尤其是泛称名）有较大的任意性，属于词形比较简单的本族语词，是形成二次隐喻和转喻的基础词，语用出现频率较高；（2）复合植物词有较大的理据性，而且数量较大，形式较灵活；（3）隐喻而成的植物名，喻体来源面较广，主要来源于人体、动物、器物及植物本身；（4）"一物多名"和"一物多喻"的现象较普遍；（5）具有很强的构词力，易于灵活使用；（6）植物作为一种生物，不同于人和动物，在跨域投射中，往往被看成是有生命的实体。

二　英汉植物词转义数量对比

本节选取 13 个核心植物词，对比分析其在英汉语中的转义数量和转义内容。

植物词语的转义数量，主要集中表现在基本植物词上。但在基本植物词内，不同的词转义数量存在差异，多寡不一。有的词语转义众多，如英语中的"grass"，转义达到 16 个，汉语中转义最多的"花"达到了 66 个。而大量其他植物词，则主要以本义被用于英汉各自语言中，如英语中的"strawberry"、"pine"、"elm"、"vine"，汉语中的"菖蒲"、"石竹"、"苋菜"、"树莓"等。一个植物词一般只有一种本义，其余的意义就是转义。仅有本义的植物词是单义词，含有转义的植物词才是多义词。假如每个植物词都只有本义的话，那么我们在表达上就失去了一个重要的语言源，无疑，英汉语言的习语、谚语及日常语用中就不会出现如此多的植物词了。实际上，从语言对基本植物词的使用来看，绝大多数植物词的词义都可归纳为一种"本义"和多种"转义"。后面第八章第一节从 BNC 和 Chinese Gigaword 2 Corpus 中选取"tree"、"bamboo"、"stem"及其对应词"树"、"竹"、"茎"，统计出它们各自在不同语境中与其他词搭配出现的频率数据，虽然不够全面，但也从一个侧面证明了英汉植物词转义的普遍性。因此，一个植物词的搭配义多寡与该植物民族认知程度强弱成正比，而转义多寡与搭配义多寡也成正比，进一步可以推知，一个植物词的转义多寡与其搭配义多寡成正比。

美国学者斯瓦迪士（M. Swadesh）基于植物核心词的习惯搭配，依据植物的个体生命形式及其局部成分所对应的各种植物概念，于 1952 年在其"核心词表"中列出 8 个核心植物词："树"、"枝"、"果"、"种"、"叶"、"根"、"花"、"草"；我们根据植物词在语言中出现频率的高低，从英语国家语料库（BNC）和北京大学现代汉语语料库（CCL）中统计出另外 5 个高频核心植物词："核"、"茎"、"苗"、"刺"、"竹"，共获得英汉植物核心词（或基本植物词）13 个。通过查阅《现代汉语大词典》和《英汉大词典》中的"花、草、树、根、茎、枝、叶、果、刺、竹、苗、核、种"等 13 个核心植物词的各自意义，统计得出了这些词的转义数量，列表如下：

表 5—10 植物词语的转义数量表

英语	①	②	汉语	①	②
flower/blossom/bloom	10 + 4 + 7	12 + 1 + 3	花	16	66
grass/herb	14 + 2	16 + 9	草	8	30
tree	14	11	树	4	21
root	26	23	根	6	19
stem	17	7	茎	3	3
branch	12	6	枝	3	7
leaf	17	16	叶	5	7
fruit	8	13	果	6	16
thorn	6	8	刺	10	35
bamboo	2	2	竹	2	26
core	16	10	核	6	11
seedling + twig + bud	2 + 2 + 11	0 + 2 + 2	苗 + 芽 + 苞	9	7
seed	16	13	种	8	13
总计	190	155		86	263

（注：①为独立词义；②为与其他词固定搭配时的词义）

从该表可以看出，英汉语对应的 13 个基本植物词的转义总数分别为 345 个和 349 个，平均每个植物词转义数为 26.5 和 26.9，在数量上，汉语中的转义多于英语。由于英语中的大多数普通名词能够转化为动词，英语植物词属于普通名词，英语植物词中"名转动"的数量和频率也应该高于汉语植物词，所以从总体上看，英语植物词汇的转义数量实际上应该比表中反映出的数量更大。植物"竹"在英国罕见，如果不考虑"竹（bamboo）"词的转义情况，则其余 12 个基本植物词的转义数量在英语、汉语中分别为 325 和 321，平均每个植物词转义数为 27 和 26.8，两者基本相当，汉语中植物词转义数量略低于英语，差异主要出现在个别植物词的转义数量上。现在我们利用这个表格就英汉植物名词的转义情况进行比较和分析。

从表中可以看到，英语植物词中，独立使用时转义数量最多的词和与其他词固定搭配时产生的转义数量最多的词为同一个词，是指称植物局部实体的名词 "root（根）"，转义数分别为 26 和 23，①、②相加，"root（根）" 的转义总数也是最高，计为 49。排在次位的是 "grass/herb（草）" 和 "leaf（叶）"，①、②项相加，转义数分别为 41 和 33。"bamboo（竹）" 的转义数量最少，①、②分别为 2，两项加起来为 4。植物词的转义数量直接反映出其基本义的引申能力，因此，"root" 在英语植物词中的引申能力最强；而 "bamboo" 的引申能力最弱。汉语植物词中，独立使用时转义数量最多的名词是指称植物局部实体的 "花"，与其他词固定搭配时产生的转义数量最多的也是 "花"，分别为 16 和 66，①、②相加，"花" 的转义总数也是最高，共计 82。排在次位的是 "刺" 和 "草"，①、②项相加，分别为 45 和 38。"茎" 的转义数量最少，①、②项加起来为 6。这说明，"花" 在汉语植物名词中的引申能力最强；而 "茎" 的引申能力最弱。

英语中 "竹" 词的转义数量大大低于汉语中的转义数量，属于特殊情况。因为其所对应的植物 "竹子" 不生长在英国，英国人民在漫长的与植物接触的过程中，没有获得关于竹子的形象概念，所以谈不上将竹子的特征、习性与周围发生的现象联系起来，引申出新的概念。而在中国广大的亚热带地区，竹子是一种具有很高经济价值的普通植物，为人们的食、住、行、用提供来源，并且还是一些珍贵动物（如大熊猫）的主要食源，因此，人们不仅对竹子的形态、特性及功用非常熟悉，而且还形成了对竹子的种植、保护、利用的系统知识，在与竹子发生互动的生产生活实践中也自然引发了许多丰富的想象，并将这些想象与其他范畴联系起来，表达各种各样的思想、感情以及对客观世界的描述，从而使 "竹" 词转移产生出许多其他 "非植物" 概念的词义，如：（1）指竹简；（2）表示一种草名；（3）指用竹子做成的器物；（4）指一种竹制的儿童玩具；（5）表示一种亲密关系；（6）比喻有气节的人；（7）指竹子摆动；（8）指一种乐器；（9）指用竹子做的建筑材料；（10）姓氏，等等。这说明，语言的产生离不开词语取象物的地理环境和语言使用人的生活生产方式，植物词的转义是基于本义之上的，没有了自己民族地域的本义取象源，外来词、借用词的转义就是 "皮之不存，毛将焉附"？

汉语中的 "花" 和 "刺" 转义数量分别大大高于英语中 "flower/blossom/bloom" 和 "thorn"。我们认为，这一语言现象主要是汉英两个民族审美观、思维方式和价值取向的差异导致的。植物"花"和"刺"无论在英伦三岛还是在九州大地，两者的外部形态都差异明显，前者色彩艳丽、芳香迷人，后者颜色丑暗、形状尖锐、容易伤人。英语民族对这两种对比明显的植物都没有表现出过多的关注和想象，故"花"和"刺"的转义数量与其他植物词区别不大。英语中"花（flower/blossom/bloom）"的常见转义有：（1）特指某一种花；（2）各种各样的花草；（3）植物开花；（4）盛时；（5）使开花；（6）发育，成熟；（7）繁荣；（8）开完花结果实；（9）喻指精华，精英；（10）颜色或种类缤纷无比；（11）兴旺发达；（12）出现；（13）发展成；（14）姓氏。汉语中"花"的常见转义有：（1）特指某一种花；（2）种子植物的繁殖器官；（3）植物开花；（4）形状像花朵的东西；（5）颜色或种类错杂；（6）色彩缤纷，繁华；（7）风流浪荡；（8）喻指美丽；（9）烟火的一种；（10）受伤；（11）喻指女子；（12）喻指精华；（13）模糊不清；（14）虚伪，可以迷惑人；（15）支出金钱；（16）用掉时间；（17）地名；（18）姓氏。两相比较，在词义引申方式上，英语比汉语更具客观性，汉语"花"基于对花形、花色、花容的视觉感受产生的联想比英语"flower/blossom/bloom"三个词都多，显示出认识的主观性更大。英语中"thorn"的常见转义有：（1）有刺植物；（2）恼人的事；（3）恼人的人；（4）针；（5）一种锥子；（6）痛苦；（7）热带干旱的；（8）外表针锥形状的；（9）地名；（10）姓氏。汉语中"刺"的常见转义有：（1）尖利如针之物；（2）名帖；（3）兵器的锋刃；（4）旁边；（5）装在枪口上的一种钢刀；（6）遇事刁难，不好对付的人；（7）声音或话语使人听着不舒服的；（8）说话刻薄的；（9）寒气侵人入骨的，形容极其寒冷；（10）外界事物作用于生物体，使事物起积极变化；（11）使精神受到某种影响；（12）进行暗杀；（13）扎孔；（14）用尖物戳；（15）使人产生刺痛感；（16）暗中侦察、探听；（17）光线过强，使眼睛感到不舒服。不难看出，汉语"刺"的引申义很多都是基于对被刺刺痛后所产生的心理感受，因"痛"、"难受"而产生的联想比英语丰富得多，而英语中"thorn"的转义基本上是建立在植物本身的自然属性范围内，由此可以推测，英语族人将在生产生活中被刺刺痛这样的经历看作是客观自然的事，而没有让他们产生更多脱离自然的主观认识或主观想象，也说明在词义引申方式上，英语比汉语更加基于事物的客观性。

　　"茎"和"枝"的转义数量在英语中分别是 24 和 18，在汉语中分别为 6 和 10，英语的转义数比汉语的高出很多。从植物各个局部成分的分工来看，与"花"和"刺"相比，"茎"和"枝"在整株植物体中的位置形象往往不显眼、不突出，但承担支撑起整株植物的任务，作用不同于其他部分。英语中的"茎"和"枝"转义数量大于汉语，说明英语民族在观察、判断他人或事物时，更注重其内容，而非外在表象。"花"和"刺"的转义数量在英语中分别是 36 和 14，在汉语中分别为 82 和 45，汉语的转义数比英语的高出很多，与"茎"和"枝"相比，"花"和"刺"在整株植物体中的形象、特征刚好形成两个极端，一个美丽突出、惹人喜爱，一个难看隐蔽、令人厌弃，汉语中的"花"和"刺"转义数量大于英语，说明汉语族人在观察、判断他人或事物时，往往更注重其外在表象，讲究形式性，而忽视内容的实在性和内涵的丰富性，在趋附高贵美好的人或事、鞭笞麻烦不好的人或事的心理倾向方面比英民族人更明显。

　　检索还发现，英语植物词名转动数量高于汉语，体现在两方面：一是英语植物词发生名转动的词语数量比汉语多，即名动转类的词语覆盖面比汉语植物词语宽；二是单个英语植物词语名转动的转义数量比汉语多。说明英民族在事物概念隐喻化过程中较多地借用已有的植物词来进行形式表征，而汉民族则相对较多地使用新的词语形式来表征。

第 六 章
概念隐喻下的英汉特称植物名对比

我们从第五章了解了"概念隐喻"和"植物隐喻"的区别，对英汉植物概念隐喻的共性、个性及英汉植物词汇词义的范畴化、转义现象有了较为清晰的印象。本章将以特称植物名为语料，论证植物概念隐喻视角下植物命名的"拟人化"、"拟动物化"和"拟器物化"三种模式，对比分析隐喻化形成的英汉植物名词义理据的细微异同，揭示理据异同背后的民族传统文化印迹。

植物，作为早于动物而存在的生物，为人类和动物提供食物来源、生存庇护。同时作为生态系统的重要组成部分，在与其他生命形式相辅相成、互动变化的过程中，植物不仅是最主要的物质资源，而且还是人类精神活动、语言创新的具象源。我国和英国历史上都是以农耕为主的国家，植物与两国人民的生产生活密不可分。这种特点反映在语言上，就是英汉语言中以植物为喻体的隐喻非常普遍。除了共有"人是植物（PEOPLE ARE PLANTS）"、"思想是植物（IDEAS ARE PLANTS）"、"爱是植物（LOVE IS PLANT）"、"生命是植物（LIFE IS PLANT）"等常见的植物概念隐喻之外，还有许多以植物喻其他具体事物、以植物喻事件、以植物喻抽象的精神活动等隐喻，也为英汉语所共有。

Lakoff 和 Turner（1989）基于对整个生态系统的观察，提出"存在物关系链（The Great Chain of Being）"的隐喻概念，深刻阐述了植物与上帝、人、动物和无机物共同存在、互为系统的极端重要性。这个大关系链由宇宙间概念的特征和行为来确定层级。Krzeszowski（1997：68）在价值论语义学中将其图示为：

GOD

HUMANS

ANIMALS

PLANTS

INORGANIC THINGS

基于大链条圈内的这五个层级，Krzeszowski（1997：161）通过向上和向下层级的扩展映射，进一步归纳出 20 个概念隐喻，它们是：（1）GOD IS A HUMAN BEING；（2）GOD IS AN ANIMAL；（3）GOD IS A PLANT；（4）GOD IS A THING；（5）A HUMAN BEING IS A THING；（6）A HUAMN BEING IS A PLANT；（7）A THING IS A HUMAN BEING；（8）AN ANIMAL IS A PLANT；（9）AN ANIMAL IS A THING；（10）A PLANT IS A THING；（11）A THING IS A PLANT；（12）A THING IS AN ANIMAL；（13）A THING IS A HUMAN BEING；（14）A THING IS（A）GOD；（15）A PLANT IS AN ANIMAL；（16）A PLANT IS A HUMAN BEING；（17）A PLANT IS（A）GOD；（18）AN ANIMAL IS A HUAMN BEING；（19）AN ANIMAL IS（A）GOD；（20）A HUMAN BEING IS（A）GOD。这 20 个概念隐喻既是英语语言中各种隐喻概念的源头概念隐喻，又是生态系统存在关系链在人类思维理念上的生动反映，其中，植物概念隐喻有 8 个，它们分别是：（3）GOD IS A PLANT；（6）A HUAMN BEING IS A PLANT；（8）AN ANIMAL IS A PLANT；（10）A PLANT IS A THING；（11）A THING IS A PLANT；（15）A PLANT IS AN ANIMAL；（16）A PLANT IS A HUMAN BEING；（17）A PLANT IS（A）GOD。我们按照这 8 个植物概念隐喻相互间在意义上具有的临近性进行重新配对，获得四组概念隐喻。组合后的四组概念隐喻实际上在汉语中都有直接或间接的对应隐喻表达，隐喻概念的直接性与间接性受制于民族文化的异同性。

首先看第一组。英语概念隐喻"上帝是植物"和"植物是上帝"在现有的汉语表达中缺乏直接对应的隐喻表达来支撑，这显然与汉语文化中没有"上帝"的概念有关。尽管在具体的语言表达中，"上帝"与"植物"或"植物"与"上帝"两个概念没有形成直接的跨域映射，但由于中国文化中存在与西方文化中的"上帝"概念相似的"神仙"、"神"、"精灵"、"圣"等概念，所以"植物"与各类"神"之间的跨域映射在汉语中比比皆是。于是，宇宙"大关系链"中"植物"与"神"便以具体隐喻概念形式直接反映在汉语语言中，表达和昭示"植物是神"、"神是植物"的隐喻概念。例如，"还魂草"、"罗汉果"、"仙鹤草"、"避邪树"、"花仙子"、"树神"、"槐树精"、"茶圣"、"樟树娘"等。此外，在中国许多地区的民俗中，人们习惯以具有特色的"树"、"树根"、"花"、

"草"等作为图腾，一代一代沿袭对植物的崇拜与敬畏。这实际上是"植物是神"在生活中的具体表现，只是目前在汉语中还没有提炼出直接的隐喻表达。

其次看第二组。英语概念隐喻"人是植物"和"植物是人"在汉语中存在大量直接性对应表达。尽管是直接性对应，但英汉语在源概念植物喻体的选用和目标概念"人"本体的具体指向上还是有显性或隐性的细微区别。比如，在"人是植物"的概念隐喻下，英语用"rose"、"apple"、"lily"、"pumpkin"、"potato"、"oats"等来隐喻"人"；而汉语习惯用"松"、"竹"、"梅"、"兰"、"芙蓉"等植物隐喻"人"。虽然汉语中属于"人是植物"概念隐喻的固定表达并不多，但存在大量可根据语境灵活使用的植物隐喻，例如："培育小树苗，如同育人，要精心呵护"、"小草也有生命，请勿践踏"、"老牛吃嫩草"、"草根"、"草莓族"、"君子兰"、"脑袋瓜"等；英语里则无与之相应的隐喻。在"植物是人"的概念隐喻下，英语中有"blush wort"、"baby's breath"、"bachelor's button"、"onion"、"grass"等，汉语中有"佛手瓜、手掌花、赤脚草、人心果、美人蕉"等，英汉语都将人的形态、行为等特征与植物联系起来，凸显大连环系统里"植物"与"人"互为一体的"存在"理念。比较而言，"人是植物"在英语中的隐喻表达更具显性，有诸如"HUMAN IS A PLANT"这样的直接语言形式，而在汉语中的表达则更具隐性，一般不直接说出"人是植物"；"植物是人"在英汉语中都可以直接作为具体的句子在语境中使用。简之，英汉语都有大量表示"人是植物"和"植物是人"概念隐喻的语言形式，但在具体隐喻表达及喻体与本体概念的对应映射上并不完全一致。

再次看第三组。概念隐喻"动物是植物"和"植物是动物"在英汉语中也都有相当比例的表现，其中很多是词汇化了的动物名和植物名。同样，在具体的喻体选择和本体概念指向上，英汉语有同有异。相同点为借用动物名指称植物、借用植物名指称动物；不同点为植物喻体和动物喻体存在差异，并非一一对应。比如，在"动物是植物"概念隐喻下，英语中的"bean goose、woodpecker、blossom-headed parakeet、bush warbler、grass owl、dark wood owl、poppy cock、chestnut bunting"等含有"植物"的动物名在汉语里没有相应一致的名称；汉语中的"花蝴蝶、花狐狸、草狗、草猪、草鱼、花生鼠、梅花鹿、果子狸、松鹤、水竹蛇"等常见的动物名在英语里也找不到自然形成、"名—义"对应的动物名。"植物是动物"的概念隐喻也有一定的差别，例如，英语中的植物名"bear-wood（熊—木）、bird's-foot trefoil（鸟脚—花）、crowfoot（乌鸦脚—草）、tiger nut（老虎—栗）、cat-tail（猫尾巴—草）"在汉语中为"药鼠李、牛角花、老鹳草、地栗、蒲菜"，英汉语植物本体一致，但所用动物喻体互不相同；再如，汉语中的"杜鹃花、老鼠簕、鸡血藤"在英语中为"a-zalea、acanthus、millettia"，也完全没有了"动物"的影子。英汉语差别在含有植物隐喻的动物名中表现尤其明显。究其原因，除了文化心理差异和英汉两国动植物种类分布差异外，主要还是两地人们在了解、开发动植物的可食性和可用性的程度上存在差异。

最后看第四组。概念隐喻"植物是事"和"事是植物"在英汉语中也都有一定数量的对应表达，语言形式表现为词汇化了的植物名和固定语。不过，具体的喻体选择和本体概念指向在英汉语言中存在较大差异。在"植物是事"概念隐喻下，英语中有"angel's trumpet、arrow wood、snow pea、butter bean、bottlebrush、Chinese pagoda tree、Chinese water pine、morning glory、pepper caster、catchfly"等隐喻性植物名；汉语中有"雪里蕻、胭脂菜、喇叭草、净瓶花、四季豆、长裙竹荪、短裙竹荪、金针菇、蛋黄果、文旦"等隐喻性植物名，尽管喻体中存在"箭"、"雪"、"瓶"、"喇叭"等相同概念的"物"，但具体本体喻体对应一致、隐喻概念相互完全对等的"事"或"物"，几乎没有。在"事是植物"概念隐喻下，英语中的隐喻表达有"apple of discord、stick and carrot"、"a rolling stone gathers no moss"、"as you sow，so will you reap"、"great oaks from lit-tle acorns grow"、"can't see the woods for the trees"、"a good tree is a good shelter"、"sour grapes"、"cut the Gordian knot"等；汉语中有"打草惊蛇"、"栽下梧桐树，不愁凤凰来"、"一根筷子吃藕——挑眼"、"小葱拌豆腐——清白"、"失之东隅，收之桑榆"、"百花齐放"、"斩草除根"、"根深蒂固"、"捡了芝麻，丢了西瓜"、"瓜熟蒂落"、"树欲静而风不止"等。当然，这些固定的隐喻惯用语已成为日常语言，人们一般已意识不到其中的植物隐喻"词眼"。这种语用现象正好可以说明，在隐喻认知中，人们的思维方式已不自觉地将两种事物相提并论，并以具体事物来理解、体验、谈论抽象的事物，使后者（事/物）似乎具有了前者（植物）的特征，以达到系统地认识看似杂乱无章的世界的目的，就像 Lakoff（1980）

所言，"我们生活在隐喻之中"。

　　总之，英汉植物概念隐喻的差异归纳起来，有以下几点特征：（1）在英语中呈显性，在汉语中呈隐性，如"人是植物"；（2）英汉语都有涉及宗教习俗的概念隐喻，但英语中以"上帝"作为目标域和始源域，汉语以"神"、"仙"、"圣"、"精灵"等作为目标域和始源域，如"植物是上帝"/"上帝是植物"下的隐喻表达所示，汉语在以信仰喻植物时，取象范围大于英语；以植物喻信仰时，汉民族更多地崇拜植物的神奇性和大自然的神秘性；（3）英汉语中相同的植物概念隐喻下，具体隐喻的取象源和映射目标存在差异，如"动物是植物"/"植物是动物"，"事是植物"/"植物是事"；（4）英语中的植物概念隐喻可直接以隐喻句形式出现在语用中，而汉语中往往以下位层次的隐喻表达形式出现；（5）在以动物概念映射植物概念时，英语多选择野生动物，如"熊、鸟"等作为源域，而汉语多以家养动物，如"鸡、狗、猪"等。尽管两种语言分属完全不同的语系，在语音、文字及语法表现上存在相当大的差异，但借助身边熟悉的概念（人、动物、神等）来认识植物，或借助已知的植物概念来认识其他概念（人、动物、神等），是英汉民族在各自的地域和社会环境中与植物互动的共同方式，通过分析英汉植物概念隐喻的投射模式、两域内容和语言表现形式上的异同，我们认为，之所以存在相同的方面，是由于：（1）人类相同的身体经验和心理基础；（2）两地的植物在外形、生长规律、整体特征上具有共同属性；（3）英汉两个民族早期的生活、生产活动都与植物密切相连，植物是英汉先民生息繁衍、认识自然的重要对象，是生存环境中的重要物质。而英汉植物概念隐喻及其下位层次的植物隐喻表达表现出来的差异，则主要是由于：（1）不同的地域环境及栖息其上的不同植物种类；（2）不同的思维方式；（3）不同的审美标准；（4）社会宗教习俗、图腾信仰不同；（5）对待自然物质的不同价值取向。

　　人类的认知和信息处理机制具有共性，这是整体隐喻思维具有共性的基础，英语和汉语中的某些植物隐喻概念的重合现象（相同点）是人类认知共性的反映和体现。重合的植物隐喻，我们只需依据其上属的概念隐喻，稍加了解，即可在翻译和跨文化交际中获得理解和对应表达。而对于英汉语中数量更多的不同的植物隐喻喻体及本体概念指向（相异点），还需要我们具备"慧眼"，在实际阅读和运用中强化意识、多加留心，将语言与文化联系起来，才能全面正确地理解两种语言文化中隐喻理据的区别。

为了深入探究相同概念隐喻下英汉植物词汇词义理据的异同和导致差异的根源，我们按照"植物是人"、"植物是动物"和"植物是物"三种类型，从 *The Timber Press Dictionary of Plant Names*（Coombes，2009）和《植物名实图考校释》[（清）吴其濬原著、张瑞贤等校释，2008] 中穷尽搜集出所收录的代表这三种概念隐喻的英汉隐喻植物名，在对语料进行归类、统计的基础上，探讨英汉植物命名"拟人化"、"拟动物化"和"拟器物化"的语言表现，分析对比三种认知模式下英汉植物名词义特征及其文化理据之异同。

第一节　"拟人化"植物名对比

根据认知语言学中的概念隐喻理论，隐喻本质上是一种概念性的认知手段，其实现途径是语义从一个概念域（源域）被投射到另一个概念域（靶域），形成新的语义结构；隐喻反映了人类以一事物来思考和识解另一事物的认知能力；在概念隐喻系统中，一个经验域被用于理解另一个经验域，因此，含有隐喻的语言表达揭示了概念隐喻的存在（Lakoff & Johnson，1980；Taylor，2002；Kovecses，2010）。很多植物概念是通过隐喻获取的，其分类和命名通过隐喻形成。植物名不仅反映出植物的形态、色泽、气味、习性、功用、生长地域等特征，而且"富有很浓的文化色彩，能显示出某一地域某一时期人类的文化、心理以及社会生活特征"（刘辰诞，1995），是语言中的常用词汇。复合式特称植物名在形态上往往由两个或两个以上的简单词组合而成，并通过隐喻形成概念，其词义理据折射出命名者如何运用他物（经验）来描述所观察植物的原始轨迹，属于典型的隐喻词。例如"bloodroot（血根草）、kidney beans（芸豆）、ribwort（车前草）、白头草、舌叶花、腰豆"等，这些复合型名词都是通过隐喻思维把原本没有任何关系的、分属两个不同概念范畴的事物联系起来形成新的具体植物概念而成，在语言表现上属于"喻体 + 本体"的隐喻形式，喻体为"人"，本体为"植物"。

对于"人是植物"概念隐喻下的隐喻表达，除了上节提及的少量例词之外，很多学者还专门进行过较深入、彻底的研究（如 Lai & Ahrens，2001；Hsieh & Elena，2007；Esenova，2007；安志伟，2009；张喆，

2012)，而对于"植物是人"概念隐喻下的隐喻词汇化研究，尤其是基于英汉植物名语料的专门研究，目前尚未见述。实际上，英汉植物名中的"人"概念表现活跃，产生了诸多的"'人'名 + 植物名"的隐喻名称，如"finger lime、hair grass、人面竹、指甲花"等。本节所考察的植物名指复合形式的英汉特称植物名。

一　"拟人化"隐喻植物名的形成

依据"近取诸身，远取诸物"的人类认知顺序，植物范畴属于仅次于人体、动物的基本等级范畴，植物名经由人体词、动物词扩展、隐喻化而成，如"hair grass（线状草）、bear's-foot（熊掌花）、人心果、鹅掌草"等。束定芳（2000：54—55）认为，语言中一般有四种常见的隐喻：（1）拟人化隐喻；（2）动物隐喻；（3）从具体到抽象；（4）通感隐喻。这四种常见的隐喻实际上就是四种认知途径，通过这四种认知途径，人类把已知的概念映射到未知的概念上，再用已有的语言词汇来描述或指称或刚刚认识或开始熟悉的事物。"拟人化隐喻"在植物认知和分类中得到了很好的运用。植物隐喻命名的实质就是通过非植物的事物（其他事物）来理解和体验植物这一事物。其他事物和植物彼此关联、相互共生于"存在大连环（the Great Chain of Being）"（Lakoff & Turner，1989：166）这一世界中。"'存在大连环'是关于各种存在形式（人类、动物、植物、无生命物体）和其属性（理性、本能行为、生物功能、物理或身体属性）的一种文化模式。"（Lakoff & Turner，1989：167）该文化模式依据宇宙间概念的特征和行为来为世界存在物进行层级排序，让人在了解自身或他物时，将各种存在形式一并考虑，实质上是倡导一种"万物相连"的生态理念。束定芳（2000：216）认为，对"存在大连环"的基本理解涉及人与其他低级存在形式的关系。Krzeszowski（1997：68，161）将"大连环"上的存在物划分为上帝、人、动物、植物和无生命物五个层级，并通过向上和向下层级的扩展映射，进一步归纳出 20 个概念隐喻，其中涉及"植物"与"人"存在关系的概念隐喻有 2 个，它们是"人是植物（A HUAMN BEING IS A PLANT）"和"植物是人（A PLANT IS A HUMAN BEING）"。概念隐喻"人是植物"在语言上涵盖各种"植物"映射"人"的隐喻表达，如"couch potato、grass roots、校花、班草"等，是将人"拟植物化"；概念隐喻"植物是人"主要涵盖"人"映射"植物"

的隐喻植物名，如 "ribwort、liverwort、人参、乳茄" 等，属于典型的 "拟人化" 隐喻。我们之所以能将 "人" 概念与 "植物" 概念联系起来 "拟人化" 命名植物，除了人类 "以身喻物（embodiment）" 的认知方式，还因为 "存在大连环" 文化模式的影响。因此，"拟人化" 植物名实质上就是 "存在大连环" 文化模式下的 "植物是他物" 隐喻映射中的一种。

统计属于 "拟人化" 的植物名，我们从英语词典中获取 97 个，从汉语词典中获取 94 个，去除其中重复的，最后得到英汉语复合植物名各 90 个。

二　英汉 "拟人化" 植物名词义特征的共性

植物隐喻是植物外形及其组成部分通过人的想象联系的结果（Rastall，1996）。英汉语中都存在颇多 "人" 映射植物的特称植物名，其表现形式有两种：一种是 "种名（人体名）＋属名（植物类名）" 的复合名词；另一种是 "属名（植物类名）" 不出现、"种名" 为描述人体的复合词，其投射路径都是从源域 "人" 指向靶域植物。在我们搜集统计的英汉语各 90 个 "人喻植物" 的常用复合植物名中，9 种类型的投射是英汉语所共享的，1 种为英语所特有，3 种为汉语所特有。二者共享了大多数源域 "人" 概念，在整体上表现出 "同异并存"、"同大于异" 的现象。对英汉民族来说，生活环境中的植物已不再是单纯生物意义上的存在物，而是具有 "人" 的特征的存在物，它具有人的形貌、器官和组织，是人的生活用品和神话中的 "人"、拥有亲属关系、表现出人的特定状态、可以像人一样被称谓等，反映出人类认知植物过程中的 "拟人化" 倾向。英汉 "拟人化" 隐喻植物名的跨域映射共性主要表现在以下几个方面：

（一）源域是外部身体器官

在认知植物的过程中，首先进入眼帘的是其形态、颜色等外部特征，因此，命名者自然将植物的外部特征与人的某些外部特征联系起来，以人的头部形象、外貌形状、手足四肢等映射植物的外部形象，创新形成表达植物概念的名词，例如：英语中的 "maiden hair fern、ear drops、eyebright、lady's tresses、mouth-smart、lady's finger、blue beard、Jew's ear、woman's tongue、bearded iris" 等；汉语中的 "白头翁花、黑头草、赤脚草、人面竹、大头蒜、凹唇姜、独脚莲、合掌草、佛手瓜、手掌花、指甲花、发菜、口蘑、眉豆、舌状花、耳朵草" 等。

虽然在概念层面上英汉语都有"人的外部器官喻植物"这一投射，但具体在器官的选取范围及对其特征的关注方面，两者之间还是存在着一定的差异。主要表现为，英语植物名选取外部器官词的范围小于汉语，对外部器官特征的关注度、熟悉度低于汉语。英语植物名中，仅有"发、眼、口、须、耳、舌、指"等词，而在汉语植物名中，既有"头、脸（面）、眉、唇、发、口、舌、耳"等表达头部形象的词，也有"手、脚、掌、指（甲）"等表达四肢的词，取象范围几乎包括了所有的外部身体器官和组织。显然，英语的取象范围没有汉语的广。此外，英语植物名中，器官词前虽然冠有修饰限定词，但主要是"人"的所有格，主观态度或感情色彩较弱，如"lady's（tresses）、woman's（tongue）"；而汉语植物名中，大多存在器官词前加修饰性形容词的现象，反映出较强的主观态度或感情色彩，如"赤（脚草）、独（脚莲）、黑（头草）、凹（唇姜）"。

（二）源域是内部身体组织或器官

基于对植物功用的体验，英汉民族还透过植物的外部特征，进一步把人体内部组织或器官的各种状态及伤害和康复体验喻为植物，例如：英语中的"blackheart、ribwort、liverwort、bleeding-heart、floating heart、kidney beans、bloodroot、blood flower"等；汉语中的"散血草、接骨草、透骨草、硬骨草、断肠草、人心果、见血封喉草"等。虽然同样是用人体内部组织、器官喻植物，显然，英语名注重植物的颜色、形状与人体的相似性，汉语名则突显植物对人体的药用价值。这是因为英国是海洋和畜牧大国，人体医治主要依靠西医，人们对植物的药用价值较少关注，因此，英语植物名中的"人"概念多表现为组织或器官的直接描写。而中国自古就是一个农耕为主的国家，人们平时在生活中习惯关注植物的药用功效，植物的药用历史悠久，在语言上与人体伤害及治疗有关的概念自然更容易映射在植物概念中。

（三）源域是特殊人群的形貌

在人的世界，某类特殊人群的形貌或身体器官总是受到较高的社会关注，自然界有些植物形象特殊，留给人的印象非常深刻，就像社会中的某些特殊人群。因此英汉民族便用显著度较高的外形面貌或身体器官来喻指植物，例如：英语中的"baby rose（婴儿蔷薇——野蔷薇）、dwarf pine（矮人松—欧洲山松）、bachelor's button（光棍的纽扣——矢车菊）、

beggar's ticks（乞丐身上的虱子——鬼针草）"等；汉语中的"虞美人花、和尚头花、和尚头草、美女樱、美人蕉、矮脚三郎、红孩儿、红小姐"等。显然，英语将关注点放在人的衣物配件或人身上的寄生物上，而汉语则对人的外部特征或整体形貌关注更多。这可能与中国古代衣服不用纽扣，从而缺乏纽扣的具象有关。另外，在中国古代社会，乞丐的群体较大，各地都有形成帮派的乞丐组织，所以人们并不歧视乞丐，自然对乞丐身上的寄生物不会予以特别关注，故无法获得附在他们身上令人讨厌的"虱子"这一具象。目前掌握的植物名语料里尚未发现与英语对应的"纽扣"、"虱子"喻体。

（四）源域是人名

人名是人的社会符号，人的性格特点、职业声望、品行名誉及某个方面的擅长等共同构成了人的社会形象，故人名就是"人"本身，中外莫不如此。因此，英汉民族都将人名隐喻植物，例如：英语中的"St John's wort（圣约翰草——金丝桃）、flower-de-luce（路易斯花——鸢尾花）、Benjamin tree（本杰明树——避邪树）、Benjamin fig（本杰明无花果树——垂叶榕）、Armand pine（阿曼德松树——白松）、Henry maple（亨利槭树——三叶槭）、Jimson weed（吉姆森草——曼陀罗草）"等；汉语中的"祁婆藤、湘妃竹、柏乐树、刘海节菊、徐长卿（草）、刘寄奴（草）、何首乌草、杜仲、陆英、张天刚"等。值得注意的是，表达亲族来源的"姓氏"虽然并不指代人的社会形象，但在汉语植物名中也被当作某一类人投射到植物中，如"诸葛草、公孙树"等。这可能与中国长期的帝王统治有关，在中国传统文化里，一个人的姓氏常常暗示着其社会地位、社会关系，"赐姓"就是古代帝王嘉奖有功臣民的重要方式。

（五）源域是人的生活用品

人的物理存在体现在生活起居中。衣着饰件等生活用品在客观上也是人的符号，与人的心理倾向、经济条件、品位追求及社会年代等密切相关，因此，英汉民族在认知植物的过程中都将人的生活用品用作类比来源，以突显被命名植物的特色。例如：英语中的"cup and saucer vine、cup flower、lady's slipper、lady's mantle、lady's nightcap、lady's purse、lady's tobacco、prince's feather、monkshood、needle grass、old wife's darning-needles、lady's white petticoat、Harry Lauder's Walking Stick、Jacob's ladder、Joseph's coat、Adam's cup、Adam's needle and thread"等；汉语中的"马

褂木、马褂草、绣花针、铁马鞭、铁扫帚、喇叭花、楼梯草、小银茶匙"等。英汉植物名中的"生活用品"来源面都较广，包括了室内外家庭用品及服饰类用品，两者之间的细微差异表现为：英语在描述"源域"的使用功能的同时，更注重使用者的姓名、性别及社会身份，而对物品的外部形状、表面颜色、材料属性描述较弱，如 "lady's slipper、prince's feather、monkshood、old wife's darning-needles"；汉语则比较注重"源域"的外部形状、表面颜色、材料属性和使用功能，如"马褂（木）、绣花（针）、喇叭（花）、铁（马鞭）、小/银（茶匙）"。

（六）源域是人的某个特定时刻的状态或对某一类人的评价

人在某个特定时刻的状态、对某一类人的评价等也是"人"的形象的反映。描述人、评价人的状态自然附有一定的感情色彩，英汉民族也将这种带有感情色彩和主观态度的对人的描述、评价投射到一些植物上，使得所命名的植物形象生动、逼真如人。例如：英语中的 "busy Lizzie（忙碌的莉齐——凤仙花）、black-eyed Susan（黑眼苏珊——多毛金光菊）、baby's breath（婴儿的呼气——满天星）、baby's tears（婴儿的眼泪——绿珠草）、blush wort（脸红草——口红花）、dusty miller（满身灰尘的碾磨工——雪叶莲）、naked boys（裸身男孩——秋水仙）、widow's tears（寡妇泪花/孀泪花——鸭跖草）"等；汉语中的"含羞草、急性子、王不留行、笑靥花、醉仙翁草"等；尽管都是对人的评价，但英语名中的"源域"描述更为具体、细致，评价的客观性显得更强，而汉语名中的"源域"描述更为抽象，评价的主观性显得更强。

（七）源域是人际关系

人总是生活在各种关系中，人与人之间，亲属是主要的社会关系。有些植物实体之间的生长就像人际的亲属关系。因此，英汉民族都有以"家人、亲属称谓"或与此相当的描述喻指植物的现象。例如：英语中的 "mother wort、mother-in-law's tongue、granny's bonnet"等，汉语中的"女儿茶、女儿花、女儿红、红姑娘果、姑婆芋、慈姑花、子孙球、七姊妹花、九子不离母"等。除了与有血缘关系的亲友进行家族交往之外，"人"的动态存在还体现在社会交往之中，而社会交往离不开社会关系称谓，社会关系反映出人与人之间的角色与权势关系，传递出尊敬或轻视等感情色彩。例如：英语中的 "butcher's broom、lords and ladies、the mournful-widow、dame's violet、dame wort、bride wort、governor's plum、king's crown、princess palm"等，汉语中的"文林郎果、文官果、虞美人花、君子兰、越王头、使君子"等。英汉语名中都有面称词和背称词。不过，中国传统文化注重社会等级，讲究人际间的礼貌、尊敬，汉语的社会关系称谓比英语的复杂得多，用在喻指植物上也要丰富得多。

（八）源域是神话中的"人"

中西方文化各自都有自己的神话故事和民间传说，其中的人物形象实际上是人的化身，在具有超凡力量的同时，也具有人的性格和特征，因此，英汉民族都将神话故事和民间传说中的人物隐喻投射在植物上。例如：英语中的"angel's wing、Judas tree、Venus's hair、Venus's cup、Aaron's blood、Aaron's beard、fairy lily、Solomon's seal"等；汉语中的"观音莲、罗汉竹、罗汉豆、罗汉松、凤仙花、八仙花、玉皇李、仙客来花"等；居于"存在大连环"五大层级之首的是"上帝"、之次的是"人"，而"上帝"实际上又是以"人"为原型的，是人的化身，因此，英汉语都有以"上帝"、"神仙"喻指植物的表现。另外，植物名"ghost tree"、"ghost weed"、"ghost orchid"、"鬼针草"、"鬼点灯"、"鬼箭树"中的"鬼（ghost）"，在西方的"幽灵"文化、东方的鬼神文化中也属于"人"概念，其隐喻映射可以归入此类。

（九）源域是寄寓美好愿望的"人"

人们对幸福有共同的追求心理，中西方文化都希望亲人后代健康无忧、爱情温馨甜蜜、友情持续长久，这种人类共有的心理也反映在对植物的认知命名中，即将所寄寓美好愿望的对象喻作植物，例如：英语中的"forget-me-not、touch-me-not、kiss-me-over-the-garden-gate、love charm、love grass、love-in-a-mist"等；汉语中的"无忧树、相思树、无患子、勿忘我"等；略有不同的是，英语侧重于自己个人的甜蜜幸福，汉语侧重于家人后代的平安幸福。

三 英汉"拟人化"植物名词义特征的个性

基于人类共同的感知器官，英汉民族在命名植物时虽然持有相同的"拟人化"认知路径，创设出诸多相同的隐喻投射，但由于民族文化背景、生态观念、地域面貌及植物种类的差异，"植物是人"概念隐喻下所表现的隐喻投射在英汉语之间也存在诸多差异。

（一）英语特有的"人"隐喻

1. 源域是"魔鬼"的概念

有些植物的形状、颜色、性态、滋味等外部属性较为奇特，难以在"人"的真实形象和现实生活中找到与之匹配的对应概念，于是，英民族便用较为模糊的"人"形象——现实中不存在、概念中存在的"魔鬼"来映射此类不易准确把握其外部属性的植物，如"devil's bit、devil's milk、devil's tongue、devil's club、devil's wood、devil's ivy、devil's head in a bush"等。汉语中与此类映射较为接近的植物名是"鬼针草"、"鬼点灯"，但在词义上，汉语的"鬼"相当于英语的"ghost"，而不是"devil"，因此，源域是"魔鬼"的概念是英语植物名中的特有现象。

（二）汉语特有的"人"隐喻

1. 源域是不外露的身体器官

对于人的外部身体，除了日常裸露在外的器官外，还有一部分属于身体隐私、一般在社会生活中是不外露的。西方文化一贯注重保护隐私，忌讳提及个人不外露的身体部位，而中国传统文化似乎没有"隐私权"这个概念，人们在日常交往中比较无视自己或他人的隐私（杜学增，1999：205—206）。因此，汉民族也将不外露的人体器官或组织用来喻指植物，如"腰果、乳茄、奶树、粉乳果、脐橙"等，英语中则相当少见。

2. 源域是人的表情、行为

"人"的情感通过各种各样的行为动作表达出来，人的性格特点反映在表情和举止中，基于对"人"的这一特性的认知，人们便用人的表情、行为来喻植物，如"扶郎花、合欢树、买子果、含羞草、含笑草、睡莲、怕痒花"等。英语中此类隐喻植物名较为罕见，"植物与人类性格的映射关系，汉语较英语多见"（陈映戎，2012：41）。

3. 源域是医治人体的概念

汉语植物名中有些"源域"是治疗人体器官或组织的概念，如"救命王、散血草、接骨草、透骨草、硬骨草、九死还魂草"等。这是汉语中医文化传统在植物命名中的具体反映，也是古代中国人认识植物、使用草药去除病痛的语言记录。西方国家广泛信奉和使用西医，直接表达治疗人体功效的隐喻植物名在英语中较为少见。

基于目前已有的语料，尚未在英语复合植物名中发现更多汉语中空缺的"人"概念映射的喻体。

四 "人喻植物" 植物名词义理据的哲学思考

人类对世界万物进行认知、命名是通过范畴化实现的。范畴化（Jackendoff，1985；Ungerer & Schmid，2008；钱冠连，2001；王寅，2007）是人类运用语言符号对周围世界进行分类、让客观实体和抽象存在物具有词汇意义（能指）的概念认知活动。具体在植物范畴化中就是植物实体和植物名通过认知概念联结一体，即植物命名遵循"植物实体—概念—植物名"这样一个认知程序。《王阳明集·答季明德》曰："人者，天地万物之心也。"离开了人，世界存在就缺少了认知主体，万物也就毫无概念可言。人是范畴化的实施者，基于"人"概念认知的植物范畴化表现为"植物实体—'人'—（复合）植物名"的方式，"人"是中间概念。

上文英汉语例词中的"拟人化"概念映射都是源于"植物是人"这一概念隐喻，其共同点就是感知植物与人在外部形态上的许多相似点，将植物实体的某个特征与"人"的特征联系起来、借用描述人的概念来命名植物，认知机制是将以"人"为核心的各种朴素认识用来建构植物实体纷繁复杂的概念域，如上面列举的关于"人"外部形貌及特征的观察、关于人体内部器官及组织的定义、关于人及其社会关系的描述、关于人体医治的总结、关于人的特定形态及表情的记录、关于人所寄寓感情愿望的对象、关于人的化身的想象和思考等。植物早于人类而存在，但人类感知植物、形成植物概念是在采摘野果、攀爬树木、种收苗籽等原始的身体经验中获取的。在建立概念系统过程中，人类以自己为中心，把源于身体的各种范畴投射到植物范畴，把自己的体验引申到植物身上（Lakoff，1994：42）。通过整体审视"人"在英汉植物名中的隐喻映射可知，"人"作为源域主要投射到不同实体表现的植物域，就是从人的身体、情感、社会等各种感觉域（即"身"）投向人的外部感觉经验域（即"植物"）。人与植物互为关联，属于非植物范畴的概念（人的形貌、人体器官等）——源域，与属于植物范畴的概念（花、草、根等）——靶域，结合在一起组成新的植物概念，形成一个新的认知方式——（特称复合式）植物名。

但是，"概念化的过程是认知主体心理加工的主观识解过程，这就意味着概念不可能是客观世界的镜像反映，它必定具有较强的主观能动性。

英汉民族在地理环境和文化背景上的差异决定了它们发挥的主观能动性会存在差异"（黄兴运、覃修桂，2010）。"人"概念映射植物概念在英汉语中的表现差异，是英汉民族看待世界、认知植物、理解人与植物关系的社会文化心理不同所致。植物名经由"拟人化"过程形成，既展现出思维的创新、形式的生动，也会让语言使用者在交际中对所指植物的形、色特征产生深刻的印象。由此来看，语言中的植物词之所以广为流传、经久不衰，充满极强的语用生命力，是因为隐喻性命名不仅切合民间植物认知分类的规律，而且概念结构上具有"义—象"共存、文化理据上具有"实至名归"的特征。

第二节　"拟动物化"植物名对比

　　除了人体词之外，动物名也被用来隐喻命名植物，是特称复合型植物名中的重要"源词"（陈晦，2014a）。"在植物名使用的普通语境中，英语复合名往往暗示着隐含的、基于认知原则的复合词组成和短语词汇的基本结构。"（Herman & Moss，2007）英汉植物名中存在着大量属于动物概念的词汇，如英语的"buffalo grass（野牛草）、dove orchid（鸽子兰）"等，汉语的"老鸦蒜、鹅掌草"等，其中的动物名作为喻体，与作为本体的植物泛称名一起形成描述和记录植物概念的特称植物名。可见，英汉语言都有借用动物名来创造植物名的现象，英汉民族都有运用动物隐喻来命名植物的思维习惯。

　　根据 Lakoff & Johnson（1980）的概念隐喻理论，动物概念隐喻属于实体隐喻（ontological metaphor），即用表示动物实体的词语来描述属于另一范畴的事物或概念。Evans（2009a：74）认为，一个词的词汇概念包含两个层面的概要信息：语言内容和概念内容，语言内容表征词的核心信息；概念内容指一个词在认知层面上所激起的语义潜能。据此，某个原本指称动物的普通名词在被用来转指其他非动物范畴的概念时，则表明该词的本义被赋予了隐喻性的意义，其本义与喻义之间的语义联系就是动物隐喻。上文已经讨论过，动物隐喻也是语言中的一种常见隐喻。通过动物隐喻形成的植物名称在语义上具有理据性，且多表现为复合式的隐喻词（Rastall 1996；王珏 2001；蔡基刚 2008；陈晚姑 2008；陈晦 2014b）。

　　因此，植物名中的动物隐喻实际上就是把已知的动物概念映射到植物概念上，用已有的动物词汇来命名或刚刚认识或开始熟悉的植物实体。由于很多动物名本身在结构上就是复合词，所以英汉语都存在含有动物隐喻的植物名在语言形式及字面意义上与动物名交叉、混淆的现象。Lakoff & Turner（1989：1）早就指出，"隐喻如此寻常普通（commonplace），以至于我们常常忽视它们的存在"。尽管如此，只要语言使用者具备一定的语源知识，植物名中的动物喻体依然可以根据其在日常语言中的基本形式进行追溯和窥探。一直以来，国内外语言学界关于动物隐喻的研究几乎都是集中在动物词用来指人的隐喻表达上，这类表达的语义倾向是动物"喻人"，在认知语言学上属于"动物是人（AN ANIMAL IS A HUAMN BE-ING）"（Krzeszowski 1997：161）的概念隐喻，如常见的隐喻词语"藏龙卧虎"、"兔死狐悲"、"a bird's-eye view（鸟瞰）"、"a wolf in sheep cloth-ing（披着羊皮的狼）"等，而对于动物词被用来指称植物的隐喻现象较少有人关注。在Krzeszowski（1997：68，161）依据"存在大连环"归纳、划分出来的20个概念隐喻中，涉及"植物"与"动物"存在关系的2个概念隐喻是"动物是植物（AN ANIMAL IS A PLANT）"和"植物是动物（A PLANT IS AN ANIMAL）"。概念隐喻"动物是植物"在语言上涵盖各种"植物"映射"动物"的隐喻表达，如"grass snake（草蛇）、grass-hopper（草跳虫——蚱蜢）、cabbage butterfly（卷心菜蝴蝶——纹白蝴蝶）、松鸡、叶猴、秧鸡"等，是将动物"拟植物化"；概念隐喻"植物是动物"主要涵盖"动物"映射"植物"的隐喻植物名，如"butterfly orchid（蝴蝶兰）、buckthorn（鹿刺——鼠李棘/沙棘草）、cat mint（猫薄荷）、鸭舌草、鸡儿头苗、老虎刺"等，属于典型的"拟动物化"隐喻。人类能够将"动物"概念与"植物"概念联系起来"拟动物化"命名植物，也是因为"存在大连环"文化模式的影响。因此，"拟动物化"植物名实质上也是Lakoff & Turner（1989）提出的"存在大连环"文化模式下的"植物是动物"概念隐喻的语言表达。

我们从上述两本英汉典籍中找出含动物词的隐喻植物名总数，算出比例，并参照《新编汉英分类词典》（王继同，2005）对动物词的分类，按家畜、虫蛇、野兽、鸟、家禽、鱼等6种类型对其中的动物喻体进行列表、统计、对比其中所含动物喻体的种类和数量，进而加以对比论述。在语料采集和分析过程中也发现，英汉语中的许多植物名虽然在结构形式上是复合词，但实际上并无指称植物概念的词汇化后缀名词，其在形式上复

合，是因为原本作为动物词的词形就是短语式的（phrasal）或合成的
（compound），例如 "adder's-tongue（毒舌草）、buck's beard（鹿胡子草）、
cat's ears（猫儿草）、dog's tail（狗尾草）、狗脊、牛耳朵、水蜈蚣、飞来
鹤" 等。作为名词，它们在外形上并无 "植物" 概念，但在词典中至少
拥有两个义项（①一种动物/动物器官；②一种植物/植物局部部分），语
义上具有一词多义性。蔡龙权（2004）认为，词典记录的一词多义本质
上是被隐喻化语词的义项，实体词和常用词倾向被隐喻化，隐喻化的语词
意义一旦被词典收录，意味有关隐喻已经消亡。所以，对于动物隐喻化的
植物名，一般语言使用者并不了解其所含隐喻的典型性。

一   英汉 "拟动物化" 植物名中的动物喻体类型及分布

英汉 "拟动物化" 植物名分类列举如下（省略极少数仅有一个喻体
词的植物名）：

1. 含家畜类动物隐喻的植物名：英语有 "beefwood、buffalo grass、
buffalo berry、buffalo nut、bullwort、cow tree、cow-wheat、cowbane、cow-
herb、cowslip、ox-eye、oxtongue、oxeye、oxeye daisy、oxtongue"，"hog pea-
nut、hog plum、hog's fennel、hogweed、pignut、pigweed、sowbread、sow
thistle"，"colt's foot、coltsfoot、mare's tail、horse balm、horse chestnut、horse
gentian、horse radish、horseradish tree、horseshoe vetch、horsetail"，"goat
grass、goat nut、goat's beard、goatweed、goat's rue、lamb's succory、sheep
laurel、sheep's bit"，"dog fennel、dog grass、dog's tail、dog's tooth violet、
dogbane、dogwood、golden dog's tail、hound's tongue"，"cat mint、cat's ears、
cat's tail、pussy-toes"，"rabbitbush" 等；汉语有 "牛尾菜、牛尾草、牛尾
蒿、牛金子、愧牛儿苗、九牛草、牛黄散、金牛草、黑牛筋、牛耳草、牛
耳朵、牛毛松、独牛、牛皮冻、牛皮消、牵牛子、牛鞭草、牛扁、牛奶
子、牛角花、小黑牛"，"猪尾巴苗、猪腰子、猪苓、猪尾草"，"苦马豆、
马齿苋、马芹、马甲子、马蓼、马鞭花、马鞭草、马蹄草、马勃、土马
鬃、马尿花、马尿藤、马兜铃、马接脚、白马骨、铁马鞭、马兰、马樱
丹、马银花、马藤、马椒、马棘"，"淫羊藿、蜀羊泉、羊蹄草、羊矢果、
羊奶子、羊桃、羊踯躅、羊耳蒜、九子羊"，"狗蹄儿、狗舌草、狗掉尾
苗、狗椒、闹狗子、狗筋蔓、狗脊" 等。

2. 含虫蛇类动物隐喻的植物名：英语有 "coral bell、coral drops、cor-

al necklace、coral pea、coral plant、coral tree、coral vine、coral wood、coralroot orchid"，"adder's‐tongue、cobra lily、snake gourd、snake plant、snake wood、snake's head iris、snakeweed、viper's grass"，"dragon arum、dragon flower、dragon tree、dragon's blood palm、dragon's head、dragon's mouth、dragon's teeth"，"spider flower、spider ivy、spider lily、spider plant、spiderwort"，"butterfly bush、butterfly flower、butterfly orchid、buterfly pea"，"frog orchid、frog's lettuce、frogbit、frogfruit、toad lily、toadflax"，"bugbane、bugloss、bugseed、caterpillar fern、caterpillar plant、worm grass、wormwood"，"fleabane、fleawort"，"lizard orchid、lizard's tail"等；汉语有"珊瑚枝"，"蛇含、蛇附子、蛇莓、蛇床子、蛇包五披风、辟虺雷、南蛇藤、蛇果"，"龙爪豆、龙胆草、龙葵、龙牙草、过山龙、贴石龙、五爪金龙、穿山龙、石龙尾、石盘龙、白龙须、黄龙藤、百龙腾、龙头木樨、龙眼、龙柏芽、龙女花"，"蜘蛛抱蛋"，"双蝴蝶、蝴蝶草、金蝴蝶、玉蝶梅、白蝶花、彩蝶"，"蚵蚾菜、癞蛤蟆草"，"冬虫夏草、小虫儿卧草"，"地蜈蚣草、水蜈蚣、蜈蚣草"，"蚊子树、蚊榔树"等。

3. 含野兽类动物隐喻的植物名：英语有"buck's beard、buckthorn、buckwheat、deer grass、deer-grass、elk grass、elk-horn fern、hart-wort、musk-berry、musk orchid、muskroot、musk-weed"，"elephant bush、elephant ears、elephant's apple、elephant's ear、elephant's-ear plant、elephant-wood"，"fox nuts、foxglove、foxglove tree、foxtail grass、foxtail lily、foxtail orchid"，"baboon flower、kiwi fruit、monkey nut、monkey puzzle、monkey-bread tree、monkeyflower"，"hare's ear、hare's ear mustard、hare's foot fern、hare's tail"，"mouse ear、mouse tail、mousetailplant、rat's-tail cactus"，"bear grass、bear's breeches、bearberry"，"leopard lily、leopard plant、leopard's bane"，"tiger flower、tiger grass、tiger jaws"，"hedgehog broom、hedgehog cactus"，"bat flower"，"camel thorn"，"lion's ear"等；汉语有"鹿藿、鹿蹄草、鹿角菜、鹿茸草、鹿衔草、鹿角草"，"象鼻草、象鼻藤、象头花、象牙参、象牙树"，"猕猴桃、虎杖、虎尾草、老虎刺、搜山虎、老虎刺寄生、虎刺树、虎掌花、虎耳草、虎头兰"，"狼头草、狼尾草、狼把草、狼毒花、狼牙草"，"金钱豹草"，"狮子头"，"蝙蝠豆"等。

4. 含鸟类动物隐喻的植物名：英语有"bird of paradise、bird's eye maple、bird's eye bush、bird's foot、bird-foot trefoil、bird's nest、bird's nest

orchid、bird's-nest bromeliad、bird's foot trefoil","swan orchid、swan river daisy、swan river pea","crowberry、crowfoot","swallowwort","larkspur","canary grass"等;汉语有"雀麦、翠雀花、金雀花、小雀花","鸦葱、老鸦蒜、老鸦瓣、鸦鹊翻","飞来鹤、鹤顶红、鹤草","老鹳筋","落雁木、雁来红","燕儿菜"等。

5. 含家禽类动物隐喻的植物名:英语有"chick pea、chickweed、cock's foot、cockscomb、cockspur","dove orchid、dove tree","duckweed","gooseberry、goosefoot"等;汉语有"鸡肠草、鸡肠菜、金鸡尾、鸡脚草、鸡儿头苗、鸡儿肠、鸡眼草、鸡矢藤、鸡血藤、伏鸡子根、鸡翁藤、金鸡腿、锦鸡儿、小鸡藤、鸡矢果、鸡骨常山、鸡冠花、鸡冠草、鸡项草、抱鸡母、鸡公柴、野鸡草","鸭舌草、鸭跖草、鸭蛋子、鸭子花、鸭头兰花草、野鸭椿","鹅抱蜓、鹅抱、鹅掌草"等。

6. 含鱼类动物隐喻的植物名:英语有"fishtail palm、fishwort","eel grass、eelgrass","cranberry、sildweed","snapdragon"等;汉语有"鱼腥草、鱼公草","鲇鱼须、鲢鱼须","鲫鱼鳞","黄鳝藤"等。

基于上列植物名,我们对其中的动物隐喻作定量研究和定性分析,探讨和解释英汉语植物"拟动物化"命名的异同。表6—1是动物喻体词及类属动物类型分布情况,表6—2至表6—6是按家畜、虫蛇、野兽、鸟、家禽、鱼等六种动物类型,对英汉植物名中的喻体词分布及源域动物的构成情况所进行的统计和说明。

表6—1　　　英汉植物名中动物喻体词及类属动物类型分布对比

动物类型	英语喻体词			汉语喻体词		
	数量	总数比例(%)	类属动物(种)	数量	总数比例(%)	类属动物(种)
家畜类	54	25	7	63	30	5
虫蛇类	59	28	18	54	25	18
野兽类	58	27	19	37	17	13
鸟类	24	11	12	21	10	12
家禽类	10	5	4	31	15	3
鱼类	7	4	4	6	3	5
合计	212	100	64	212	100	56

从表 6—1 可知，英汉复合植物名中的动物喻体词数量一致，英汉语各为 212 个（分别占各自复合植物名总数的 10% 和 13%），涉及类属动物分别为 64 种和 56 种。相同之处有三：（1）英汉植物名中喻体词数量较大的是家畜类、虫蛇类和野兽类，较少的是鸟类、家禽类、鱼类；（2）家畜类、虫蛇类、鸟类、鱼类的喻体词数基本一致；（3）类属动物数从高到低排序基本一致。不同之处有二：（1）野兽类、家禽类喻体词数占比差别较大：野兽类英语比汉语多 21 个，家禽类汉语比英语多 21 个；（2）类属动物种数/动物喻体词数的差距大：家禽类，英语是 40%，汉语是 10%；鱼类，英语是 58%，汉语是 84%。

表 6—2　　　英汉植物名中家畜类喻体词分布及源域动物的构成

源域动物	英语喻体词总数	占比（%）	类属动物数（名称列举）	汉语喻体词总数	占比（%）	类属动物数（名称列举）
牛	15	28	5（cow/ox/buffalo/bull/beef）	21	34	1（牛）
猪	8	14	3（hog/pig/sow）	4	7	1（猪）
马	10	18	3（horse/colt/mare）	22	35	1（马）
羊	8	14	3（goat/sheep/lamb）	9	12	1（羊）
狗	8	14	2（dog/hound）	7	15	1（狗）
猫	4	7	2（cat/pussy）	0		
兔	1	2	1（rabbit）	0		
合计	54	27	19	63	30	5

从表 6—2 可知，家畜类动物在认识植物的过程中充当重要的认知媒介，常被用来命名新认识的植物。英汉语相同之处：（1）都涉及"牛、猪、马、羊、狗"等 5 种源域动物，且所占数量最大（英汉均占各自动物喻体词数的 20% 以上）。相异之处：（1）喻体词数不同，英语比汉语少 9 个；（2）类属动物名称数不同，英语有 19 个，汉语只有 5 个；（3）喻体词数最多的，英语为"牛"，汉语为"马"；（4）英语中涉及的"猫"、"兔"两种源域动物在汉语中空缺。

表 6—3　　　　　英汉植物名虫蛇类喻体词分布及源域动物的构成

源域动物	英语喻体词总数	占比（%）	类属动物数（名称列举）	汉语喻体词总数	占比（%）	类属动物数（名称列举）
珊瑚	9	15	1（coral）	1	2	1（珊瑚）
蛇	8	14	4（snake/adder/cobra/viper）	8	14	1（蛇）
龙	7	12	1（dragon）	17	15	1（龙）
蜘蛛	5	9	1（spider）	1	2	1（蜘蛛）
蝴蝶	4	7	1（butterfly）	6	12	1（蝴蝶）
蟾蜍	6	7	2（frog/toad）	2	4	1（蛤蟆）
虫	7	5	2（bug/worm/caterpillar）	2	4	1（虫）
虾	1		1（squill）	1	2	1（虾）
乌龟	1	2	1（turtle）	1	2	1（乌龟）
跳蚤	2		1（flea）	0		
蜥蜴	2		1（lizard）	0		
蜈蚣	0			4	9	1（蜈蚣）
蚊子	0			3	7	1（蚊子）
螺	0			2	4	1（螺）
合计	59（包括未列出的 7 个）	28	23（包括未列出的 7 种）	53（包括未列出的 6 个）	26	18（包括未列出的 6 种）

　　需要说明的是，出于缩短表格长度的考虑（后面表 6—4、表 6—5 同理），英汉源域动物完全不同且只有 1 个喻体词的未在表 6—3 中列出，它们是：英语的 bee（蜜蜂）、cockle（海扇）、crab（螃蟹）、fly（苍蝇）、oyster（牡蛎）、silkworm（蚕）；starfish（海星）。汉语的蝎子、蚂蟥、凤、麒麟、鳌、蚂蚁。英汉互为空缺。

　　从表 6—3 可知：虫蛇类动物是英汉民族隐喻命名植物的另一大源域，其中"珊瑚"、"蛇"、"龙"、"虫"、"蝴蝶"、"蟾蜍"、"蜘蛛"、"虾"和"乌龟"等 9 种动物同为两民族所熟悉，其名称都具有表达"植物"概念的意义。主要异同点有：(1)构成虫蛇类喻体词的源域动物总数相同，英汉语各 18 种，共有的源域动物 9 种；(2)喻体词数最多的类属动物，英语是海洋动物"珊瑚"，汉语是传说动物"龙"；(3)英语在喻体词数和所涉及的类属动物数上均比汉语多 5 个；(4)英语中的海洋性源域动物种类和数量均比汉语中的多；（5）传说动物"龙"同为两个民族所了解，其动物概念被两族先人扩展到植物概念上，进而成为指称植物的语素；（6）在虫蛇类源域动物范围方面，英语大于汉语，英民族对"跳蚤（flea）"、"蜥蜴（lizard）"更为关注，汉民族则对"蜈蚣"、"蚊子"、"螺"更为关注。

表6—4　　　英汉植物名中野兽类喻体词分布及源域动物的构成

源域动物	英语喻体词总数	占比（%）	类属动物数（名称列举）	汉语喻体词总数	占比（%）	类属动物数（名称列举）
鹿	12	21	5（buck/deer/elk/hart/musk）	6	17	1（麀）
大象	6	11	1（elephant）	5	14	1（象）
狐狸	6	18	1（fox）	0		
猴	6	18	3（monkey/kiwi/baboon）	2	6	1（猴）
野兔	4	7	1（hare）	2	6	1（兔）
鼠	4	7	2（rat/mouse）	2	6	1（鼠）
熊	3	6	1（bear）	0		
豹	3	6	1（leopard）	1	3	1（豹）
老虎	3	6	1（tiger）	9	25	1（老虎）
刺猬	2	4	1（hedgehog）	0		
蝙蝠	1	2	1（bat）	1	3	1（蝙蝠）
骆驼	1	2	1（camel）	1	3	1（骆驼）
狮子	1	2	1（lion）	1	3	1（狮子）
狼	0			5	14	1（狼）
合计	58（包括未列出的6个）	27	26（包括未列出的6种）	37（包括未列出的2个）	27	13（包括未列出的2种）

表6—4中未列出的是：英语的skunk（臭鼬）、kangaroo（袋鼠）、unicorn（独角兽）、weasel（黄鼠狼）、swine（野猪）、flix（海狸）；汉语的獾、獐。

从表6—4可知：野兽类中的"鹿"、"象"、"猴"、"鼠"、"兔"、"虎"、"豹"、"骆驼"、"蝙蝠"、"狮子"等10种动物概念同为英汉民族用来描述植物概念。其主要异同点有：（1）喻体词数最多的类属动物不一致，英语是"鹿"，汉语是"虎"；（2）构成野兽类喻体词的源域动物数不同，英语为19个，汉语为13个；（3）涉及的类属动物名称数不同，英语为26个，汉语为13个；（4）英民族对"狐狸"、"熊"和"刺猬"更为关注，汉民族则对"狼"更为关注。

表6—5　　　　英汉植物名中鸟类喻体词分布及源域动物的构成

源域动物	英语喻体词总数	占比（%）	类属动物数（名称列举）	汉语喻体词总数	占比（%）	类属动物数（名称列举）
鸟/雀	8	34	1（bird）	4	19	1（雀）
天鹅	3	13	1（swan）	0		
鹰	3	13	1（hawk）	0		
鸦	2	9	1（crow）	4	19	1（鸦）
鹤	1	5	1（crane）	3	15	1（鹤）
燕	1	5	1（swallow）	1	5	1（燕）
鹳	1	5	1（stork）	1	5	1（鹳）
云雀	1	5	1（lark）	0		
金丝雀	1	5	1（canary）	0		
雁	0			2	10	1（雁）
合计	24（包括未列出的3个）	12	12（包括未列出的3种）	21（包括未列出的6个）	10	12（包括未列出的6种）

表6—5中未列出的是：英语的peacock（孔雀）、pheasant（野鸡）、robin（知更鸟）；汉语的画眉、鹊、鹭鸶、鸠、鸢、野鸭。

从表6—5可知：（1）英汉语的鸟类动物类属种数相同，各有12种，其中"鸟（雀）"、"鸦"、"鹤"、"燕"、"鹳"等5种动物为二者共有；（2）喻体词数最多的类属动物不一致，英语是"鸟"、汉语是"雀"和"鸦"；（3）英民族对"天鹅"、"鹰"、"云雀"、"金丝雀"的熟悉程度高于汉民族，而汉民族对"雁"的熟悉程度高于英民族；（4）涉及的类属动物名称数相同，英汉语各为12个。

表 6—6　　英汉植物名中家禽类喻体词分布及源域动物的构成

源域动物	英语喻体词总数	占比（%）	类属动物数（名称列举）	汉语喻体词总数	占比（%）	类属动物数（名称列举）
鸡	5	50	2（cock/chick）	22	71	1（鸡）
鸭	1	10	1（duck）	6	20	1（鸭）
鹅	2	20	1（goose）	3	10	1（鹅）
鸽	2	20	1（dove）	0		
合计	10	5	5	31	15	3

　　从表6—6可知：（1）"鸡"、"鸭"、"鹅"3种动物为英汉共有，其中"鸡"是双方采用频率最高的源域家禽；（2）英汉语涉及的源域动物相对较少，且总数不同，分别仅有4种和3种；（3）所涉及的类属动物名称数不同，英语为5个，汉语为3个；（4）英民族对"鸽"更为关注，而汉民族对"鸡"的熟悉程度远高于英民族。

表 6—7　　　　英汉植物名中鱼类喻体词分布及源域动物的构成

源域动物	英语喻体词总数	占比（%）	单种动物数（名称列举）	汉语喻体词总数	占比（%）	单种动物数（名称列举）
鱼	2	20	2（fish）	2	34	1（鱼）
鳝鱼（鳗鱼）	2	20	1（eel）	1	17	1（黄鳝）
鲱鱼	2	20	2（cran/sild）	0		
金鱼	1	10	1（snapdragon）	0		
鲫鱼	0			1	17	1（鲫鱼）
鲢鱼	0			1	17	1（鲢鱼）
鲇鱼	0			1	17	1（鲇鱼）
合计	7	4	6	6	3	5

　　从表6—7可知：鱼类动物喻体词数量和比例均为最低，这与鱼类动物总体上留给人们的外形相似、活动单一的具象有关。共有"鱼"和"鳝（鱼）"的名称反映英汉民族先人对这两种外形差异最大的"鱼"持有相一致的关注度。另外异同点有：（1）喻体词数在英汉植物名中最少，

分别仅有 7 个和 6 个；（2）英语喻体词比汉语多 1 个；（3）英汉所涉及的类属动物名称数分别为 6 个和 5 个；（4）英民族对"鲱鱼"、"金鱼"的熟悉程度较高，而汉民族对"鲫鱼"、"鲢鱼"、"鲇鱼"的熟悉程度较高。

二　英汉植物名中的动物隐喻对比分析

知名识物，各民族对自然事物的辨认、了解和利用是从对它们进行命名开始的。动物词汇出现在植物名中，说明人们是根据已有的动物概念来认知植物概念、命名植物的。认知方式是以动物来类比植物，以动物实体的某种特征来类比植物实体的某种特征。认知习惯是以已有熟悉物喻未知物、以动态物隐喻相对静态物。在概念隐喻"植物是动物（A PLANT IS AN ANIMAL）"认知引领下，"拟动物化"植物名中，隐喻的本体是植物，喻体是动物，喻底是两者在外部形貌、状态、颜色、气味及内部性质、功用等方面的联系或相似性。植物名中动物域词汇的嵌用频度及范围能客观反映出其所属民族跨域联想、表达概念的语言能力及该民族生存环境中动物的种类、特色。英汉民族虽然地理相隔、语言相异，且分属两个不同的族群，但在认知自然、描述植物的进程中存在诸多的共性。

共性一：在将植物"拟动物化"、以最简约的形式来描述植物的主要特征并使之形象化上，几乎完全一致。英汉语言中，家畜类、家禽类、野兽类、鸟类、鱼类、虫蛇类及其他动物都可以被用来喻指植物；尽管各类喻体词及其所涉及的源域动物在数量上不完全一致，但从整体上看，英汉语都有 12% 左右的植物名是通过借用已有的动物词汇组合形成的。

共性二：超过半数的源域动物完全相同。有 34 种源域动物是英汉植物名共有的，超过各自源域动物种数（64/56）的半数，在整体上表现出一种同大于异的现象。

共性三：一种动物隐喻多种植物。34 种源域动物中的绝大多数都是由同一源域向多个不同的植物靶域投射（即"一名多用"），英汉语在同类动物概念投向植物概念的范围广度上也表现出一种同大于异的现象。

动物对于人而言，既是外部自然世界的各种生命实体，又是心理世界体验形成的认知概念，具有鲜明的形象特征，动物词语义范畴在英汉民族认识、命名植物的过程中被扩充，具有了许多表达"动物"之外的植物范畴意义。英汉植物名中拥有相同的动物隐喻的例证表明，英汉两种语言不仅存在着"植物是动物"的概念隐喻，而且其隐喻投射范围也基本相同。动物隐喻在英汉植物名中表现出的共性有其主客观的原因。客观上，中英地域环境上具有的相似性及两地都生长有相同的动物。主观上，英汉民族共有的认知经验使各自的概念范畴都拥有相同或相似的异族动物和传说动物，而共同的"植物是动物"认知机制使两个民族都倾向将这些动物概念投射到植物概念上。

在语言学上，植物的民间命名属于"俗名"，植物俗名是普通百姓通过借助生活生产中的已知概念、利用已有词汇来指称植物的名词。每一种词汇都不是孤立的个体，它是各民族语言中集地域环境、基本经验和社会文化于一体的意义符号，反映出人类利用百科知识、依据已有经验对新熟识的事物进行概念拓展或范畴重构的认知轨迹。植物和动物都是存在于客观世界的物质实体，没有先对动物认知的基础，没有作为连接符号的动物词，也许就无法更完整形象地表达出植物实体的颜色、形状、特征、习性、气味等。动物域既是人类基本经验的主要组成成分，同时，在人类的认知发展进程中，它又担当媒介的角色，被人类依照"近取诸身，远取诸物"的隐喻机制用作概念投射的源域，而观物取名要受语言经济原则的制约，因此，英汉民族都倾向选用已有的动物词来命名在形、味、色等方面的凸显特征上与动物相似的植物。

从以上数据可以推知：（1）英国地域上植物、动物种类的已知数量可能比中国的已知数量多，英语中的动物名称在数量上也远比汉语的多。（2）比较而言，英民族对野兽类动物的了解程度高于汉民族，其对自身生活环境外地域的探知和扩展程度远高于汉民族；汉民族对家禽类动物的关注度高于英民族，其对家庭生活环境内动物的熟悉程度远高于英民族。（3）英国历史上是殖民大国，英民族从其他地域接触、了解的动物种类的频率高于汉民族。（4）在对植物进行命名时，汉民族借助动物隐喻植物的频率高于英民族。（5）英语更加注重同类动物的区别性特征，在普通语境中倾向于用种类概念层次的名称来指称不同性别、不同年龄段、在生活生产中具有不同使用目的的动物，故在植物命名时也是借用较为精确的动物名；而汉语较为忽视同类动物的区别性特征，倾向于用属类概念层次的名称来指称同一类属动物下的不同种类动物，在植物命名时也是借用较为笼统的动物名。

尽管英汉语"动物域"映射"植物域"的路径和范围基本一致，但是，差异的形成也有其深层的原因。首先，地域特征的不同在客观上限定了源域动物的选择，因两个民族需要从各自熟悉的动物中选择源域来类比隐喻。其次，文化心理特征的不同在主观上限定了源域动物的来源，如英语偏向选择动物的具体特征来映射目标域。再次，英汉源域动物名称互为空缺，折射出英汉民族文化的差异。李福印（2006：118）认为，英国以农牧文化为主，中国以农耕文化为主。农耕文化的另一个重要标志是动物的驯化。"猪、鹅、鸭、鸡等禽畜是与谷物种植分不开的。"（张公瑾，2002：38）最后，知识视野和开放程度的不同在认知视域上限定了源域动物的来源。如有些源域动物本身并不实际存在，只是传说和想象中的概念动物，用来映射目标域必然受整个民族认知能力的局限。英汉相同的"拟动物化"命名植物模式不仅反映出两个民族具有以动物域概念去理解和认识植物域概念的认知倾向，而且也可以帮助例证，除了"拟人化"，"拟动物化"也是我们进行思维扩展和语言创新的重要认知途径。

第三节　"拟器物化"植物名对比

除了借助"人"和"动物"概念来跨域命名植物之外，英汉语还借助表达各类人工制造物、加工物、器具等概念的名词来指称植物、描述植物的特征。与自然产生或生长的"人"和"动物"实体不同，这类名词所对应的概念都是经过人的劳动及智力发挥制造或加工出来的各种物质实体，它们用于人类的吃、用、穿、住、行，其中很多是生活生产中的必需品，为广大民众所熟悉。为了方便表述，本小节用"器物"一词来指称这类概念，将出现在植物名中的这类名词称作"器物词"。

在人类认知过程中，许多客观存在物早于那些有待认识和熟悉的植物，各民族将"器物"概念作为取象源来类比植物的某种特征，往往暗示各民族已在其认知范畴中拥有这些概念。上文谈道，"植物是事（A PLANT IS A THING）"概念隐喻下的隐喻表达在英汉语中也占有一定比例。如果将"器物"视作"事（A THING）"的代表，那么就可发现，含有"器物"名称的植物名正是与之对应的隐喻词汇。与"人"隐喻植物、"动物"隐喻植物的认知模式相似，以器物名指称植物概念，是将器物的特征投射到植物的特征上，将器物概念与植物概念联系起来，"拟器物化"地命名植物。由于英汉民族传统上所生产、制造、加工和使用的器物存在差异，英汉语"拟器物化"形成的植物名中必定也存在喻体选择和本体指向上的差异。英汉典籍《The Timber Press Dictionary of Plant Names》（Coombes，2009）和《植物名实图考校释》[（清）吴其濬原著、张瑞贤等校释，2008]各收录含器物词的隐喻性植物名是82个和98个，现将它们陈列如下：

英语植物名：altar lily, anchor plant, angel's trumpet, arrowgrass, arrowhead, artillery plant, awl-wort, balloon flower, bar-room plant, basket grass, beadplant, bedstraw, bellflower, blanket-flower, blow-balls, bonnet bellflower, bottlebrush, bowstring hemp, breadfruit, buttercup, button cactus, candle tree, carpetweed, hat plant, lantern lily, copperleaf, cordgrass, cradle orchid, cream cup, cup and saucer vine, cupflower, daggerpod, drum sticks, epaulette tree, fiddleneck, forkfern, foxglove, glasswort, gold fern, gold-and-silver chrysanthemum, greenthreads, helmetflower, hornbean, house leek, irontree, jewel orchid, key palm, leadwort, leatherleaf, mask-flower, mat grass, moneywort, mug bean, needle grass, pagoda tree, paper daisy, parasol tree, pennywort, pillwort, pipewort, pitch plant, pokeweed, pyramid orchid, rasp-fern, red flag bush, rubber tree, sandbox tree, sausage tree, saw wort, screw pine, shaving-brush tree, silk vine, silver fern, soap bark tree, sword lily, torch lily, trumpet bush, tuba root, umbrella leaf, wax flower, window palm, wineberry（共82个）。

汉语植物名：水壶卢、银条菜、匙头菜、粉条儿、金刚尖、赤箭、白马鞍、朱砂根、铁线草、锁阳、风车子、楼梯、铁拳头、铁灯树、紫喇叭花、剪刀草、铁伞、车前、水蓑衣、米布袋、水棘针、铁扫帚、刀尖儿苗、马鞭花、喇叭草、灯芯草、鋬菜、攀倒甑、密州剪刀草、金挖耳、七篱笆、水麻刀、钓鱼竿、铁马鞭、石斛、剑丹、飞刀剑、铁角凤尾草、紫背金盘、千重塔、千层塔、瓶尔小草、石盆草、一把伞、砖子苗、金线草、秤钩风、石盘龙、铁扫帚、凉帽缨、金线吊乌龟、缫丝花、刀疮药、滇白药子、铜锤玉带草、绣球藤、铁马鞭、鞭打绣球、碗花草、染铜皮、透骨钻、珠子参、大戟、泽漆、金腰带、钩吻、爵床、锦带、珍珠绣球、野绣球、铁线海棠、金灯、净瓶、铁线莲、金钱花、荷包山桂花、灯笼花、华盖花、水蜡烛、铁树、水茶臼、锥栗、詹糖香、回回醋、老婆布毡、驴驼布袋、婆婆枕头、盐麸子、南烛、乌药、醋林子、皮袋香、千张纸、滇山茶叶、酒药子树、宝碗花、倒挂金钩、小银茶匙（共98个）。

　　参照汉语名词分类标准可知，上列植物名中的喻体词概念归属于衣物、针线、布品、纸品、食物、药品、钱币、农具、家具、灯具、餐茶具、金属、乐器、交通工具、武器、建筑物和材料等17种类别。这说明，英汉民族在命名上述各种类别的植物实体时，其知识经验和概念范畴中已经储存有这17种类别的器物。

　　Alexander（2007）认为，读起来似乎很浪漫、又似乎更加现实的植物名称，不只是一种简单而又具有魅力的指称植物的方式，"更重要的是，它们常常拥有失之可惜的历史、地理或与其他事物相联系的含义"。植物俗名不仅富含民族传统文化知识、折射出一个民族历史上的生存状态和生活面貌，而且还被认为与生态文化观紧密相关，是工业化以来人类自然环境遭受破坏和威胁的现代社会里唤醒美好"乡土"记忆的语言符号，以及激发人们与其他物种平等生存、和谐相处的意识的精神财富（陈晦，2014b）。

　　Ferkes和Turner（2006）等著名学者指出，乡土知识的丧失必然会导致生物多样性的丧失。这里所说的"乡土知识"实际上就是人具有的"传统生态知识"。人类学中的"传统生态知识（Traditional Ecological Knowledge）"等概念阐释了语言中的器物取象与民族历史上的物质生产技艺之间的关联性。付广华（2012）认为，"人类文化在深层机制上都带有生态因素的烙印。作为人类文化组成部分的传统生态知识自然也不例外，它在很大程度上是为适应生态环境而创造出来的，是各民族为适应其生存的生态环境而作出调适的产物"。若能结合生态人类学来深入探究英汉"拟器物化"植物名的词义理据，论证两个民族古代在包括纺织、皮革、金属制品等方面"器物"的发明、制造和使用上的共性和差异，定能较好阐释和揭示英汉民族社会文化特征和文明进程的异同和规律。

　　对于上面列举的英汉植物名"拟器物化"，这里不做进一步具体的对比分析，有兴趣的读者可将这些词汇作为语料，从不同的视角来讨论"器物"背后所反映出来的英汉民族社会、文化、物质文明等方面的异同。

第 七 章
英汉植物词语结构形式对比

前面章节讨论了植物名的理据性、植物词汇的词义认知、植物词汇转义等问题，这些探讨在内容上都是关于英汉植物词汇的词义对比。内容必须附着于一定的形式。那么，植物词语的结构形式有哪些特点呢？英汉植物词语的结构形式在哪些方面存在着不同？各自的构词类型有哪些规律或特征呢？英汉植物词在语言中的派生能力有哪些异同？本章将用简短的篇幅探讨和回答这些问题。

第一节　植物词语的结构形式

我们先来了解什么是语言中的词语结构。语言是人类用于表达思想、交流感情的一种约定俗成的有声符号系统。无论何种语言，都离不开语音、语义、词汇和语法四大要素。语音、词汇和语法是显性的，语义是隐性的。词汇又称语汇，是一种语言中所有单个的词、组合的词及固定短语的总称。词由语素构成，是句子中最小的能够独立运用的语言单位。词有词汇意义和语法意义，在实际使用中借助上下文又产生修辞意义。"词的词汇意义中反映客观事物及其属性部分就是概念。概念和（词汇）意义是通过符号对认识的过程进行抽象的产物，也就是说概念和意义本质一样，只有借助语言这个符号才能形成和存在。"（宋春阳，2005：45）词代表概念，同一个概念可以用不同的词来表达，如 cottage pink/garden pink/scotch pink（番薯/地瓜/红苕/甘薯/白薯）；同一个词也可以表示不同的概念，如（1）cabbage：①a kind of vegetable；②money；（2）a red tomato：①something looks as red as a tomato；②very embarrassed；（3）红花：①中药名；②红色的花；（4）生菜：①一种蔬菜名；②未经烹饪的蔬菜。

英语是形态语言，有丰富的词缀，除了少数基本词外，英语的多数词由"词根＋词根"或"词根＋词缀"结合而成，词根往往表示词的核心意义，词缀往往表明词的语法功能。正因为这样，我们常常把英语词缀进行分类，分成名词性词缀（-tion）、动词性词缀（en-）、形容词性词缀（-ful）等。对于词汇学习者而言，这些词缀不但有助于辨认词义，也有助于构成句子。Zeiger 在其所编的《英语百科》（1979）一书中列举出的词根、词缀共计有 647 个，其中词根 359 个、词缀 288 个（前缀 107 个、后缀 181 个）。它们或独立成词，或合并构词，或通过转类，衍生出现代英语的浩瀚词汇。而汉语是一种形态并不丰富的语言，词缀较少，通过词缀构词的能力有限。在汉语中，字是记录语言的符号。一般一个汉字就是一个词或语素。有意义但不能独立用的字可作为构词的成分，例如"稻"。有的字既不是词，也不是语素，只表示一个音节，例如"橄"、"葡"、"枇"等，这些有音无义的字可以和其他字分别结合成"橄榄"、"枇杷"、"葡萄"，"橄榄"、"枇杷"、"葡萄"就是词，能作为独立运用的语言单位在句子中充当成分。汉语的词素（也称作"语素"）实际上是汉语中的字，源自古汉语，有些词素本身就是独立的词，同时又是构词成分，通过与其他词素结合构成新词。汉字是通过"六书"（即象形、指事、会意、形声、假借、转注）等方式创造形成的。现代汉语的事实表明，常用汉字都是可以用来造词的。现代汉语中目前常用以构词的词素近 5000个，是英语的 7.7 倍。汉语的形声字通过形旁和声旁分别表义、表音，使汉语的文字与语言紧密联系在一起。这些字通过各种构词方式，构成丰富的词汇，因此了解汉字构造方式，对于学习汉语词汇有不可忽略的作用。

关于汉语的基本单位，吕叔湘（1980）有过精辟的论述："'词'在欧洲语言里是现成的，语言学家的任务是从词分析语素⋯⋯汉语恰好相反，现成的是'字'，汉字、音节、语素形成三位一体的'字'。"（宋春阳，2005：93）用汉字书写的单音节的语素不论是否独立成词，都是汉语表义的基本单位。作为一个语言基本单位，首先应该具备"结构固定、意义凝固"的特征，就是结构上是作为一个整体出现的，一般不能拆分，拆分后的语义不等于拆分前的意义。一个概念既可以用一个短语来表示，也可以用一个固定词来表示，语义上可以分析就是短语，"大树"结构就是一个内部语义可分析的结构，语义基本等同于"大的树"，"大树"就是"大＋树"，因此"大树"是短语；而"枫树"、"湘妃竹"等就不能拆分，或者拆分前后语义不一致，即不能说成"枫的树"、"湘妃的竹"，故是固定词。

在词的结构方面，英语和汉语并不完全对应。英语词中的一个语素在汉语中可能是一个词，反之亦然。例如，英语中的"apple、banana、tree"在汉语中为"苹果"、"香蕉"、"树"等。"短语"是指依据一定的规则，将两个或两个以上的词组合形成一个新的完整语义的语言单位，如成语、惯用语、谚语、格言、歇后语等。例如"a rotten apple、carrot and stick、as keen as mustard、Money is the root of all evil、a banana republic、树大招风、人面桃花、除了枥柴无好火（除了郎舅无好亲）、树怕剥皮（人怕伤心）、饮清静之茶，莫贪花色之酒"以及"捡了芝麻，丢了西瓜"、"按下葫芦起了瓢——顾了这头顾不了那头"、"芭蕉插在古树上——粗枝大叶"、"芝麻开花——节节高"等。在语法结构、内部形态方面，英语和汉语的植物词语区别很大，例如，英语单词"apple"，是单纯词，在形式上是一个独立词根，不能进一步切分；与之对应的汉语词"苹果"，则是一个合成词，在形式上还可以进一步切分为"苹"和"果"，而"苹"在汉语中只能算作字，并不是一个词。

英语的词素一般用于构词，不能独立使用；汉语词素与词的界限并不分明，一个语素可能也是一个词。当语素在句子中属于独立运用的语言单位时，就是词；属于不能独立运用的语言单位时，就是词素。例如：在英语"The monkey pulls the chestnut out of the fire（猴子火中取栗）"句子中，分开后的"chest"和"nut"有声音有意义，都可以作为独立的语言单位使用，属于两个词。但在汉语"今年我们村的板栗丰收了"句子中，"板"和"栗"是一个不容随意拆开的整体，在句子中成为一个独立运用的语言单位，属于一个词；假如将"板"和"栗"分开，则各自均是一个语素，所以两个词要结合起来用。当然，汉语中也有"火中取栗"的成语，其中"栗"也是一个词。可见，英汉语"板栗（chestnut）"一词的词义结构和语法能力存在一定差异。王文斌（2005：67）认为，"词是具有特定意义和语音形式并在口语或书面语的句法上承担一定语法功能的能独立运用的最小语言单位。这一界定基本涵盖了词的四要素：音、形、意和句法功能，同时还包括了在句法上能单独使用这一特征，表明词能独立并自由地用来造句，充当句子成分，具有完整和不可分割的语义特点"。短语是词和词的语法组合形式，分为自由短语和固定短语。自由短语是词和词的临时组合，例如英汉语中的"wear cotton clothes and eat vegetable food"，"Roses given，fragrance in hand"；"布衣蔬食"，"送人玫瑰，手留余香"等植物短语。固定短语是词和词的固定组合，其中的词一般不能任意增删、改换，如"olive branches"，"spring up like mushrooms"；"橄榄枝"，"雨后春笋"等英汉植物短语。固定短语分为专名（专有名称）和熟语两大类，熟语包括成语、惯用语、谚语（汉语歇后语）等。

结构主义语言学采用义素分析的方法分析词汇，有助于不同语言的词汇对比，对于跨语言的词群对比也富有启示。本书的对比以意义对比为主，形式对比为辅。下面小节的植物词结构对比，仍然是为英汉植物词汇的词义对比服务的。

第二节　英语植物词的构成类型及特征

在进行英语植物词语结构形式的讨论之前，首先需要确定英语中什么样的语言单位是植物词语，然后才能分析其具体的结构形式，并与汉语进行比较。按照索绪尔（1980：47—51）的划分标准，世界上的文字要么是"表音"体系，要么是"表意"体系，英语是表音文字，而汉语被划归到表意体系。英语是字母文字，一个（单）词由一个字母可以组成，如"I（pron. 我）"；也可以由十几、几十个字母组成，如"lambsquarters（n. 灰菜）"。

英语"是一种表音文字（phonetic systems），或是以字母为代表的线形文字（an alphabetic system）"（蔡基刚，2008：145）。根据构词法，英语的词可分为简单词、派生词、复合词。简单词（Simple Word）是由单一自由词素构成，又叫"单词素词"（Morpheme Word），一般包含较少字母，如"nut、bean、tree、grass、root、berry、stem、tea、rose"等。派生词（Derivative）是由词根加派生词缀构成，如"seeder、thorny、fruitful、flowerless、rootless、grassy、herbal"等。复合词（Compound Word）通常由两个或两个以上自由词素构成，通过复合形式，可以产生各种词性的词，如"arrowroot、arrowwood、catchfly、bearberry、thorn apple、flower head、seedcorn"等。陆国强（1999）认为，从形态结构来看，现代英语的构词方式可分为词缀法、转类法、合成法、拼缀法、逆成法和缩略法六种。英语植物词主要通过前四种构成。一般通过"主词＋缀词"构成，以植物名词为主词，介词、形容词、副词、动词、非植物名词为缀词，形成名词主题突显的词汇特征。同时，植物名词的动词化倾向明显，多数基本植物名词可以直接转用为动词。我们把英语植物词的构词方式分为以下几种。

（1）词缀法：

自由词根 + 缀词，如 peachy（peach + y），beans（bean + s），potatoes（potato + es），thorny（thorn +y），nuts（nut +s），peas（pea +s），sprouts（sprout + s），fruits（fruit + s），fruitful（fruit + ful），flowery（flower +y），rosy（rose +y），monkshood（monks + hood），等等；

（2）转类法：

名词→动词，如 to flower，to seed，to root，to branch，to grass，to blossom，to sprout，to bloom，to core，等等；

名词→形容词，如 cornball，cottage pink/garden pink/scotch pink，等等；

（3）合成法：

名词 + 名词，如 watermelon，buckbean，buckwheat，butterfly bush，arrowroot，bearberry，strawberry，crowfoot，cat haw，cowbane，rosemary，cornball，larkspur，等等；

名词所有格 + 名词，如 baby's breath，bird's - eye，bird's-beak，bird's-foot，bird's nest，bird's - nest fungus，cat's-head，a man's seed，等等；

形容词 + 名词，如 Chinese torreya，African violet，Asian white birch，African lily，brown algae，broad bean，black locust，bitter bamboo，barren strawberry，sour grapes，等等；

名词 + 形容词，如 beet red，pea green，grass-green，等等；

介词 + 名词，如 under the rose，in the flower，from the stem，等等；

动词分词 + 名词，如 pickled cucumber，low-hanging fruit，rotten apple，peeled potato，canned bean，等等；

动词 + 名词，如 catchfly，scarecrow，winged tobacco，等等；

名词 + 动词，如 acorn squash，club-rush，snowdrop，等等；

动词 + 副词，如 branch out，root out，stem up，等等；

形容词 + 形容词，如 easy peasy，green fleshed，peachy clean，等等；

（4）拼缀法：

如 citrange［citron + orange］（柑橘），juniper［junior + creeper］

（刺柏），walnut［Wales + nut］（胡桃），等等；

除了这四种构词方法，英语植物词还通过与其他词的搭配、借助语法形式，构成具有字面义或隐喻义的固定短语：

（1）名词 +（and +）名词，如 bean town, carrot and stick, meat and potatoes, Cauliflower ears, bean pole, bean brain, bean counter, pea brain, sugar cane, 等等；

（2）植物名词 + 介词 + 其他词，如 carrot in front of someone, beans about something, root of the problem, thorn in one's side, the roses in the cheeks, 等等；

（3）形容词 + 介词 + 植物名词，如 full of beans, red as a tomato, cool as a cucumber, full of ginger, fresh as a daisy, 等等；

（4）（冠词 +）形容词 + 植物名词，如 a hot potato, couch potato, small potatoes, a big tree, the big apple, a blue rose, 等等；

（5）名词 + of + 植物名词，如 a hill of beans, a carpet of leaves, a bed of roses, 等等；

（6）as...as... 形式短语，如 as keen as mustard, as thick as pea soup, as white as a lily, 等等；

（7）动宾式短语，如 bear fruit, spill the beans, know your onions, go to seed, pop her cherry, sow the seeds, wear the rose, gather life's roses, lose one's roses, come up roses, 等等；

（8）（冠词 +）分词 + 植物名词，如 a rotten apple, forbidden fruit, poached eggplant, a budding theory, burning bush, bleeding heart, black-eyed Susan, horned pondweed, living rock, 等等；

（9）植物名词 + 分词，如 rose-colored, seed-sowed, bean-canned applepicked, 等等；

（10）句式复合词：forget-me-not, love-lies-bleeding, love-in-a-mist, mind-your-own-business, farewell-to-spring, 等等；

除了以上几种主要的构词形式，还有少量难以归类的特殊形式，如 rosy cheeks like apples, like peas in a pod, a lemon, a man's seed, grain of truth, snake in the grass, a thorny issue, a grass-roots campaign, a path strewn with roses, 等等。

第三节 汉语植物词的构成类型及特征

汉语的词，传统上分为词汇词和句法词。词汇词为孤立的概念词，而句法词则是具体语境中的词，承担句法和语用功能，具有明确的语义。从语义划分的标准上看，词汇词大致相当于词典中的词条，如："木已成舟、木马计、木头人儿"等。词汇词在词汇结构方面，原则上不可进行内部扩展，如"白菜、妻子"两词是不能进行内部扩展的，因为扩展后的意义完全不等于扩展前的意义。与词汇词不同，句法词是按照汉语句法（即短语生成方式）造出来的词，在不发生转义的情况下，其意义基本上等于"组成成分 + 结构义"。词汇词包括两个方面：一种是按照词法构成的词，如词根 + 词缀；另一种就是按照句法造出的词，但是已经发生了转义。（宋春阳，2005：93）如"木头"，它已不是"整体"和"部分"的关系，而是转喻"木材"。

我们认为，汉语植物词主要由"词根 + 词缀"和"词缀 + 词根"方式形成，词根词具有明确的语义，起到分类的作用，词缀词描述客观现实，辅助用于音节组合成双，构成复合形式。从形态上看，汉语植物复合词结构特征如下：

（1）植物词 + 其他缀词（如人体词、植物词等）（"名 + 名"结构，偏正式）

例如：树心，树身，树皮，树冠，树腰，树瘤，树瘿，树疮，花冠，枝头，叶子、椰子，麦子、梨花、桃花、松树、柏树，杨梅，杨树，草莓，树莓，等等；

（2）其他缀词 + 植物词（"名 + 名"结构，偏正式）

例如：刀豆，扁豆，石榴、山茶，山楂，地栗，土豆、云杉，鳄梨，等等；

（3）表示大小、地域（季节）的缀词 + 植物词（"形 + 名"结构，偏正式）

例如：大麻，小米、小麦、大麦、大枣、冬枣，夏草，水草，雪松，等等；

（4）植物词 + 颜色词（"名 + 形"结构，偏正式）

例如：韭黄，竹黄，杏黄，藤黄，茭白，花红，玫瑰红，桃红柳绿，等等；

（含其他词 + 颜色词，例如：地黄，何首乌）

（5）植物词 + 表动作词（"名+动"结构，主谓式）

例如：麦收，竹刻，株守，等；还有不少主谓式复合词，如：藕断丝连、竹篮打水、花开花落，等等；

（6）植物词 + 表计量单位词（"名一量"结构，偏正式）

例如：花朵，花束，花枝，叶片，枝条，树枝，等等；

（7）颜色词 + 植物词（"形+名"结构，偏正式）

例如：黄瓜，黄麻，甘薯，甘蔗，红杏，红豆，红花、红麻、红杉，红茶，赤豆，黄豆，丹桂，丹参，白菜，白梨，青椒，黑枣，黑藻，等等。

汉语中有的植物词也可以通过转类，实现词义扩展，如"花"，不单单指名词，还有动词和形容词之意：

（1）用作名词，如红花、钢花、火花、心花、礼花，等等。

（2）用作动词，① 开花（相当于英语三个词 flower；blossom；bloom）；例如：朱雀桥边野草花（唐·刘禹锡《乌衣巷》）；未花时采（宋·沈括《梦溪笔谈》）；花过而采；平地三月花；深山中则四月花；不花而结实（晋·裴渊《广州记》）；② 在支付或支出上用掉钱（spend）；例如：花钱；花用（耗费）；花费；③ 利用一段时间间隔，度过（相当于英语 spend time）。例如：他花了三年时间搞调查。

（3）用作形容词，① 杂色的，有花纹的（相当于英语词 colored；patterned）；例如：花衬衣；花马（斑驳杂色的马）；花面（刺有花纹的脸面）；② 模糊不清（相当于英语词 dim）；例如花镜；花腊搽（犹言昏花模糊）；③ 虚伪，可以迷惑人（相当于英语词 sweet；false）；例如：花言巧语；花马吊嘴；花甜蜜嘴；④ 像花一样的，形容美丽（相当于英语词 flower；beautiful）；例如：花巧（灵巧好看）；花花（好看；漂亮）；花花柳柳（形容艳丽轻盈的样子）；花面（如花的脸，形容女子貌美）；⑤ 风流浪荡（dissolute；loose）；例如：花脚猫（比喻闲游浪荡、爱串门子的女人）；花腿闲汉（指市井无赖。旧时游手好闲之徒每于腿上刺花，故称）；⑥ 华美（相当于英语词 magnificent）；例如：花衣（华美的衣服）；⑦ 形容色彩缤纷，繁华（相当于英语词 variegated）。例如：花团锦簇（形容繁华艳丽）；花攒锦簇（形容景象鲜艳、色彩缤纷，同花团锦簇）；花天锦地（形容都市繁华）；花哄哄（浮华热闹）。

第四节 英汉语植物词构词异同

英汉植物词结构类型上存在的一些分歧和差异，一部分源于对词和词素的界定，不同的界定影响了词的结构分析方法和描述。张维友（2007）认为，词与词素本来是两个很明晰的概念，在英语中不构成问题。因为词与词素的形态结构绝大多数是有区别的，懂英语的人一看就知道是不是词。英语词素与词的界限分明，汉语词与词素形式模糊；在英汉语言里表示相同概念的词在语义上也存在模糊与精确之分、模糊度或精确度强弱之分；英语不存在词的辨认问题，汉语"词"与"非词"问题严重；英语词素位置固定，汉语词素位置灵活；英语构词主要靠形态增减，汉语构词主要靠句法组合（陈晦，2011）。另外，由于现代汉语双音化倾向，绝大多数词又是字与字组合而成，那么"字"、"词素"、"词"的关系就变得纠缠不清。还有一部分单音节植物词（素）与其他词素结合，构成新的植物词，如红花〔①一种花（词）→②红色的花（词组）→③红花油（含植物词素的新词）〕。

英汉植物词构词的共同点是：（1）两者均可以通过"词素＋词"的组合方式来生成新的植物名词，此为复合法或合成法；（稍有不同之处是英语有多种构词方法，如词缀法、转类法等，植物词语的表达灵活丰富，滋生力强，且词类的确定弹性较大，可随意转换；汉语有附加法和复合法，植物词语的表达高度概括，词类确定单一，不可随意转换。）（2）表示植物名称的复合词许多通过动物域投射到植物域形成，动物词加上人体器官词或植物词后，组合的全体词义不再具有动物词汇的特征，而构成了与之相似的图像，指称一种形似的植物，成为植物词。例如：英语中的 bird's eye（雪剜草）、bird's foot（三叶草）、birdeye（栗叶草）、bird cherry（鸟稠李）、bird-eyes（三色吉莉草）、bird's beak（鸟嘴花）、bird plant（鸟花草）、bird pepper（鸟辣椒）、bird's nest（鸟巢草）、birdvine（鸟藤桑）、buckbean（睡莲）、buckthorn（泻鼠李）、buffalo clover（野牛红花草）、buffalo nut（野牛果）、cat haw（山楂果）、cat's-ear（猫耳草）、cat's foot（积雪草）、crowfoot（老鹳草）；汉语中的蛇麻、鹧鸪菜、骆驼草、骆驼刺、马莲、龙须草、龙舌草、麒麟菜、鹅冠草、马蹄（荸荠）、猕猴桃、羊桃，等等。

在植物词转类方面，英汉语植物名词都可以转用于动词、形容词，但英语植物名词转用为动词的现象更普遍，主要差异在于：（1）英语中，不仅 13 个表示整株植物概念和表示植物器官部分的基本词汇能够作动词用，而且一些处于基本范畴义下位的植物范畴词也可以用作动词；而汉语中，除了基本植物词中的"花"、"种"、"树"可用作动词外，其他植物名词一般不能直接用作动词。（2）英语植物名词用作动词后，词义大多依旧停留在本来含义上，只是词性发生了变化；而汉语植物名词用作动词后，词义变化较大且扩展广泛，有的已经脱离了原来的词义。根据王薇（2009：30—49）的解释，英汉语名词动用相同点出现的原因主要有三：一是语言系统存在与发展的需要；二是认知机制基本相同；三是视角化。出现差异的原因主要来自三个方面：一是认知语用因素；二是文化因素；三是认知因素。例如英语"flower（花）"转用于动词时，意思是 ①开花；如 This plant flowers in May.（这种植物在五月开花。）②发育，成熟，长成；如 She flowered in womanhood.（她发育为成年女子。）③繁荣，兴旺；如 His genius as a painter flowered very early.（他的绘画天才很早就发挥出来了。）④用花装饰；如 Frost flowered the window.（霜花覆盖着窗子。）⑤使开花；又如：The stalks eared early this spring. "ear"是名词，基本范畴义指"穗，谷穗"，但在这个例句中做动词用，描述植物"抽穗，抽茎"的具体情形，"ear"的词义由表示植物局部器官的静态实体转移到表示整株植物生长的动态实体。名词动用的词实际上是以部分代替整体，转喻它所在的行为或者事件图式（Dirven，1999）。当名词被转用作动词时，表示自然界基本元素的名词具有更多的偏离名词范畴基本特征的概念内容，即从指称事物到特定场景下被用来描述事物间的关系。这样的词义转移是转喻识解产生的结果，因为人的转喻思维能力是人能够把事物想象为关系，把关系想象为事物，从而让名词在常规意义基础上发生一定程度的意义主观化（王薇，2009：42）。可见，植物词在语用中从名词转为动词是植物语义场扩大化的一种表现，语言使用者通过转喻方式使该名词与原先紧密联系的语义场关系减弱、与原先毫无联系或联系不紧的语义场关系增强，借助特定的语境表达出另一词汇意义。

刘正光（2000，2007）认为，语言中的名词动用现象反映了隐喻思维的作用；而转喻识解和隐喻识解是名词动用的主要认知操作方式。英汉植物名词动用化的差异在于英汉民族由隐喻思维和转喻识解构成的认知结构存在差异。例如：seed the field（给田地播种），weed the garden（给公园除草），rind the lemon（除去柠檬的皮），bark the tree（除去树皮），stem the grapes（修剪葡萄藤的茎干）。例子中用作动词的植物词含有"给……添加"或"去掉"之义，这些动宾结构中表动词义类的植物词，虽然最先是从名词义类转移得来，但现在都已经动词化了，不用改变词形或不添加其他缀词，就可以将表达动作行为的词义包含进来。汉语中对应的这些植物词却不能独自把表达动作行为的词义包含进来，而需要把"给……添加"或"去掉"含义的内容直接表达出来，如括号中的汉语译文所示。之所以英汉表示基本范畴的植物名词动用化会存在如此明显的区别，是因为英汉语虽然都有"结果"范畴，但是它们不同的意义范畴在两种语言中有不同的句法表现。从名词动用来看，英语把"……被添加"或"……被去除"这个结果隐藏在语法结构里来表征"行为——结果"图式，而汉语对这个行为的结果需要直接地表达出来，原因在于汉语强调关于行为——结果的表述（王薇，2009：48—49）。戴浩一（2003）指出，在汉语的"行为……结果"结构中，"行为"是次要信息，"结果"才是中心。

在词的形态上，英语植物词主要是复合词，中间可以有连字符，而汉语中没有。汉语中有的复合型植物词由"类 + 种缀词"构成，但种缀词前表示"类"的词的词义有时并没有实质意义，仅仅起区分"类"下的不同"种"的作用，例如，"南瓜"之"南"与表方位的"南—北"中的"南"之意义无关；"冬瓜"之"冬"，并非暗示这种"瓜"生长在冬天或在冬天吃，与"冬天"、"冬季"也没有什么关系。显然，它们在词中起到了区分"种"或"变种"实体的作用。词汇学上把词类区别意义的语素叫暗示义语素。暗示义语素就是通过区别整词意义的组成成分来区别不同整词的词义。汉语中还有一种词素在"类 + 种缀词"构式中区别意义的形式是纯粹表音的，如"豇豆、豌豆、荠菜、荞麦、燕麦"之类的词的前一语素。表面上看起来，"豇、豌、荠、荞、燕"是能够表达意义的，但其实是汉字的作用，究其实，它们只是表音形式，自身并不表达意义，而是通过区别意义"暗示"意义。而且，"豇豆、豌豆、蕹菜、荠菜、荞麦、燕麦"等双音节词，只能进行单向替换，不能进行双向替换。例如："豇豆"可以替换成"青豆，蚕豆，扁豆"等，但去掉"豆"，"豇"无其他"豇×"的双音节词；"蕹菜"可以替换成"油菜，榨菜，花菜"

等，但去掉"菜"，"薤"无其他"薤×"的双音节词。这些词，单向替换后剩余的前一部分在现代汉语中，没有出现在其他复合形式中的可能。

第五节　英汉植物词派生构词力对比

英汉语中植物词构词的共同现象是，植物名词可以与植物名词或动物名词构成并列式，组合成新的复合名词，如：daffodil lily, asparagus fern, peacock flower, butterfly lily, button snake root；猕猴桃，杏李，香瓜梨，虫草，猴头菇，等等。

但是汉语中两个植物词或植物词与动物词构成并列式的复合名词并具有喻义的情形，在英语里却不多见，例如：松竹：节操坚贞；松菊：坚贞节操或具有坚贞节操的（因松与菊不畏严寒）；松鹤：标格出众，高年，高寿；柳市花门：妓院；桑梓：故乡或父老乡亲；桑榆：日暮，事情发展的最后阶段，晚年，隐居的田园；槐榆：时序（古人钻木取火，四季所用木材不同，春用榆，冬用槐）；椿松：长寿（何善芬，2002：169）。

以汉语中表示植物显著器官部分的"花"字为例，《现代汉语词典》中"花"有两种解释（见前述），而英语中表示"花"概念的词有三个：flower, bloom, blossom。三个词的词义按照其内涵大小依次排列为：blossom > bloom > flower。内涵最大、外延最小的 blossom 作名词，主要有 5 条义项：① 指果树的花，如 There is no blossom on the cherry trees this year.（今年这些樱树没有开花）；② 指（一棵树开的）全部花朵；③ 指植物的开花，开花期；④ 指植物的生长期，兴旺期；⑤ 指花一样美好的东西。blossom 作动词，主要有两条义项：①指植物开花，生长茂盛；②（与 into/out 搭配）指人或事物发展成；如 That small fishing village has now blossomed into an important port.（那个小渔村现已发展成为一个重要港口）；③指事物出现，兴旺。内涵次之、外延次之的 bloom 作名词，主要有 5 条义项：①指观赏的花，（一棵树或一季内开的）全部花朵；②指植物开花、开花期，如 The daffodils are in full bloom（水仙花盛开）；③指（葡萄等成熟后表面生成的）白霜，粉衣；④指人（面颊的）红润，玫瑰色；⑤（以 the + bloom + of 短语形式）指人或事物最佳时期，最有利的时期，如 She was in the bloom of youth.（她风华正茂）。bloom 作动词，主要有 4 条义项：①指（具体的）植物开花，生长茂盛，如 Cherry trees bloom

in early spring. （樱树于早春开花）；②指人的青春焕发，容光焕发；③指
（事物）繁荣，兴盛，成长，如 Poetry was blooming in China in the Tang dy-
nasty. （中国的诗歌在唐代十分盛行）；④指（事物）大量出现。内涵最
小、外延最大的 flower 作名词，主要有 3 条义项：① 指花；花卉；开花
植物。如 Bees gather nectar from flowers. （蜜蜂采集花蜜）；② （以 the +
flower + of 短语形式）指（人或事物中的）精华，精英，如 They are the
flower of our nation. （他们是我们民族的精英）；③ 指（有花植物）开花；
盛时，如 The narcissuses were in flower. （水仙花盛开着）。flower 作动词，
主要有 4 条义项：（1）用作不及物有两条：指开花，如 This bush flowers in
the spring. （这种灌木春天开花）。指（人或事）发育，成熟；繁荣，如
Mozart's genius flowered at a very early age. （莫扎特的才华在年幼时就焕发
了出来）。（2）用作及物有两条：①使开花（作本义时，指使植物开花；
作隐喻义时，指使人或事情成熟。——作者注）；②用花装饰。

　　另外，英汉语植物词在派生构词方面一个最大的不同，还表现在英语
植物词在名词动用转类上表现得远比汉语植物词活跃。例如：husk（秕
壳）→to husk（去壳），bark（树皮）→to bark（剥去……的树皮），rind
（蔬菜皮）→to rind（剥……皮），hull（外壳）→to hull（剥去……的壳
或荚），stone（果核）→to stone（去核），stem（茎、梗）→to stem（抽
去……的茎或梗），sprig（小枝）→to sprig（去掉……的小枝），等等。
而汉语植物词在与表达其他范畴概念的词组合形成新词上表现得更灵活、
更自由、更活跃。安志伟（2009）认为，人们对植物的认知，是将其丰
富的内涵剥离，只提取人们从自己的主观认知角度显著感受到的部分，而
舍弃其他无关的内容，此种语义认知方式可称为提取式语义突显。比如
"草民"、"草寇"、"草包"中的"草"，都是"山野、民间"的意思，在
"草民"一词中，突显的是"卑贱"义，在"草包"中突显的是"无用"
义，在"草寇"中突显的是"出没山林"义。在植物词中，与植物有关
的意义通过转喻、隐喻等方式与其他意义结合，并得到突显，形成新的意
义。这种构词力与动物词、颜色词、人体词的构词力基本相似。

第 八 章
英汉植物词汇文化义对比

上一章我们从语法结构的角度讨论了植物词语的构词形式和派生能力，并对英汉主要异同进行了归纳、对比，本章拟从文化的角度就寄居于英汉植物词汇及中英植物实体的文化义进行对比论述，并对导致异同的原因进行分析、归纳。

第一节　文化义的界定

植物词语是语言的三大基本词汇之一，在语言交际中起着表达事物概念、呈现修辞方式、承担语法功能的作用。语言是历史与文化的载体，是地地道道的社会现象。植物词汇和植物实体所承载的植物范畴之外的各种意义与人的社会紧密相连，是社会文化的产物。

语言的"社会性"说明，语言系统不可能是一种存在于真空、自生自灭的"虚无"现象，语言的形式和意义表现总是受存在于语言之外的社会要素的制约。语言之外的社会要素是指独立于语言意义呈现之外的整个世界，也指被意义呈现的民族、地域、历史、习俗、宗教、经济、军事等文化印迹和文化内涵。萨丕尔（2002：3）说："语言有个底座，说一种语言的人是属于一个种族（或几个种族）的，也就是说，属于身体上具有某些特征而不同于别的群的一个群。语言也不脱离文化而存在，就是说，不脱离社会流传下来的，决定我们生活面貌的风俗和信仰总体。"他在其名著《语言论》中主张把语言现象同人类心理、社会、文化联系起来，认为语言"纯然是一个集体的历史遗产，是长期相沿的社会习惯的产物"，"是在人的心灵或精神结构中形成的功能系统"（萨丕尔，2002：4—10）。因此，我们人通过社会行为而习得的语言，既是文化的载体，又是文化的组成部分。

"文化（culture）"一词，在英语中由词根"cult（耕种）＋ ure

（……行为）"组成（ure 为词缀）。由于实施耕种行为的主体是人，所以"culture"表达人的行为、与人息息相关。英语还把"agri（田地）"和"culture（文化）"叫作"agriculture（农业——田地文化）"。再如"self-culture（自修，自学）、pisiculture（养鱼学，养鱼）、pomiculture（果树栽培学）、apiculture（养蜂业）、horticulture（园艺学）、silviculture（造林学）等词中都有"culture（文化）"。"文化"在汉语中由"文"和"化"两个词组合形成，概念指"人化"和"化人"。汉语强调文化的作用就是教化人，即以"文"化人。据考证，"文化"一词最早来自于德语 kultur，原指土地的开垦及植物的栽培，后来指对人的身体、精神，特别是指艺术和道德能力和天赋的培养（束定芳，1988）。一直以来，很多著名学者都将自己毕生精力倾注于人类文化的研究。

英国人类学家泰勒在 1871 年发表的《原始文化》中对"文化"的定义是："文化或文明，就其广泛的民族学意义来讲，是一个符号的整体，其包括知识、信仰、艺术、道德、法律、风俗以及人们作为社会成员而获得的能力与习惯。"继泰勒之后，其他一些中外著名学者也都对"文化"进行了很好的定义。

美国语言学家和人类学家 William Bright 1976 年将文化进一步分为两大范畴：大文化和小文化。大文化（简写为大写的 C）指文学、艺术、音乐、建筑、哲学、科学技术成就等集中反映人类文明的各个方面；小文化（简写为小写的 c）指人们的风俗习惯、生活方式、行为准则、社会组织、相互关系等一系列特征。语言与大文化的关系是从属关系，与小文化的关系是并列关系。

由于文化具有非常鲜明的民族地域性，亦即不同于整个人类文化共性的文化个性，所以不同民族文化之间自然会呈现不同的文化形态，这种文化形态差异反映到语言层面上，就是表现为一系列的诸如语言的外壳——语音、语言的形式——词语和语法、语言的意义——词语的语用义和文化义等方面的差异。

文化不仅影响着语言系统，也决定着语言的指称内容与方式。语言所指称的对象，都是以人为核心的文化世界中的物和事，语言所指称或反映的物和事的方式，也都是人的心理活动及文化意识的体现。所以，语言中词汇的表达方式和指称内容是由文化的人和人的文化所决定的。比如，生活在北极地区的爱斯基摩人整天与雪打交道，他们对雪的观察细致入微，能用 20 多个词来指称不同的雪——地上的雪、石上的雪、堆积的雪、下着的雪，等等；而居住在我国广东省的人却几乎整年都见不到雪，因此在概念上把冰与雪不加区分，北方人叫"冰棍"，广东人却叫"雪条"。可见，不同语言中所反映的事物与该民族或该群体的文化紧密相关，自然现象中的许多物和事，作为语言的指称对象，许多并不一定是纯客观的物理世界，而是人所感知的、经过民族文化园这个过滤器过滤过的，并被人赋予了特殊意义的事与物。简言之，是由人所构建的文化世界或语言的世界图景（赵爱国、姜雅明，2003：25）。

生长在自然界里的植物，在人的世界里也因为文化而被赋予不同的印象和含义。比如，枝杆挺拔、生长迅速、茎为木质的禾草科常绿植物——竹子，与我国南方人民的生活息息相关，并在中国历史文化发展和精神文化形成中产生了巨大作用：竹、松和梅一起被称为"岁寒三友"；竹子的空心，被中国文人引申为"虚心"；竹子的竹节，被引申为"气节"；竹子的耐寒长青，被视为"不屈"；竹子的高挺，被视为"昂然"；竹子的清秀俊逸，被引申为"君子"；汉语成语里多有提到竹子的：雨后春笋、青梅竹马、势如破竹、胸有成竹、竹篮打水一场空。而属于海洋性气候居住在寒温带的英国人由于对竹子的生长了解甚少，因此在概念上不知道竹制品和竹子的特性，遑论竹文化。虽然英语中有"bamboo"一词，但该词在西方文化中并没有什么特别含义，仅指一种植物而已（白靖宇，2010：89—90）。

植物生长离不开一定的自然环境，同样，语言的出现、使用和发展也离不开其所依附的社会"土壤"。英国语言学家杰弗里·利奇（Leech，1987：33）在《语义学》中将词义研究置于社会文化的大背景之下，把词语的意义划分为 2 类 7 种：

词义	理性意义	概念意义
		主题意义
	联想意义	内涵意义
		社会意义
		情感意义
		反映意义
		搭配意义

我们分别从 BNC（the British National Corpus）和 Chinese Gigaword 2 Corpus 语料库中选取表示植物整体的词"tree"、"bamboo"和表示植物部分的词"stem"及其对应词"树"、"竹"、"茎"，对英汉语每百万词出现的频率进行统计，发现"tree"为 35.4、"bamboo"为 0.78、"stem"为 3.5；"树"为 17.5、"竹"为 3.4、"茎"为 0.56。在"bamboo"与"竹"、"stem"与"茎"之间，明显相差较大。进一步查找它们的搭配情况获知：①"bamboo"在 310 次出现中，与其他词一起并列构成偏正或联合词出现的次数为 57、用于前置修饰词或后置中心词出现的次数为 239；而"竹"在 1347 次出现中，与其他词一起并列构成偏正或联合词出现的次数为 199、用于前置修饰词或后置中心词出现的次数为 986；②"stem"在 1377 次出现中，与其他词一起并列构成偏正或联合词出现的次数为 233、用于前置修饰词或后置中心词出现的次数为 961；而"茎"在 223 次出现中，与其他词一起并列构成偏正或联合词出现的次数为 55、用于前置修饰词或后置中心词出现的次数为 155。这些数据从一个侧面证明，词的搭配义离不开社会这个大背景，一个词的搭配范围越大，其搭配意义越丰富；反之，则相反。

沈安平（1996）认为："如果理性意义是语言表达某一客观事物、某一思想概念时所获得的意义，即我们通常所说的指称意义，那么联想意义则是人们在使用语言时联想到的现实生活中的经验，表达人们使用语言时情感上的反应，并从广义上显示出特定语言集团的社会文化特征，因此有的语言学家称之为社会文化意义（social-cultural meaning）。"无论是联想意义，还是社会文化意义，实际上都是指词语蕴含或承载的民族文化内涵，亦即文化义。

关于词语的文化义，在学术界存在不尽相同的定义，所使用的指称术语也不一致。王德春（2002：167）将词语文化义称为"国俗语义"，认为国俗语义是"语义民族性的一种表现，它反映使用该语言的国家的历史文化和民情风俗，具有民族文化特色。也就是说，在反映概念的基础上增添了附加的民族文化色彩，离开民族文化背景，难以准确理解语言单位的含义"。杨元刚（2008：25）认为文化义就是"词语的概念意义所包含或附着的反映该语言使用民族的价值观念、宗教信仰、生活方式、审美心理、人文地理、风土人情等民族文化因素的那部分内容，词语文化义的差异性实际上就是语言民族性的表现"。百度百科的解释为：文化义指词在特定社会文化背景下所获得的反映一个民族风俗习惯、文化背景、宗教信仰、思维方式等诸多文化因素的隐含意。这些定义，都能较好地概括和解释植物词语所具有的社会属性，如英语中的"apple、oak、rose、root、grass、fruit、seed、mushroom"等词，汉语中的"松、柏、梅、菊、竹、兰、红豆"等词，其中都含有各自民族的文化义。但是实际上，与这些语言符号对应的植物实体在中英两国的社会活动中也能用来表达人的情感、思想、愿望，等等，成了某种寄托物或象征物，这些植物在人的交际中已不再是单纯的植物实体，而是附着有社会文化含意的物体。故在社会交际中，人们除了使用文字形式的语言，还常常使用植物形式的"花语（language of flowers）"来进行信息交流。英汉"花语"中的植物实体含意不尽相同。例如："白色百合花"在英国表示"纯洁"，在中国表示"百年好合"；"山茶花"在英国表示"理想的爱"，在中国表示"可爱"；"垂柳"在英国表示"哀悼"，在中国表示"柔情"；"红色康乃馨"在英国表示"我心感叹"，在中国表示"健康长寿"；"苹果"在英国表示"美好之物"，在中国表示"平安、吉利"，等等。所以"文化义"不论冠以何名，其概念内涵都应该包含语言之外的、寄居于实体事物的社会含意。

综上，这里将"文化义"归纳界定为：指词语或自然实体在人际交流中所代表的、具有反映一个民族风俗习惯、文化背景、宗教信仰、思维方式等诸多文化因素的隐性意义。它是一个与概念义、语法义、修辞义等都密切相关却又不相同的词义种类。文化义主要体现特定语言族群所约定俗成、代代相传的传统文化知识和民间风俗知识。

第二节　植物民俗文化义与植物词语的文化义

Eugene Hunn（1982）认为，对民族/人种生物学（ethnobiology）的科学研究应该以适用于文化知识（cultural knowledge）为前提。其中的"文化知识"，具体在植物领域就是各种各样的与植物有关的"民俗"形式和内涵。所谓"民俗"，就是"民间风俗"，即一个民族或区域中，广大民众所创造、享用和传承的生活文化。它涵盖了人们日常活动的各个方面：（1）风俗方面，如衣服、食物、婚嫁、丧葬、时令的礼节等；（2）宗教方面，如神道、星相、对天地、动物和植物的迷信等；（3）文艺方面，如戏剧、歌谣、故事、谚语和谐语等（王晓丽，2004）。

殷莉、韩晓玲（2007：12）认为，"民间"是指除官方以外的有某种共同社会关系的群体，其主要组成部分为直接创造物质财富的广大中下层民众；"风俗"是指人民群众在社会生活中世代传承、相沿成习的生活方式，是一个社会群体在语言、行为和心理上的集体习惯。民俗一旦形成，就成为规范人们的行为、语言和心理的一种基本力量。民俗是民族文化的重要组成部分，属于民间文化。顾名思义，民俗文化义是指某个社会群体在生产生活行为方式中约定俗成的一种包括民间风俗和传统文化的隐含意义，其中往往透视出坚强广泛的社会性，带有一定的宗教或迷信色彩。植物民俗文化义就是某个民族或社会群体附加给植物实体的一种民间传统文化义。植物民俗文化义具有物质与精神的双重属性，既反映一个民族或社会群体在与植物发生频繁接触的长期实践中，对植物外形、习性、作用等的认知程度，又反映该民族或社会群体共同的风俗习惯、价值取向和文化心理。

马清华（2006：37）认为，文化与语义密切相关。一个民族的文明程度、价值观念、认知方式和自然环境因素决定或影响语言的语义场（semantic fields）。比如，汉语用"稻、米、饭（米饭）"分别代表"植物或谷物、待炊的食物、食物"三个阶段，日语用"いめ，こめ，ごほん"分别代表"植物或谷物、待炊的食物、食物"三个阶段（"こめ"也可作为这三个阶段的总称），西方语言则用一词概指"植物、谷物、待炊的食物、食物"四个阶段，英语叫 rice、德语叫 Reis。稻米在中西方饮食文化中是否作为主食便可从这一相同植物实体、不同语义表达中可见一斑。相反，英语对"麦"的语义分类比汉语更加细致，有"barley、wheat、rye、oats"等四类，而且都是非复合词，汉语则都是以"麦"为根词的复合词"大麦、小麦、黑麦、燕麦"等。当然，植物词在语义场中的语义虽然受文化影响，但终究只是有具体所指的、属于具体范畴的概念意义，而不属于抽象范畴的文化义。

植物文化义是植物词在其概念义的基础上被赋予的引申义、比喻义、借代义、联想义、象征义，其产生的基础有三：一是植物的形态、结构、生活习性、环境适应性及其用途等；二是民族的文化；三是联想（廖光蓉，2002）。

　　英汉民族中的许多植物实体依据其外观形态、芳香气味、生长习性、社会功用等方面的特征，都被附加上不同的民俗文化义，并在人际交往、节日庆祝、情趣保持、感情联络、信仰追求等活动或过程中体现出来。比如，中国人喜欢在房前屋后栽种松树、竹子，通过所栽植物来表达坚强、谦虚的品性；文人写诗作画，也喜欢用"松筠之节"（筠即竹子）等词语或图画来比喻坚贞的节操，抒发意境。究其然，松竹实体的民俗义及其词语的文化义之所以如此，还是与它们的植物属性分不开，因为松树四季常青、傲雪而立，竹中空有节、质地坚硬。而在英国，有着相似民俗文化义的植物则是橡树及其对应词"oak"，英国人喜爱植物"oak"和使用"oak"一词来比喻坚强性格，也是因为橡树质地坚硬、挺拔刚毅，恰恰能表达"刚强不屈"。英语习语"a heart of oak"，意思就是"刚强勇敢的人，果断的人"。不过，有趣的是，尽管在英国也生长有松树，但无论是实体的松树还是"pine"一词在英语中都没有汉语文化中所含有的象征意义。"英国人只知道'pine'是一种常青树，可提供优质木材。"（白靖宇，2010：87）就像世界上没有两片完全相同的树叶一样，即使是相同的植物，在不同地域的民俗文化中，其代表的社会性意义也会有差异。"人类生活上所需要的物质资料都直接取自人类自己所赖以生存的自然环境，诸如平原、山脉、江河湖海，以及其中生长的动植物等，都是人类生活不可缺少的自然对象。"（王化鹏，1995）词随物生，植物词汇的文化义源于植物，又大于植物。不仅是植物和植物词汇，其他自然对象及其对应词语都承载着寄托人类情感、思想的文化义。比如，各种语言中表达"乡愁（nostalgia）"的大小作品，无一不包含作者对其成长的自然环境以及对其在那个环境中所经历往事的记录和描写。

第三节　英汉民俗中的植物象征对比

　　在前面章节中我们探讨了英汉植物名、固定植物词语在词义认知方面的共性和差异，主要是从语言（词汇）层面上分析、对比两者的特征，而实际上，"那些借助于有形具象的客观事物的暗示和象征才有特殊的意义"（刘介民，1993：167）。植物作为自然界真实存在的生物实体，基于它的视觉形象和生长规律，就能直接被人类用来表达和赋予意义，两者之间甚至可以不用语言符号，这样的意义往往也叫作象征（symbol）。赵伯涛（2008）认为，"植物除以自身的功能参与人类的生活外，还由于其名称的谐音、象征特性及所包含的吉祥寓意等，被人们赋予了特殊的功能，作为口彩词或吉祥物来表达不同的祝愿和向往，以及作为某些特定事物的象征"。植物的象征意义反映出一个民族或地域的民俗文化活动的形式和内容，代表着独特的民俗文化含意。英汉民俗植物及植物词语象征意义的异同现象是需要讨论的问题。

　　我们首先从理解"象征"和"植物象征"两词开始。《语言大典》（王同亿主编，1990）对"象征"的定义是：代表或暗指另一事物，如由于联系、联想、习惯或偶然的但不是有意识的相似之类；尤指不可见的某物（如一种概念或一种风俗）的可以看见的标记（主要的一些象征是代表一年之春的丁香花，代表死亡的西沉星……）。象征是以"代表"和"联想"为基础的一种表现手法，它最先是希腊语言中的专门性术语，指的是纪念用的碎陶片，后来用于文学评论中，它是"指向别的某种东西，指向人们确实可以直接的方式获得或经验的某种东西"（汉斯·乔治·伽达默尔，1989）。美国人类学家怀特（Leslie White）对"象征"有过很好的描述：象征是一件价值和意义由使用它的人加诸其上的东西。一个象征可能具有任何类型的物理形式。它可能具有物体的一种形式，如颜色、声音、气味、运动、滋味等。但是一个象征的意义或价值，在任何情况下都不是产生或取决于物理形式固有的性质：与哀悼相应的颜色可能是黄的、绿的或任何其他的颜色；紫色未必是皇族之色，在中国的满族统治者那里，皇族之色乃是黄色。象征的意义产生取决于使用它们的机体；意义是人类机体加在物质的东西或事件之上的。这些东西和事件遂成为象征。用约翰·洛克的话来说，象征"由于人的横加影响而获得意义"（顾晓鸣，1989：138）。因此，如果说"隐喻"是文字形式的比喻，"象征"则是物理形式的比喻，前者可视为无形概念，后者则是有形概念，它们都是人们认知世界、传承文化的方式。"植物象征"，就是一个语言社团视某种植物或植物器官为一种社会意义的符号，这种表意符号能在该社团的人际活动中代替文字符号表达语言文化的意义，构成约定俗成的规则或宗教崇拜。如中国许多文人、儒士为表明自己的价值取向和道德操守，喜欢在家中摆放松、竹、梅三种植物，或张挂画有这三种植物的画，这在中国文化里，松、竹、梅就不只是三种普通的植物了，而是蕴含着"自强不息、不畏权贵、有骨气"的特殊民族文化意义的象征。植物与人类发展、繁衍息息相关。植物象征在英汉两民族的民俗传统中都有丰富的表现，是两族人民认识自然、理解生命、敬畏神明、维系伦理的写照和避凶趋吉的朴素表现。英汉先民的生活生产形态初期都比较单一，并不复杂，无非是撑船打鱼、饲养禽畜、播种收割、摘桑采茶、婚丧嫁娶、生老病死等，但在长期的劳动中，由于接触自然、栽种植物、食用植物，经过有意无意地细致观察、思考和认识，已经对自然界里各种植物实体的千姿百态、香气臭味、颜色缤纷和神奇规律谙熟在心，所以他们喜欢将劳动和生活中所见所用植物用作比附，宣泄心中之情，天然地将自己的情思融入各种各类植物对象，并使之具有了一定的象征意义。这些植物不仅仅是花果树木名的指称对象（referent），而且是民族的历史和文化、智慧和情感的凝结物，是文化传统、风俗习惯中代代相承的约定性象征——原型意象。用最初提出原型理论的瑞士心理学家荣格的话来说，"这些原型意象凝聚着一些人类心理和人类命运的因素，渗透着我们祖先历史中大致按照同样的方式无数次重复产生的欢乐和悲伤的残留物"（转引自黄鹤，2004）。植物可以作为传递信息的媒介和载体，人们选择某种植物作为象征符号，是因为他们看中了植物所负载的信息，而非它们所含有的利用途径和经济效益。正如英国人类学家埃德蒙·利奇（E. R. Leach）所说："象征代表了属于不同文化背景下的事物。"（埃德蒙·利奇，2002）大自然中的植物常被用来表现人们所共有的情感体验和人生特定情境，成了民俗植物。比如，汉族不少地区妇女怀孕期间忌食鲜姜，认为鲜姜外形多指，吃了鲜姜，唯恐生的孩子手脚长出六指。这是依据植物的外形通过想象联系的表现，反映了人们趋吉避凶的朴素心理。再如，日本的民间和宫廷曾盛行在春天请年长的妇女用树枝来敲打已婚未育妇女的臀部，据说这样来年就能生男孩。这是将植物在春天快速生长、重新勃发生机的具象与人的生育繁衍联系起来，表达人们期待生命延续、人丁不绝的愿望。然而，植物的萌芽、生长、繁殖与凋零，是与地理、气候等方面的自然状况相适应的，所在的地域物候不同，植物种类及表现就会不同，因而作为构建象征的植物实体具象也会随之发生变化。那么，英汉民族的植物象征都有哪些方面的差异呢？或者说这些差异体现在哪些方面呢？我们可以通过在婚俗、节日及葬礼等具代表性的民俗形态来进行对比。

一 婚俗与植物象征

如果说植物是人类生活环境中的具体物质,那么民俗则是我们社会环境中的抽象物质。人们从出生、长大、结婚、生子到离开这个世界,在衣、食、住、行、育、乐等各个生活层面中,几乎都有一些约定俗成的习惯或规则,这些习惯或规则就是代表一个族群、一个地域特色的民俗,是广大民众在长期的历史过程中所创造并传承的物质生活和精神文化。婚俗是民俗的重要组成部分。各地的婚俗几乎都与植物紧密相连。中华民族自古以来就有通过植物个体表达对婚姻的理解、对结婚新人的祈愿等传统,可以说,只要有婚俗,就会有植物象征。例如,在我国南方湘、鄂、赣、闽等省的一些地区,每年的"三月三"这天,接近婚龄的女孩会采摘来一小把冬青树枝叶,丢入炉火内燃烧,边烧边数其炸响的声音,若响声为偶数,则认为今后会有幸福的婚姻,若听到的是奇数,就认为今后的婚姻会不顺利。无独有偶,在遥远的英伦大地,同样流传着类似的以燃烧植物预测将来婚姻是否幸福的民俗。苏格兰女孩子常常在万圣节那天将栗子、豌豆荚或橘子籽成双成对地扔进火中,观察它们的燃烧情况,如果它们是连在一起静静燃烧的,就认为今后与丈夫的婚姻会幸福,如果这些植物燃烧时飞出火星或是成单个分开,就认为今后的婚姻会有厄运。又如,雏菊是英国较为常见的一种野花,它象征纯洁单纯,少女们对这种花情有独钟,她们认为这种花可以帮助她们预测自己的爱情。她们采用的方法是,一边把雏菊的花瓣撕下来一边急促地重复着"爱"、"不爱",当最后一片花瓣被剥落的时候,天真的姑娘就会知道心上人对自己情有多深了。这实际上是原始信仰的遗留,反映出民俗传承的顽强性。美国民俗学家理查德·多尔逊说,民俗的一个功能"是满足一般的愿望去超脱世俗世界","民俗使人脱开他所处的狭隘界限,以另一种方式冲破有力的社会戒律"(理查德·多尔逊,2005:13—14)。

我们将英汉民族用于婚俗的植物及其象征的意义分别列表如下,进行对比。

表 8—1   英语民族婚俗中的植物及其象征意义

植物	象征意义	流行地区	相关习语或语例
玫瑰花瓣	去除邪恶的鬼魂、厄运和疾病；象征幸福和美丽	西方各国	rose bud; There's no rose without a thorn
大米	早得贵子，繁衍生息	英国	（暂缺）
水果和坚果仁	丰收和新婚夫妇子孙满堂	英国	Good seed makes a good crop. harvest a shrub of acorns
石楠花（heather）	象征幸运	苏格兰	（暂缺）
麦粒（wheat）	丰收	英国	bring forth wheat
谷物（cereals; grain; crop; corn）	衣食无忧、子孙满堂	欧洲	a bumper crop
花（环）	象征童贞	英国	（暂缺）
（抛撒）鲜花	新娘一生的道路上也将开满鲜花	英国	（暂缺）
百合花	纯洁、美丽	英国	as white as a lily; lilies and roses
火鹤花（anthurium）	新婚、祝福、幸运、快乐	英国	（暂缺）

表 8—2   汉语民族婚俗中的植物及其象征意义

植物	象征意义	流行地区	相关习语或语例
枣子	早生、快生贵子	全国大部	祸枣灾梨，囫囵吞枣
桂圆	高贵圆满	南方	庄稼佬不识桂圆——外行（黄）
百合	百年和好，幸福美满	全国大部	洁白无瑕、白璧无瑕、冰清玉洁、洁白如玉
石榴、葫芦	子孙兴旺	南方	秋后的石榴（——月下老牵红线）；石榴成熟（打一成语）——皮开肉绽；按下葫芦浮起瓢
甘蔗	有头有尾，百年和好，新郎新娘的生活如甘蔗一样节节高，生活甜甜蜜蜜	闽南	黄连换来甘蔗杆；倒吃甘蔗——一节更比一节甜

续表

植物	象征意义	流行地区	相关习语或语例
槟榔	象征金钱	琼、台、闽、滇等省	高高树上结槟榔，谁先爬上谁先尝（形容人的欲望可以被自己的道德控制）
香蕉	围绕一个中心生长，象征新人同心协力过好日子	两广、闽、滇等省、	（暂缺）
花生	男孩女孩花着生	全国大部	麻屋子，红帐子，里面睡着个白胖子（花生谜语）；生花生——非吵不可（非炒不可）
橘子	招来长寿	南方	橙黄橘绿
苹果	平平安安	北方	苹果掉在箩筐里——乐在其中
椰树苗	夫妻百年偕老，小孩苗壮成长	海南	（暂缺）
瓜子	子嗣	江浙地区	（暂缺）
石榴	多子多孙	西南、西北地区	（暂缺）
莲花、莲子	连生贵子	长江以南大部分地区	藕断丝连；舌灿莲花（形容人口才好，能言善道，有如莲花般地美妙）
相思豆、红豆	象征夫妻同心、白头到老	岭南地区	相思鸟嘴含相思豆——心服口服，红豆相思；豆剖瓜分；豆重榆瞑；箪豆见色
牡丹、芙蓉	荣华富贵	皖南	牡丹虽好，全仗绿叶扶；芙蓉并蒂
芍药	富贵	江淮地区	风姿绰约
玫瑰	爱情	全国	（暂缺）
大米	不愁食物	广西、云南等地	巧妇难为无米之炊；不愁无米下锅

英美国家在婚礼中是少不得鲜花的，其中有一个环节名为"抛花束"：新娘要将手里象征婚姻幸福的花束抛向客人，鲜花代表激情和奖赏，传达出繁荣富饶和出类拔萃的信息，接到新娘花束的人将会有好运气。由于不同的季节大自然会盛开不同的花，所以婚礼上的花束并未规定

该使用哪种花。新娘拿花的习惯起源于古时候。人们觉得，香味浓郁的花草或香料可以去除邪恶的鬼魂、厄运和疾病。虽然很多的婚俗人们已经记不起它到底起源于什么，但是在今天人们依然遵循这些古老的传统。

相比而言，汉民族婚礼中用植物果实作象征物较为普遍，如枣子、栗子、石榴、花生、莲子、荔枝、桂圆、葫芦等，都被视作祈子吉祥物，经常放在一起用于婚俗祝子。王士祺在《池北偶谈》卷二十一中说："《白虎通义》曰：'妇人之贽，以枣栗（月段）修。'……今齐鲁之俗，娶妇必用枣栗，谚云，早利子也。"所以，直到现在，在我国无论长江南北的广大农村，汉族新娘出嫁时，身上都会带上一包花生枣栗，到了婆家门口将随带的花生枣栗撒与迎亲的众人，寓意来到婆家要"早立子（希冀头胎生儿子）"、"花着生（希冀生男生女）"。石榴也是一种多籽实的果实，古人称其为"千房同膜，千子如一"，将其当作生殖繁衍、多子多孙的象征物，至今有些地方也还保留着在石榴成熟的时节向婚后未孕的妇女赠送石榴的习俗。莲子为莲蓬的籽实，且与"连"谐音，所以密密实实地结有多颗莲子的水生植物莲蓬，在汉族的民俗文化中被赋予了"连生贵子"的含义，成为多子的象征。各种祈子象征物与各地常见的典型植物密切相关。在我国岭南地区，当地典型水果荔枝，与"利子"谐音，便被视为祈子吉祥物。还有桂圆，因其"桂"与"贵"谐音，所以桂圆也成为"早生贵子"的象征物（转引自百度百科·植物与民俗）。汉族民间习俗中盛行的象征繁衍子孙的吉祥植物的选用，除了与地域物候密不可分，也与汉民族一直持有的男尊女卑、重男轻女的社会观念有关。

与英语民族婚礼中多使用鲜花，且花的种类较为灵活不同，我国许多地方婚礼中使用的植物却是相对固定的，如新娘结婚那一天被迎进婆家门时向围观者抛撒象征"早生贵子"的四种植物，通常是"枣、花生、桂圆、栗子"。而在云南等地，汉族姑娘出嫁前一天，家人、亲属要用含"子"字名称的植物果实煨汤请姑娘喝或为姑娘洗浴，俗称"五子汤"，寓祈愿姑娘婚后多子多孙之象征。这五类含"子"字名称的植物往往是枣子、松子、莲子、瓜子、麦子等。

通过对英语民族（主要是英国）和汉语民族婚俗（特别是婚礼）中可能用到的植物的分析、对比，可以发现：(1)汉语民族婚俗中具有象征意义的植物在数量上多于英语民族婚俗中具有象征意义的植物，说明地域范围的大小与婚俗植物的多少成正比；(2)虽然玫瑰、百合和大米三种植物在英语民族和汉语民族婚礼中都具有象征意义，但它们在各自民族所象征的意义却不相同，说明英汉民族虽然分别在自己的地域生长有相同的植物，但看待植物的角度、利用植物的习惯相互有别；（3）英语婚俗中的植物象征基本上是类比象征，即根据植物的特性如形状、颜色等赋予其特定的含义，如百合花因其洁白、漂亮而象征纯洁、美丽，谷物因其为粮食之本而象征衣食无忧、子孙昌盛；汉族婚俗中的植物象征除了类比象征之外，还有谐音象征，如"枣（子）、（花）生"因与"早生"同音而象征早生儿女，"百合（花）"因与"百年好合"谐音而象征百年和好、幸福美满。（4）在英语婚俗中象征童贞的花（环）和象征新娘今后生活美好的鲜花（抛撒）并没有规定为具体某一种类的花，象征衣食无忧的谷物也无明确规定为哪几种谷物，说明英语民族取用自然物品较为务实和克制，对待仪式习俗具有宽容灵活的特性；汉族婚俗中的象征植物虽然由于地域广大，种类较多，但在一定的地域里象征植物都是依规而用，说明汉民族在对待自然物品方面更加讲究形式、顺从权威，对待仪式习俗不越雷池。

二　节日活动与植物象征

一个民族的延续与发展几乎都伴随着具有自身特色的节日活动。"节日是指一年中被赋予特殊社会文化意义并穿插于日常之间的日子，是人们丰富多彩生活的集中展现，是各地区、民族、国家的政治、经济、文化、宗教等的总结和延伸。"（殷莉、韩晓玲，2007：28）节日作为具有特定主题和纪念意义的社会活动日，往往随着季节、时间和物候而转移，离不开各民族世代相传的生活习性、地域烙印和文化特色，同时也会随着生产生活的发展和需要而新创、修改或增删。不同的国家、不同的民族，有着丰富多彩，各具特色的节日。甚至同一国家和民族，因地域不同，传统节日的风俗也有所不同。在各国庆祝节日的活动形式中，都可以看到植物作为物质象征用来表现各种意义、表达各种情感。英汉两个民族历史悠久，文化灿烂，各自都有颇具民俗特色的传统节日。如 New Year's Day（元旦节）、Valentine's Day（圣瓦伦丁节）、Easter Day（复活节）、April Fool's Day（愚人节）、Halloween（万圣节）、Thanksgiving Day（感恩节）、Christmas Day（圣诞节）等都是英语国家人民非常熟悉的节日；元旦、春节、元宵节、清明节、端午节、中秋节、重阳节等则是我国人民的传统节日。这些节日作为英汉民族文化中的一个重要部分，包含着各自民族历史形成和沉淀下来的性格、心理、信仰、观念、思维方式、道德情操、审美情趣以及民族文化深层结构内涵的价值取向，是民族精神在特定的社会土壤中长期孕育的结果和重要载体，也是民族生存形态最突出、最具特色的展示（李景光，2009）。传统节日是世界各国民俗文化的重要组成部分。"很多民俗节日的象征都是以植物为标记或用植物要素表意而构成节日象征"（裴盛基，2008）。科学工作者调查发现，我国西双版纳地区的傣族、哈尼族等少数民族，至今都有在食物、穿衣、草药、盖房、编织、装饰、观赏、狩猎、捕鱼、驱虫、祭祀、民歌民谣、民间故事、节日活动、转通信息、表达感情等生产生活的方方面面利用植物的习惯（陈重明，2004：8）。

那么植物又是如何在民族节日中表现出价值取向的呢？为什么英汉民族节日活动中要使用这些植物呢？我们可以通过表8—3、表8—4，对比分析英汉民族用于节日活动的植物及其象征义的具体情况。

表8—3　　　　　　　　　　　　英语民族节日活动中的植物

节日名	植物及其使用方式	象征意义	相关习语或语例
New Year's Day 元旦节	满天星、香石竹	新年伊始，万象更新	（暂缺）
Valentine's Day 情人节	玫瑰、郁金香、康乃馨	表达爱慕之情，象征幸福和美丽	Rose bud；There's no rose without a thorn
April Fool's Day 愚人节	用水仙花和雏菊把房间装饰一新；用莴苣叶掩盖牡蛎鸡尾酒	作假，轻松欢乐	（暂缺）
St George's Day 圣乔治日	玫瑰	象征幸福	Rosy in the garden
May Day（Maypole）	花环，橡树等	庆祝夏天的来临和蔬菜的新生	（暂缺）
Midsummer's Day 仲夏夜	扮成"谷物女神"，头戴蓬子菜花编织的黄色花冠，走向麦田	象征着五谷丰收	（暂缺）

续表

节日名	植物及其使用方式	象征意义	相关习语或语例
Halloween 万圣节	南瓜，南瓜灯装饰	南瓜灯象征游魂，南瓜的橘黄色象征万圣节颜色	The pumpkin has not turned into a coach
Pancake Day 薄煎饼日	吃薄煎饼的时候涂上枫树糖浆	味佳、美好	（暂缺）
Easter 复活节	鲜花、百合花，山楂刺；吃无花果	春天和再生、新生活，消灾避难	Under a hawthorn, our savior was born.; worth a fig（一文不值）
Mother's Day 母亲节	制作和食用干果、果仁、香料做成的糖果；摆放和赠送康乃馨、香石竹	象征健康长寿；慈祥、真挚，母爱	（暂缺）
圣诞节（Christmas）	室内悬挂槲寄生（mistletoe）枝；装饰圣诞树（松柏、冷杉等）	好运	（暂缺）
Palm Sunday/Fig Sunday 圣枝主日	信徒手持橄榄树枝或棕榈枝或松柏枝	纪念耶稣	fig leaf（遮羞布）
Lammas Day（loaf-mass day）收获节	佃户向地主捐送小麦、水果等丰收物品	丰收庆祝	Bread is the staff of life
Thanksgiving Day 感恩节	食甜山芋、玉米、南瓜饼、红莓苔子果酱	上天馈赠，不忘传统	（暂缺）

表8—4　　　　　　　　汉语民族节日活动中的植物

节日名	植物及其使用方式	象征意义	相关习语或语例
元旦	摆放和互赠蛇鞭菊、玫瑰、满天星、香石竹、菊花及火鹤花，金鱼草	欢乐吉祥，鸿运当头	（暂缺）
春节	饮屠苏，挂桃符；摆放和互赠兰花、牡丹、报春花、状元红、发财树、仙客来等	增福添寿；富贵吉祥，前程万里，事业发达	过年要想发，客厅摆盆花；新桃旧符

续表

节日名	植物及其使用方式	象征意义	相关习语或语例
元旦	摆放和互赠蛇鞭菊、玫瑰、满天星、香石竹、菊花及火鹤花，金鱼草	欢乐吉祥，鸿运当头	（暂缺）
元宵节	插榕叶、火鹤	喜庆祥和	火树银花；点灯挂盏，开花结枣
三月三	荠菜	除寒去毒	三月三，荠菜赛灵丹
清明节	在门楣、房檐上插柳和头上戴柳圈；农民播种瓜豆	驱邪、吉祥；播种丰收	清明插柳，（端午插艾）；清明不戴柳，红颜成皓首。清明前后，点瓜种豆
端午节	挂菖蒲、艾叶，摆放和互赠茉莉花、银莲花、葫芦等	避邪，清净纯洁，朴素自然，幸福，吉祥如意	（清明插柳，）端午插艾
中秋节	摆放和互赠百合，康乃馨，吃西瓜、石榴等	温馨，祝福	八月十五月正圆，瓜果石榴列满盘；八月桂花香，家家接姑娘
重阳节	插茱萸，食蓬饵，饮桂花/菊花酒	求吉避灾，祈福安康	登高赏菊；重阳酿酒桂花香；遥知兄弟登高处，遍插茱萸少一人

　　表8—3、表8—4所列的节日皆为英汉民族每年的传统节日，应用于这些节日中的植物也是英汉民族生存地域上生长的普通植物，这些植物的应用往往是为了表达人们特定的目的和愿望。通过对比，可以发现：（1）英汉民族用于节日习俗中的植物反映了不同季节、不同地域和岁时节令的规律和特点；（2）尽管英汉民族节日活动中所用植物各不相同，但这些植物所象征的意义却都主要集中在吉祥、美好、丰收、幸福四个方面，这说明人类享有共同的原始信仰，反映了英汉民族趋福避祸、祈愿健康的朴素心理是一致的；（3）英语民族节日活动中的象征植物大部分都是植物的果实，而汉语民族节日活动中的象征植物大多以花为主，这说明英语民族的植物象征充满了"实用主义"思维，而汉语民族的植物

象征表现出"形式主义"思维；（4）英汉民族节日活动都体现了植物的观赏性和可食性，二者相比，英语民族将植物与目前的健康和爱相连，更为关注植物的可食性；汉语民族将植物与未来的富贵幸福相连，更为关注观赏性。

此外，植物的象征还通过节日活动中所用食物表现出来，无论是英语民族还是汉族，民俗中都有承载着某种象征意义的特定食物，比如，我国汉民族民俗中的尝新节吃新谷，象征着荒月的结束、生计得以延续；祝寿宴尝寿桃，象征着长寿等。这些来源于普通植物的食品用于相应的节日，便具有了特殊内涵，象征一定的意义，代代相传。

历史发展到今天，植物仍是人类赖以生存的主要直接和间接食物来源。所以，离不开植物的食俗是民俗的重要组成部分，也是区分不同民俗的根据之一。节日中所食用的食物虽然失去了植物原来的性状，但仍跟各民族的栽种、耕作文化有关，反映了依附地域、季节的植物生长规律和特点。例如，桃象征着长寿，是植物果实中最有代表性的长寿吉祥物，就跟桃树遍布中华大地，桃实肉厚可饱腹有关联。古人以为食桃可以延年益寿（转引自百度百科·植物与民俗）。《太平御览》引汉朝东方朔《神异经》说："东北有树焉，高五十丈，其叶长八尺，广四五尺，名曰桃。"夸大桃树与桃实的形体，是为了表现桃长寿的力量。桃子能够在民俗中产生长寿的联想，与汉族先民早期的生活资料来源有关。《韩非子·五蠹》："上古之世……民食果菰蚌蛤。"又说："古者丈夫不耕，草木之实是食也。"在狩猎采集的年代，华夏初民以树上所结的各种水果来充饥果腹，相比而言，桃子不但色味俱佳，而且更加经饱，食饱饿不着，便能活得长久。至今民间仍有"桃饱梨饥"之说。植物的果实为初民赖以生存的主要食物之一。

节日中的食物不仅是满足人的生理需要，更重要的是满足人在一定的自然时令节候环境、社会场合和人生阶段等特殊环境中的心理和文化需要。食俗是一种文化象征符号，瞿明安（2002：2）认为，"人们利用特定的食物、饮食器具和饮食行为作为媒介或载体，采取类比、联想等直观而形象的思维方式和表现手法，将隐藏在群体或个体人们内心深处的欲望、愿望、情感、情绪、个性以及相应的价值观充分表现出来，起到传递信息、沟通人际关系、规范行为活动以及认识自然和超自然现象的功能"。而植物恰恰是人类食物的主要来源，所以自古以来食俗都是植物民俗的重要组成部分。

三 葬礼与植物象征

与大自然的树木山石、江河湖海相比，人的生命是相当短暂的。不论哪个民族，出生、结婚、死亡都是人一生中最重要的三件大事。在庆祝出生、结婚的活动中，人们利用植物满足饮食、装扮环境的同时，也借用各种植物来表达吉祥美好的愿望。死亡标志着一个人生命历程的终结，亲朋好友围绕死者而展开的各种丧葬活动，直接或间接地反映了现实社会的诸多方面，它与人们的宗教信仰、伦理观念、民族意识、生活方式乃至社会结构等都有广泛而密切的联系（田茉云，2006）。植物作为民族文化中用来表达思想观点、寄托感情和理想的有形物质道具，自然也被用在英汉民族的葬礼活动中。不过，与节日和婚礼活动中的象征性植物相比，用于葬礼的植物无论种类还是数量都要少。具体见表8—5、表8—6。

表8—5 　　　　　　　　　　　英语民族葬礼中常用的植物

植物（及使用方式）	象征意义
lily（百合花）（送葬者手持之，葬礼结束时抛入墓中）	爱、复活
chrysanthemum（菊花）（送葬者手持之或挂于胸前，葬礼结束时抛入墓中）	死亡、哀伤
white flowers（白色花朵）（送葬者手持之或挂于胸前，葬礼结束时抛入墓中）	纯洁和品质高贵
flowers/petals（花瓣）（葬礼结束时抛入墓中）	纯洁高雅
gladiolus（唐菖蒲花）（送葬者手持之或葬礼结束后栽于墓碑前后）	贞洁无邪

表8—6 　　　　　　　　　　　汉民族葬礼中常用的植物

植物（及使用方式）	象征意义
五谷（棺材下葬前葬礼司仪抛入墓穴中）	五谷丰登
松树、柏树（棺材下葬后栽于墓碑前后）	逝者如松柏常青，精神永垂不朽
红枣（祭奠时贡于灵前，棺材下葬后司仪抛入墓穴中）	早逃生
花篮（祭奠时贡于灵前，棺材下葬后置于墓前）	坚忍、纯洁和品质高贵
花圈（祭奠时贡于灵前，棺材下葬后置于墓前）	坚忍、纯洁和品质高贵

　　这些用于葬礼的植物实际上都是哀悼死者的道具，虽然英汉民族各自都有数种常用的象征性植物，但象征意义大同小异，基本上都是怀念死者生前品质、祈愿其早日复活重生。

　　英民族一般在死者下葬那天，亲友都要手拿一束鲜花，陪着灵柩前往墓地，同时自己在胸前佩戴一朵白花，以示对死者的哀悼。根据习惯，棺木下葬时要随土撒入一些花瓣，埋好棺木后在墓前立上十字架，十字架下放上一束鲜花。亲友们则将手中的鲜花丢入墓穴或放在墓前，然后默默离开坟墓。在居丧后的第九天、第二十天、第四十天和一周年都要举行祭亡灵仪式。届时，亲朋好友人人都手拿鲜花，前往墓地默哀，离开时，将鲜花置于墓前。有些地方习俗是向死者献祭花圈或者花篮。献花圈或者花篮的习俗最早与西方基督教《圣经》教义的广泛传播有关，人们相信人死以后能进入极乐世界即天堂，而去天堂的路是由鲜花铺设的。因此，笃信教义的人举行丧葬、哀悼时，要在死者的灵车前后抛撒花瓣，象征为死者去天堂铺设道路。后来，人们觉得用鲜花铺道花钱太多，于是改用花圈与花篮来替代。所以现在生者用花圈或者花篮献祭，便是告慰死者灵魂的意思（转引自百度百科·植物与民俗）。在现代英国，自然墓地通常位于森林草地间。人们希望死后能够长眠于墓地中，同时希望采取更加绿色的方式。其中一个选项是采取更环保的棺木。位于剑桥的无家可归者慈善机构"冬季柳树"用编织的柳条加入玉米粉制造棺材，也是保持传统习惯、维系植物与自然人或物质"人"在形式和概念上密切相连的表现。

　　在汉民族文化传统中，白色用来表示哀伤，原先丧礼是没有人送鲜花的，一般要送的是白布、白纸做成的祭幛。随着社会的发展、进步及与西方的交流日渐增多，鲜花和由多种鲜花编织成的花篮、花圈也广泛用于中国城市的丧礼活动中，如在追悼会的会场正方中央放置遗体或骨灰，两旁放置花篮、花圈。旧的丧葬传统讲究重殓厚葬，并且夹杂着许多迷信的习俗。尸体入殓时，棺材内要装好干五谷、柏木、红枣（早逃生）等镇物，安葬时，要在墓穴中滴洒白酒，撒上大米（麦粒）、花朵、枝叶等，象征死者在阴间不愁吃喝，仍然享受到人间的生活，墓地四周栽种松柏，象征生命永恒（谭业庭、张英杰，2010：93—97）。

　　"民俗具有传承性、变异性和历史性等特征。民俗文化的产生和形成离不开人们所处的自然环境，离不开人们对自然界动植物的认知，因此可以说，民俗文化产生于人与大自然的物质世界相互作用的结果，正如文化人类学研究指出：人类创造了一系列与物质和精神相关的民俗文化，表现出对生态环境的适应和利用，进而创造出更高境界的物质文明。"（裴盛基，2008）可见，植物不仅在物理上影响和决定人类社会环境，而且也与传统文化密不可分，植物本身既是传统文化的载体，同时又影响传统文化的产生和形成。社会环境的差异，植物类型的不同，是造成民俗文化具有地域性特征的重要方面。英汉族人用花来寄托爱情，用花来表达某种情操或感情，既是从长期的生活习俗和人际交流的礼尚往来中形成的文化传统，又是人与植物和谐生存、相互作用的具体表现。

专门研究人与植物相互作用的科学称为民族植物学。不同地域的植物在民俗、饮食、医药、文学、宗教、建筑、园艺、色彩艺术等领域的独特文化功能、保健功能和社会功能就是植物与人互动、相互作用的表现。这种相互作用的过程是人类认识、利用和保护植物的宝贵知识和实践经验积累的历史过程，它具有显著的地域性，突出的民族性和特殊的文化特征。汉民族自古传承至今的传统习俗，比如：吃枣（春来早），吃柿饼（事事如意），吃杏仁（幸福人），吃长生果（长生不老），吃年糕（一年比一年高）；踏青，插柳，插茱萸，赏菊，饮菊酒，等等，就是民俗植物与人相互作用的生动写照，其文化意境是求吉避灾，祈福安康；其生态学意义是人与植物的亲密无间，和谐共存。植物有利于人类，人类对植物的传统利用（包括文化利用）也会有利于物种的保护（裴盛基，2008）。公元304年，晋代嵇含撰写的《南方草木状》是世界上最早的区域民族植物志，已有1700多年的历史，它记述了我国两广、云南和越南的重要植物资源共计80条（裴盛基，2003）。"在漫长的植物利用历史过程中，植物与人类生活的关系日趋紧密，加之与其他文化相互影响、相互融合，而衍生出了与植物相关的文化体系，包括了物质层面，即与其食用和药用价值相关联的文化，同时包括精神层面，即透过植物这一载体，反映出的传统价值观念、哲学意识、审美情趣、文化心态，等等。"（余江玲、陈月华，2006）

英汉民俗植物所含文化义的丰富内容和久远历史实际上也反映出英汉民族对植物的共同崇拜。植物是人们生活资料的主要来源，植物崇拜往往与人类的生活、生产，包括人类自身的繁衍生产有关。在现实中，人和其他动物的寿命比起某些植物来要短暂得多，而植物的繁殖力特别强，不仅整体植物可以移栽，并且整株植物的部分，果、根、枝都可繁殖，因而受到人们的崇拜。有了这种植物崇拜的意识，英汉民族"许多民俗就与植物结下了不解之缘，人们把对自然、生命、未来的理解，渗透在对植物的崇拜之中，使自然之物包容进了许多文化内涵。植物民俗义既体现了自古以来人们的植物崇拜信仰，也从中折射出英汉民族固有的社会制度观念，以及理想、愿望和深层次的民族心理"（陈西平，2003）。

　　总之，植物特殊的文化内涵源自于植物的某些自然属性与人类的某些生活习性相符合。有时甚至植物的属性与人的属性交融互织在植物实体及其名称中，不经过学习了解，根本无法分清哪是人的属性，哪是植物的自然属性。如植物"银莲花（anemone）"在欧洲象征着人凄凉而寂寞的情感，其名称就是希腊神话中神的名字，具有人的属性（神是人的化身），传说是花神芙洛拉（Flora）由于嫉妒阿莲莫妮（Anemone）和风神瑞比修斯的恋情，就把阿莲莫妮变成了银莲花，故神名 anemone 就成了花名。很多植物都是如此，其名字与神话故事中的"神"相连，其"花语"表达"人"的某种特征。再如 acacia tree（金合欢树或相思树），由于生长有复生的羽状复叶，扁平的叶茎和小花的花头缠绕一起，共长共生，故其名也是 a、c 字母交替组合，另嵌入一个 i，象征二者紧密不分；汉语的合欢树，也是因其叶子夜合晨舒，象征夫妻恩爱，男女和谐，故又被称作"合婚"树。此外，植物文化存在于人们生活的方方面面，不仅与人的物质生活息息相关，更反映了人们的价值取向、精神追求。英国植物文化体现了西方人以神为本的思想。西方的宗教是以信仰上帝为中心或以上帝的赎救为根本特色，所以西方的节日主要源于宗教及相关事件，如缅怀上帝、忏悔罪恶、感激拥有、布施穷人等。中国植物文化则是一种透过植物反应以人为中心的文化现象。所以说，影响植物文化形成的因素是多方面的，但都与各国传统文化这一大环境分不开。

第四节　英汉植物词汇的文化义对比

　　植物在英汉民族发展史上因为国情不同、种类不同，其对应的民俗含意和指代实体的词语的文化义也不尽相同、甚至大相径庭。但有一点是相同的，那就是中英两国的植物实体很多都承载着各自的民俗文化含意，英汉两种语言中的许多植物词语也都含有丰富的文化义，如汉语中的"松、竹、梅、兰、菊、杨柳、桃、桃花、桂树、玫瑰、青草、芙蓉"等，英语中 oak（橡树）、apple（苹果）、grape（葡萄）、lily（百合）、rose（玫瑰）等（张再红，2010：194—195）。

植物词是植物实体的文字符号。由于语言是人类交流感情、表达思想的最直接工具，所以人们往往将附加在植物实体上的文化义自然而然地转移到代表具体植物的词语上。"物质文化是人类文化的最基础部分，往往在语言中留下最深刻的印记。"（张公瑾，2002：1）语言本身就是传承物质文化和非物质文化的载体。在讨论英汉植物词语的词义时，实际上既包括对植物实体象征义的探讨，也包括对与植物实体所对应的植物词意义的探讨。现在转向讨论植物词语的文化义。

张再红（2010：194—195）认为，中英两种语言中的部分植物词语在特定的文化语境中，由于受到地域环境、社会习俗、价值观念、宗教信仰等因素的影响，所反映的文化内涵是不同的。这些词汇在反映概念意义的基础上增添了独特的民族文化色彩，具有丰富的文化语义。现将部分源于植物域的英汉文化词语列表分析。

表8—7　　　　　　　　　　常见英汉植物词的文化义

汉 语		英 语	
植物词语	文化义	植物词语	文化义
杏	行医	daisy（雏菊）	第一流的人物
樱桃	健康美丽得诱人	apple（苹果）	受宠爱的人
黄连	苦难、痛楚	peach（桃子）	讨人喜欢的人
竹子	谦虚、有气节	peanut（花生）	小人物
松、柏树	青春、健康永驻	ivy（常青藤）	常青不衰；不朽的灵魂
连理枝	恩爱夫妻	plum（李子）	佳品、期望得到的东西
桃李	人才、弟子、学生	lily（百合）	圣洁、美丽
松	坚毅、高洁	oak（橡树）	刚强不屈
浮萍	人的漂泊不定	rose（玫瑰）	荣华、富贵；幸福、安逸
豆蔻	未出嫁的少女	gooseberry（醋栗）	作陪伴的老妇
柳絮	漂浮不定，轻薄无情的人	olive branch（橄榄枝）	和平、友好；丰饶
荆棘	困难和障碍	thorn（荆棘）	使人苦恼、生气的人或事

续表

汉语		英语	
植物词语	文化义	植物词语	文化义
芙蓉	清雅，高洁；不同流合污	fig-leaf（无花果叶）	遮羞之物
红豆	相思、友情、爱情	magnolia（木兰花）	浪漫
菊	坚毅；清雅、淡泊	apple blossom（苹果花）	女子红润光洁的肤色和美丽的容貌
并蒂莲	恩爱夫妻	holly（冬青树）	男性的力量；好运
桑榆	垂暮之年	orange blossom（橘子花）	新娘
柳	女子	rosemary（迷迭香）	怀念、爱念、思念；死亡
桃花	恋情	palm（棕榈树）	胜利
昙花	出现不久就很快消失的人或事	yellow tulip（黄色郁金香）	没有指望的爱情

（资料来源：张再红，2010）

表8—8　文化义同、植物类别异的英汉语植物习语及语例

文化义	汉语	植物类别	英语	植物类别
新生事物涌现，蓬勃发展	雨后春笋	（草类）竹子	to spring up like mushrooms	（菌类）蘑菇
味道之苦	苦若黄连	（草类）根	as bitter as wormwood	（草类）艾叶
身材瘦小	瘦如豆芽	（豆科）	as skinny as a beanpole	（树的）枝干
气味芳香	馥香如兰	（草类）兰花	as sweet as a rose	（草类）玫瑰
纯洁	高洁如莲	（水草类）莲花	as pure/white as lily	（草类）百合
烦恼、痛苦	如刺卡喉	（植物器官）刺	thorn in someone's flesh	（植物器官）刺
挺拔、坚毅	松鹤延年	（木科）松树	as strong as an oak	（木科）橡树
不可靠的人	墙头草	（草类）草	a broken reed	（草类）芦苇
愚笨无知	不辨菽麦	豆子、小麦	(Can't) separate the wheat from the chaff	小麦、谷壳/糠

表8—9　　　　　植物类别同、文化义相异的英汉语植物习语及语例

文化义	汉语成语	植物类别	英语成语	植物类别	文化义
佳人	天涯芳草	（草类）草	grass widow	（草类）草	没有了丈夫的
坚强之人	疾风劲草	（草类）草	green as grass; the grass roots	（草类）草	青春有活力；基层
美女	琼枝玉叶	枝、叶	branch out; shake like a leaf	枝、叶	拓展；胆小
事情艰难复杂	盘根错节	根、节	root something out; Money is the root of all evil; put roots down	根	铲除，根源，扎根

表8—10　　　　　　　含文化义的汉语单个植物词及语例

汉语植物词汇	文化义	语　例
松（pine）	刚直不阿；长寿	大雪压青松，青松挺且直。——陈毅
竹（bamboo）	高风亮节、坚强	无肉令人瘦，无竹使人俗。——苏东坡
梅（plum）	坚毅、奋发顽强	已是悬崖百丈冰，犹有花枝俏。——毛泽东
粟（millet）	渺小的事物	沧海一粟
杏（apricot）	幸福、繁荣；医家	杏林俊秀、杏林高手
兰（orchid）	形容雅洁、脱俗的高贵品质	幽兰生前庭，含熏待清风；清风脱然至，见别萧艾中。——陶渊明
芙蓉（荷、莲）（lotus）	清雅脱俗，廉洁正直；清纯可爱	清水出芙蓉，天然去雕饰——李白；出淤泥而不染，濯清涟而不妖——周敦颐
水仙（narcissus）	清雅纯洁	水中仙子
枫叶（maple）	老当益壮的精神	停车坐爱枫林晚，霜叶红于二月花。——杜牧
桂树（laurel）	科举及第	蟾宫摘桂
柏树（cypress）	长寿；哀悼	柏树长青；丞相堂前柏森森——杜甫

续表

汉语植物词汇	文化义	语　例
葱（zonion）	妇女纤细的手指	启齿呈编目，弹丝动削葱——元稹；玉纤纤葱枝手儿，一捻捻杨柳腰儿——（摘自施耐庵《水浒传》）
桃子（peach）	胜利果实	蒋介石在山上一担水也不挑，现在他却把手伸得老长老长地要摘桃子。——摘自毛泽东《抗日战争胜利后的时局和我们的方针》

表 8—11　　　　　　含文化义的英语单个植物词及语例

英语植物词汇	文化义	语　例
rose（玫瑰）	荣华、富贵、幸福和安逸	be not all roses 并非尽善尽美的；a bed of roses 安乐窝；to gather roses 寻欢作乐；a rose without a thorn 无刺的玫瑰（不可得到的幸福）
grape（葡萄）	果实，收获；可望而不可即的东西	"Noah, a man of the soil, proceeded to plant a vineyard." "You will plant a vineyard, and shall not gather the grapes thereof." 见《圣经》 "I'm asure those grapes are sour anyhow." （Sour grapes）见《伊索寓言》
apple（苹果）	可以指人或事	a smooth apple 讨人喜欢的人；the apple of discord 给人带来争端的人或事
Daffodil（黄水仙）	春光、欢乐	"The Daffodils" ——William Wordsworth
lily（百合）	纯洁美人；美丽至极	as fair as a lily 美极了；lilies and roses 花容月貌；paint the lily 画蛇添足
pumpkin（南瓜）	笨蛋	pumpkin-head 傻瓜、笨蛋
palm（棕榈树）	荣耀、胜利	bear/carry off the palm 获胜
potato（马铃薯）	常用来喻人事	a couch potato 成天看电视的人；a small potato 渺小的人；a hot potato 棘手的事
tomato（西红柿）	美人	Lucy is a real tomato. 露西真是个美人
plum（李子）	令人垂涎之物	She has got a plum of a job. 她得到份高薪工作

续表

英语植物词汇	文化义	语 例
yew（紫杉）	志哀、不朽	（英国等地的墓地上常种此树）
4 – leaf clover（四叶苜宿）	好运；幸福	be/live in clover 生活优裕
wild oats（野燕麦）	放荡（的青年）	sow one's wild oats 放荡，纵情玩乐
ivy（常青藤）	常青不衰	Ivy League 常青藤联盟
seed（种子）	子孙	According to the Bible we are all the seed of Adam. 照《圣经》的说法，我们都是亚当的子孙
sprouts（新芽）	年轻人	It was now the turn of these young sprouts to get their ears beaten back. 现在该轮到让这些年轻人受点儿教训了
tree（树）	祖先	He claims that his family tree includes several noblemen. 他声称祖上有好几位是贵族

不难看出，英汉植物词的文化义都是建立在民族文化心理和共同的生理反应基础之上的，植物词文化义的选择、确定、使用和流传，实际上都与其对应的植物实体原型的民俗文化义大体一致。

第五节　共性和差异分析

通过对英汉植物及对应的植物词文化义的对比研究，我们发现英汉民族利用植物、崇拜植物、寄情于植物、赋义于植物都有许多相同或相似的地方。

相同之处是：（1）表达整株植物概念的"草"、"树"两词在英汉语中都含有文化义，并各自都有包含该两词的成语，而同样是表达整株植物概念的"苗"虽然也都含有文化义，但各自都没有包含该词的成语；（2）表达植物局部器官（或植物部分）的"根"、"茎"、"枝"、"刺"、"节"、"叶"、"花"、"果"、"种"等 8 个词在英汉语中也都含有文化义；（3）含有植物词的英汉成语文化义都与人的外形、品质、感受、感情或事物的性质、理解度及某个方面的特征有关；（4）英汉植物词原本属于指称某种植物实体的植物名，其在语言中的文化义都来自两民族常见的植物种类，且主要集中在食用、观赏、香味植物品种上。不同之处是：(1) 表达整株植物概念的"草"、"树"两词的文化义不完全对应；(2)表达植物局部器官（或植物部分）的"根"、"茎"、"枝"、"刺"、"节"、"叶"、"花"、"果"、"种"等 8 个词的英汉文化义有同有异，异的情况甚至完全相反；(3)含有文化义的汉语植物词倾向选择可用类（如树）、可观赏类（如花）等植物，含有文化义的英语植物词倾向选择可食类（如西红柿、李子）和可观赏花卉（如玫瑰）等植物；(4)表达整株植物概念的"竹"一词是汉语中含有常用文化义的重要用词，英语中虽有该词，但无常用的文化义。

通过对比，我们还发现，对于一些文化义相同的习语，尽管英汉语所选择的植物词不完全一致，但其指称的植物往往十分接近，基本上属于同一植物科，如文化义表示"不可靠之人"的英汉习语分别为"a broken reed"、"墙头草"，"reed（芦苇）"和"草"都属于禾草科。另外，汉语成语中植物词文化义多来自于诗歌、典故，而英语习语植物词文化义多来自于对生产生活的经验描述，如"煮豆燃豆萁"中，"豆"、"萁"的文化义指"兄弟，亲人"，源于三国时期曹植的《七步诗》；"old bean"（老豆子——文化义：老兄）、"spill the beans"（撒豆子——文化义：泄露秘密），均属生活经验的提炼。

英汉植物词文化义存在着共性和个性，有其客观和主观因素。客观因素出自植物实体的生物特性，主观因素出自人的观察和想象。大致理据为：(1)植物词文化义与植物本身特征有关。植物作为大自然中与人类密不可分的一种物质形态，在英汉民族的各种社会活动、人际交往和群体信仰中都集聚了多种文化功能，如表达爱情、联络感情、节日娱乐、祈愿祝颂、缅怀死者等。两个民族附加在植物实体上的文化义的相同、相似或相异，在表达文化功能及其意义时，对植物实体的选择，都是植物的外形特征、功用特征、气味特征及生长习性共同作用于人的感知、感受的结果，是英汉民族多年来对各自土地上所生植物观察、观赏、食用、置用、栽培的最高级体现，是人类与植物互动相依、和谐共存概念的具体化和抽象化表现；(2)文化义的不同，源于地理气候、民族传统、宗教信仰、文化心理及社会价值观等方面的不同；文化义的相同或相似，源于身体体验、心理倾向、类比认知和概念思维等方面的相同或相似。简之，中英两种语言中的部分植物词汇在特定的文化语境中，由于受到地域环境、社会习俗、价值观念、宗教信仰等因素的影响，所反映的文化内涵是不同的。

"人与植物的关系自远古时期就已经建立起来，表现出多层次、多方面和多样性的相互作用关系，广泛存在于人们的日常生产、生活、信仰和日常习俗之中。生活在不同地区的不同民族，认知、利用和保护植物的文化也不尽相同，有时甚至存在很大的差异。"（裴盛基，2008）英汉语植物词对应的文化义的共性和差异也同此理，没有共同的生理反应和民族文化心理，就没有植物词的文化义，民族文化心理往往对词义的赋予和理解起决定性的作用。植物是感官感知的判断，植物词是心理感知的概念，植物文化义是文化感知的产物，三者独立存在，而又互为一体。一种植物若没有植物词，就等于没有历史，反映不出概念意义，无法被利用和推广；没有文化义的植物词缺少社会文化的痕迹，只有概念意义，没有人文特征；含有文化义的植物词汇在反映概念意义的基础上，增添了独特的民族文化色彩，大大增强人们对不同民族植物进行利用、欣赏、研究的兴趣。

研究词的意义历来在语言学及英汉对比研究中占有重要的地位。词义的基础是概念。概念是人脑对客观事物或现象的反映，是人的心理活动外显固化或语言表征的结果。各民族对外界事物或现象形成概念后，通过约定俗成的语言符号相对固定下来，成为可以载入词典的所谓字面意义（或词典意义）和概念意义。

植物是具体有形的自然实体，语言是一种表达意义、体现规则的声音文字系统，而语言交流过程中的情感、观念、思想在自然界中是非常抽象的，难以使用精确的词汇来把握和描述。出于语言交流的经济性和省力原则，便于交际双方的理解和接受，人们就利用自然界具体有形的事物，或是人类自身世界一些熟悉的范畴概念来描述和传达抽象概念和思想情感，植物实体以及指代植物实体的植物词正是人类利用自己的智慧和想象，人为地赋予抽象概念及未知世界的一种认知模式和表述方式，从而可以把抽象复杂的事物具体化、形象化，达到认识世界的目的。英汉民族的植物民俗含意和植物词语的文化义正是这种以实指虚、以有形表无形的典型代表。植物实体是客观自然的，但是植物民俗含意和植物词语文化义却是主观人为的。自然的属性与人为的认知相互作用，必定产生文化义的异或同。假如离开了自然环境的相似性和人类结构的共同性，英汉植物民俗象征和植物词汇文化义就不可能呈现这样同中有异、异中有同的异民族共文明的现象。

第九章
英汉植物词汇语用义对比

上一章我们从民间风俗和民族文化的角度讨论了植物实体的象征意义及寄居于植物词汇的民族文化义,并对英汉主要异同归类列表进行了分析对比。从语言运用来看,无论是作为植物域的普通名词,还是作为具有丰富内涵的文化词,英汉植物词在习语、谚语、专有名词及属于其他域的词语中都有十分活跃的语用表现。本章拟从语用的角度对语言中植物词的搭配运用现象进行探讨,对比论述英汉植物汇语语用义的异同。

第一节　植物词汇语用义的界定

在跨文化的语言交际中,理解和使用一个词,不能仅仅依靠词典上的定义及解释,还必须从外延及与其他域的词语搭配使用等方面来考察和了解。词的形式,有专业、专有、普通、俗用之分;词的意义,有词典义、学术义、修辞义、文化义、语用义之分。"话语的语用义早已引起语言工作者的普遍关注,研究成果丰硕,但词的语用义的研究却并未得到应有的重视。"(李丹弟,2009)在英汉词汇对比研究中,植物词的语用义,同其文化义一样,值得进一步探究。

不论哪一类词汇,词的形式与词的意义之间的关系,词义的形式与划分,词语的搭配使用及其理解等问题,一直是现代语言研究者共同探讨的话题。

英国语言学家 Ogden & Richards (1923) 在《意义的意义》(*The Meaning of Meaning*)一书中把客观对象、概念和文字象征或符号看作是一种符号三角关系(semiotic triangle),词义存在于"符号"、"概念"和"所指对象"三者关系中。在这种关系中,语言符号不是直接指向所指事物的,而是通过"概念"这一中介间接地与所指事物构成符号关系。

除了 Ogden 和 Richards 的"概念说",美国语言学家 Bloomfield 还把词的意义看作是一种刺激和反应的互动过程,认为语言反应向语言刺激转变的过程包含许多非语言因素,如生物物理运动、化学反应、生物生理过程等(转引自赵爱国、姜雅明,2003:116),因此系统地看,词义可以理解为固定在语言的外壳——词的声音上的对外界事物的反应。

现代语义学的奠基人、英国语言学家杰弗里·利奇(Geoffrey Leech)认为,词义就其构成而言,可分为理性意义、内涵意义、社会意义、情感意义、反映意义、搭配意义和主题意义等 7 种(利奇,1987)。词的理性意义即为逻辑意义(或字面意义)和概念意义;主题意义是借助于词序、句式等手段来传递的一种意义;其余的内涵意义、社会意义、情感意义、反映意义、搭配意义 5 种意义统称为联想意义或引申意义。"如果理性意义是语言表达某一客观事物、某一思想概念时所获得的意义,即我们通常所说的指称意义,那么联想意义则是人们在使用语言时联想到的现实生活中的经验,表达人们使用语言时感情上的反应,并从广义上显示出特定语言集团的社会文化特征,因此有的语言学家称之为社会文化意义(social-cultural meaning)。"(沈安平,1996)

李行键、余志鸿(2005:184)认为,任何词语都可能有两重语义:一是它在词汇系统中相对稳定的意义,即词汇意义,也叫词典意义、理性意义、概念意义;二是它在具体语言环境中体现的意义,及语用意义,也叫语境意义。那么,什么是词语的语用义呢?学者们的解释也比较广泛。

通过与基本义的恒定性比较,英国学者 Carston(2002)认为语用义是话语中词的 ad hoc concept(特别意义)或者 on-line concept(语境意义);郭聿楷(1996)则从词义的交际性视角,将词语语用义称为交际意义,"交际意义是在特定环境中表示的,一般习语性语句都具有双重语义,这种间接意义的表示直接依赖语境,离开语境条件,则完全表示直义"。戚雨村(2011)从单位意义本身出发,认为语用义是"语言单位在具体语境中具有或获得的意义";汪榕培(2002)将其置于语言使用者的背景之下,认为语用义是"语言运用者在一定语用目的支配下,在语言运用过程中,以语境或上下文为参照而赋予一个词的临时意义";王文斌(2001)站在交际双方的角度,将语用义定义为"词语在语言的实际运用中所产生的实际意义,一般涉及说话人与听话人之间的关系、交际意图和语境"。李丹弟（2009）基于语言的定义，将词语语用义概括为：依附于原词（音、形、义），受一定语用目的的支配，是语言单位在言语交际中获得的，具体地、动态地表现在言语交际的使用之中，需要通过语境才能做出解释的意义。冉永平（2008）认为，词汇的语用义是交际双方的词汇信息在词典义基础上的一种词义收缩或词义扩充，它"不是原型范畴内的常规意义，而是一种语境化信息"。

综合各种观点可见，词的意义表现、词语的理解和使用离不开社会文化，离不开语境，词的意义至少有词典义和语用义之分。一般认为，词汇的语用义是指词语在基本概念意义的基础上，由于语言使用者和语境的作用而产生的语言含义。我们认为，一个词的语用义是该词在实际使用中，与其他域的词语搭配共现时所反映出来的语言意义，主要包括词的转义或引申义。比如，英语中"rose"、"pine"、"plum"3个词和汉语中的"玫瑰"、"松"、"梅"的词典义一样，但语用义不尽相同，有的甚至相反。植物词语的语用义是指植物词在交际中被理解时脱离了原本概念义的一种转义，它依附于基本义、依赖于语境、借助与其他概念词的搭配，具有临时性，一旦成为习语，则具有广泛的接受性和恒定性。例如"As a friend said last night, we've become a banana republic with nukes."在该句中，理解短语"a banana republic"要借助具体语境，将之正确理解为"政局不稳的共和国"，而不应从其字面直义"香蕉共和国"去理解。再如"Since she suffered brain damage in the accident she's been a vegetable."一句中，显然，根据语境，"a vegetable"已不再是其字面直义"蔬菜"，而是指语用义"（她自从事故中脑子受损坏后成了）植物人"。如何正确理解词语的语用义和正确使用词语搭配是跨文化交际成功与否的关键。

同属某个语义领域的词汇在语用上的不对等，实际上属于对应语义场的词语空缺。一种语言中存在的词/词语在另一语言中没有语义对应的词/词语，或虽有相应的表达，但没有词汇化，这种语言现象就是词汇空缺（蔡基刚，2008：274）。许余龙（1992：151）认为，在植物词汇系统中表示"水果（fruits）"的英汉植物词也存在相互空缺的现象，如图9—1：

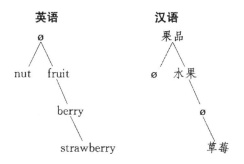

图 9—1　英汉植物词 "fruit/水果" 对应图

英语中没有与汉语 "果品" 相对应的词，汉语的 "果品" 不仅指新鲜的 "水果"，而且也指红枣、黑枣、荔枝干、桂圆干、葡萄干等 "干果"，以及核桃、松榛、栗子等 "坚果（nut）"。汉语中则缺乏与英语 "berry" 相对应的词。英语的 "berry" 指 strawberry，blackberry，cranberry，raspberry，elderberry，holly-berry，gooseberry，bilberry，blueberry，loganberry 等，汉语基本上缺乏与之一一对应的词。

第二节　英汉植物词汇的语用义表现

美国哲学家 Morris（1938，1946）认为作为符号的词具有句法、语义和语用三种功能，因而词义可分为概念义（或称存在义或语义义）、句法义（或称形式义）、语用义（或称实用义）。句法义指词语与词语之间的组合和聚合关系；概念义相当于 Leech 语义学说中所指的词语的理性意义；语用义指词义在语境意义中体现为词语与使用语言的人之间的关系，即体现人对词语或词语对人的相互作用意义，如色彩意义——感情色彩、形象色彩和语体色彩意义，以及由联想产生的其他文化伴随意义（赵爱国、姜雅明，2003：119—120）。

Quirk（2004）指出，语言不能被视为仅包含大量 "词" 的互不相关的单位，一个词总与另一个或更多的词构成一个词汇单元，正是这样的词汇单元才有意义。《朗文当代高级英语辞典》中专门设有 "语言提示"（language notes），增加称呼语、道歉语、批评与赞扬、邀请与提议、提问、请求、致谢、礼貌等属于言语行为信息的用法信息，提示和列举词汇语用义的功能（转引自冉永平，2009）。

　　植物词作为普通名词的一个组成部分，其句法义与属于其他域的普通名词没有多大区别，其概念义和语用义才是从根本上与其他属域的词语区分开来的主要入口，尤其是语用义，往往是人们理解植物属性、植物词引申义的直接方式。例如，英语中的"bird's-beak、bird's-eye、cat haw、cat's-head"，汉语中的"爬山虎、猥实、狗尾红、羊乳"等植物词，若不结合语用义来考虑，它们的词义与属于动物域的动物名词毫无二致。

　　另外，英汉语言中还有以"表示民族（地域）称谓的名词 + 植物词"形式构成的植物名。如 Australian bottle plant（佛肚树）、Chinese ash（白蜡树）、Japanese elm（春榆）、Mongolian linden（蒙椴）、Dutch crocus（番红花）、Mexican firebush（地肤菜）、非洲菊、法国梧桐、倭瓜、荷兰豆、西伯利亚冷杉、加拿大一枝黄花，等等。可见，英汉植物词语中都有许多通过此类方式形成的植物词，这是不同民族语言相互借用、相互吸收的普遍现象，是民族之间经济、社会、文化交流的结果。这一类词语在两种语言中大都使用本义，指称植物属类下的植物品种。

　　我们认为，植物词的语用义是植物词在语用中与其他域的词语（如人体域、动物域、颜色域）搭配使用及出现在习语、谚语和专有名词中所反映出来的包含民族文化特征的语言意义，它是植物词语法引申、词义扩展的表现方式。通过对比分析英汉植物词语在动物域、颜色域、专有名词及习语谚语中的具体应用范围及搭配特征，可以较为全面地窥探英汉植物词语用义的范围、功能及特征方面的异同表现，从而为英汉植物词汇语义语用对比研究做出较为合理的阐释。

第三节　英汉习语谚语中的植物词语对比

　　习语是一个国家或一个民族在语言表达方面长期以来习惯使用的、形式简洁而意思精辟完整的定型词或短句，通常包括成语、谚语、俗语、格言、歇后语等。习语是语言的精华，它带有浓厚的民族色彩和鲜明的文化内涵。在一个民族的语言中，习语扮演着不可或缺的角色。英汉两种语言中包含植物词的习语非常丰富。如英语习语：An apple a day keeps the doctor away；apple of someone's eyes；apple-polisher；apples and oranges；Big Apple；rotten apple；rotten apples spoils the barrel；branch out/off；a bite of the cherry/cherry-pick something；Life is just a bowl of cherries；go pear-shaped; speak with a plum in your mouth; belt the grape; count the beans; not have a bean; full of beans; know how many beans make five; not amount to a hill of beans; not worth a row of beans; spill the beans; not know beans; to the core; earn your corn; sour grapes; brown as a berry; crazy as a peach-orchard boar; cut your peaches; a banana republic; an old chestnut; off one's nut; a hard/tough nut to crack; make like a tree and leave; cannot see the wood/forest for the trees; As the twig is bent; so is the tree inclined; Money does not grow on trees; the tree is known by its fruit; hold out the olive branch; stem the tide/flow; a thorn in your side/flesh; grass widow; green as grass; snake in the grass; The grass is always greener on the other side; nip something in the bud; bear fruit; forbidden fruit; take a leaf out of someone's book; turn over a new leaf; grass roots; Money is the root of all evil; go/run to seed; seed corn; eat your seed corn; sow the seeds of something; plant the seeds of something; 等等（参见《柯林斯 COBUILD 英语习语词典》）。汉语习语如：胸有成竹；势如破竹；铁树开花；柳暗花明；青梅竹马；草菅人命；草木皆兵；一草一木；枝繁叶茂；斩草除根；揠苗助长；树大根深；叶落归根；一叶知秋；粗枝大叶；强干弱枝；疾风知劲草；拔苗助长；酿成苦果；胜利果实；眼中钉，肉中刺；野种；杂种；播种发芽；树倒猢狲散；雨后春笋；竹篮打水一场空；梅兰竹菊四君子；宁可食无肉，不可居无竹；连理枝；桃花运，等等（参见《中国成语大辞典》）。

　　因考虑篇幅问题，我们只列举部分含常见植物词的习语，且主要集中在一些包含"花、草、树、根、茎、枝、叶、果、刺、竹、苗、核、种"等 13 个基本植物词的习语，从所列举的习语可以看出，13 个基本植物词除了极个别外，都以中心词的形式出现在了英汉习语里。在英语习语中没有出现的基本植物词是"竹"，汉语中没有出现的基本植物词是"茎"，不过在"强干弱枝"一词里，"干"与"茎"有关，可以看作是"茎"的另一种表达。英语习语中没有"竹"，是因为"竹子"在英国罕见，与英民族的衣食住行来源无关，广大民众对"竹子"缺乏感性认识。汉语习语中没有"茎"，原因可能有两个，一是植物的"茎"部分往往在食用、观赏和物用三个方面的价值都不大；二是汉民族语言交际中忌讳直接言说表达人体私处的字眼，而"茎"与男性生殖器"阴茎"相关。植物词在英汉习语中出现的共性及差异，再次说明植物词的语用义同文化义一样，离不开人们的地理环境、生活方式、生产方式、思维方式等。

含有人类身体各部位的习语是"习语的真正核心"（Smith，1925：249），"许多动物，不管其大小，不管其生活环境，都在习语中占有一席之地，只是有的频频露面，有的深居简出而已，但它们都默默地为丰富语言作着贡献"（骆世平，2006：67）。从植物词在英汉习语中广泛出现这一点来看，植物是仅次于人体各部位和动物之后的第三大语言源。因此，植物不仅是人类衣食住行赖以生存的主要来源，而且还有一项重要的贡献，就是大大地丰富了人类的语言。

第四节　英汉动物词、颜色词中的植物词语对比

根据前面论述，词的语用义与词的伴随意义在概念和理解上存在交集。语言国情学认为，词的伴随意义是能引起感情、伦理和审美联想的意义。词语的文化伴随意义属于内隐义素的范畴，植物词语、动物词语、颜色词语、数字词语、地名词语、人名词语、节日词语和成语典故词语等，往往都是具有文化伴随意义的词语（赵爱国、姜雅明，2003：123—124）。因此，除了习语，一门语言里动物词、颜色词中的其他域词汇的嵌用频度，也能客观反映出该语言的语法延伸弹性和其使用者跨域联想的丰富性。植物词汇出现在动物词、颜色词中，说明人们是根据对植物的认知来认知和命名动物、颜色的，是以植物来类比动物、类比颜色。语言是以名定物，知名可知物。植物和颜色都是存在于客观世界的一种物质实在，没有先对植物认知的基础，没有作为连接符号的植物词，也许就无法更完整形象地表达出颜色的形状、特征、习性、色度，等等。英汉许多动物词、颜色词中都含有植物词，再次说明除了人体本身之外，植物也是英汉民族重要的认知媒介。例如，英语中包含植物词的动物词有：wood pecker（啄木鸟），bushhen（苦恶鸟），crested tree swift（凤头雨燕），crowned willow warbler（冕柳莺），dark wood owl（武林鸮），Eurosian woodcock（丘鹬），wood pigeon（林鸽），gray treepie（灰树鹊），great reed warbler（大苇莺），nuthatch（䴓），orange-breasted trogan（橙胸咬鹃），Pallas's leaf warbler（黄腰柳莺），rose-finch（朱雀），rose-colored startling（粉红椋鸟），roseate tern（粉红燕鸥），rose-winged parakeet（红领绿鹦鹉），chestnut bunting（栗鹀）；leaf monkey（叶猴），bush dog（薮犬），bush pig（河猪），Chinese bamboo rat（中华竹鼠），tree shrew（树鼩），wood hedgehog（林猬），olive flounder（牙鲆），rose bitterling（高体鳑鲏），tomato rock-cod（红九棘鲈），等等；汉语中包含植物词的动物词有：禾花雀，禾花鸡，啄木鸟，白马兰花（鸟），草鸡，禾谷（鸟），芙蓉鸟，林鸽，榛鸡，松鸡，松鸦，松雀，布谷（鸟），包谷雀，山椒鸡，山楂鹊，花啄木，穿树皮，芦莺，豆雁，番薯鹤，高粱头，黑颏果鸡，柳莺，黄豆鹊，树莺，一枝花，油葫芦；花叶猴，竹叶青（蛇），松鼠，果子狸，梅花鹿，竹鼠，白米子（鱼），棒花鱼，草鱼，花鱼，大斑花鳅，大黄花（鱼），花斑鱼，柳叶鱼，桃花鱼，花鲢，银米鱼，梅童鱼，等等。

这里列出的含植物词的英汉动物词，是直接从《汉英拉动植物名称》词典中人工统计得出，详尽列出了该词典所收录的含有植物词的动物词，凡是出现在这些动物词中的植物词，每一类都至少列出一个，较常见的则举出了多例。观察这些词的构成，不难看出，英汉动物词中的植物词可以反映该动物与植物名所指称的植物的关系，人们在听、读、说、写这些动物词的过程中，很容易就能思考出各种动物或以某种植物为主食、或颜色类似某种植物、或外表形状与某种植物相似等主要习性或特征，从而进一步巩固已有认知、扩大新的认知。通过对比还可发现，英汉语动物词中出现在鸟类词中的植物词较多，出现在兽类的偏少；汉语里鱼类动物词中很多都含有植物名，而英语里含有植物名的鱼类动物词明显少于汉语。动物具有鲜明的形象、突出的特征，英汉民族都以植物的外表、颜色、形状来描写动物的外貌、品质、习性或特征，并使表达生动、形象、准确、鲜明，从而达到认知和了解暂未熟悉的动物。

植物词出现在上面这些动物词中，究其原因，我们认为可以归纳为三：一是人类认知是从自身开始，然后转向动物和植物；二是既存在对部分动物的认知早于对部分植物的认知的现象，也存在对部分植物的认知早于对部分动物的认知的现象，即整体上对动植物的认知是犬牙交错、彼此包含、交叉互进的；三是人类认知是跨域的，不同域之间的认知通过类比联想建立，然后相互促进。英汉语含有植物名的鱼类动物词的数量出现较大差异，说明处在海洋包围之中的英民族对鱼类整体的认知有可能早于对植物整体的认知；而自古以陆地耕种为主的汉民族则在整体上认知植物的时间早于认知鱼类，或者说很多种类的鱼是借助植物来认知和命名的。

我们还可以通过研究英汉颜色词中的植物名来了解植物词的语用

情况。

像动物和植物一样，颜色也是一种自然现象，颜色词是语言中用来描述事物颜色的词。世界上无论哪种语言都有颜色词。美国人类学家柏林和凯（Brent Berlin & Paul Kay，1969）通过对 98 种从属不同语言的颜色词的调查和比较，发现了人类基本颜色范畴的等级性，证明了颜色词的普遍性和特殊性，大大推进了语言学家们通过颜色词语探讨、解释人类认知语义机制的广泛性和深入度。"颜色本身是抽象概念，它给人的视觉印象是通过其所附着的自然界万物传递的，因此没有附着体作参照，人们往往难以察觉和记清其特征。"（陈家旭，2007：169）

颜色词在人类视觉的主观经验中起到重要的作用。长期以来，颜色词语成为人们力图探索语言与思维之间联系的一种中间现象。语言学家以颜色词语为研究对象，从神经生理学、文化、认知等不同角度加以分析（刘晶，2009）。

英汉语言中表示颜色的形容词相当丰富，许多颜色词都与植物有关。我们不妨把与植物有关或含有植物名的颜色词叫作植物颜色词。英汉植物颜色词在语用中有着共性和个性。共性是二者对应面较大，个性是具体构成形式或表达方式存在差异。我们可以通过下面的例词获得理解。

英语中很多植物名都可以直接充当颜色词，例如：cherry（樱桃）—鲜红色，maize（玉米）—淡黄色，berry（酱果）—紫红色，olive（橄榄）—淡绿色，peach（桃）—粉红色，orange（橙）—橙色，lemon/citron（柠檬/香橼）—淡黄色，plum（李）—酱紫色，chestnut（粟）—褐色，grape（葡萄）—深紫色，petunia（牵牛花）—暗紫色，hazel（榛子）—淡褐色，ginger（姜）—姜黄色，straw-berry（草莓）—草莓色，pea（青豆）—青豆色，lilac（丁香）—淡紫色，violet（紫罗兰）—紫色，等等。这些颜色词都是植物名词直接用作颜色形容词，它们本来是指称植物的，由于植物本身外观上具有突出的色彩，所以后来就用这些词来指称与植物色彩相同的颜色词，在语言上实现植物名本义向转义的延伸，在语用上借用植物词表达颜色。

与英语中由植物名词直接用作颜色形容词的植物颜色词不同，汉语中的大多数植物颜色词在结构上是"植物词 + 颜色词"或"植物词 + 颜色词 + （缀词）色"形式，例如：桃红，杏红，玫瑰红，梅红，枣红，草绿，橄榄绿，葱绿，苹果绿，杏黄，橙黄，藤黄，姜黄，橙色，柠檬色，花白，葱白，花青，茶色，茶褐色，菜色，藕色，等等。钟守满（2001）认为，汉语颜色词通常以"实物语素 + 基本颜色语素"的方式构成。植物即实物，如：玫瑰红（玫瑰 + 红），枣红（枣 + 红）等。英语中虽然有少量表示颜色的复合形容词如"rose red、grass green、peach pink"等，也是由"植物词 + 颜色词"形式构成，但语用上并不普遍，且其形式已不再是单个颜色词。

英汉植物颜色词虽然都来源于植物名称，但两个民族本身各自所熟悉的植物是有差异的，因此，首先，植物颜色词在语用上同样具有心理、文化、生活环境方面的差异；其次，由于语言形式完全不同，英汉语言都有各自特有的植物颜色词。如汉语特有的植物颜色词"米黄"，"葱绿"等，在英语中无此类词；英语中一些单个颜色形容词由植物名词加上词缀派生而成，如"rosy、peachy"等，在汉语中则无此类词。

Wierzbicka（1990）认为，颜色与生长的东西有联系，将颜色与生长的东西联系起来，是人的潜意识的结果。英汉语语用中常见的植物颜色词表明，颜色与植物生长联系紧密。

第五节　英汉人名、地名中的植物词对比

语言中的名词分为普通名词和专有名词。人名、地名属于专有名词，是人类语言普遍、常用的词汇。无论哪个民族，婴儿出生后都会由长辈取名，名字一旦确定下来，不但成了指称人、伴随人一辈子的社会符号，而且历时性比人本身更长，有的人即使早已不在人世，但其名字依然在社会流传。地名也是一种语言符号，地名的地理学概念是"人们赋予各种地理实体的指称，包括地方、地点地物（地上建筑物、园林等）、地域、水域等概念，它是泛指人类活动所在的各种三维空间的地理实体"（郭锦桴，2004：2）。地名遍布全球，一个人要想了解自己所在的地区或外面世界，离不开各种各样的地名。除了地理学上的定义，地名在社会学上的概念是"人类社会活动在其发展过程中一定时期的产物。它通常能反映出当时的某些自然特征和历史背景的状况，甚至史事本身的某些侧面或具体细节，从而在一定程度上展现着该地的历史地理特征"（袁晓红、戴卫平，2010：202）。英国语言学家帕默尔（Palmer，1983：134）说："地名的考察实在是令人神往的语言学研究工作之一，因为地名本身就是词汇的

组成部分，并且地名往往能提供重要的证据来补充并证实历史学家和考古学家的论点。"因此，人名与地名，都是地理、社会的产物，都能反映一个民族的历史和文化，是语言中文化词汇的重要内容。人名和地名作为基本词汇，在英汉语言中的语用范围非常广泛，考察英汉人名、地名中的植物词，无疑可以帮助我们了解英汉植物词的外延情况及语用广度的异同。

我们先看英汉人名中植物词的运用情况。通过查阅《英语姓名词典》，发现英语中很多人名直接借用植物词，例如 Almond（杏仁），Apple（苹果），Blossom（花），Bloom（花），Branch（枝），Cherry（樱桃），Flower（花），Furse（荆豆），Garlic（大蒜），Grass（草），Grove（树丛），Ivy（常春藤），Magnolia（木兰花），Nutt（坚果），Oak（橡树），Olive（橄榄），Thorn（刺），Twigg（嫩芽/苗），Leaf（叶），Lily（百合），Rice（大米），Root（根），Rose（玫瑰），Reed（芦苇），Seed（种子），Tree（树），Elm（榆树），Wood（树林），等等，都可以用作姓氏；Daisy（雏菊），Camille/Camilla（山茶花），Cinnamon（肉桂），Crisanta（菊花），Delphine（飞燕草），Heather（石南花），Violet（紫罗兰），Syringa（丁香），Clematis（铁线莲），Narcissus（水仙花），Paeony/peony（芍药、牡丹），Rosemary（迷迭香），Jasmine（茉莉花），等等，一般用于女性。除了这些基本上直接来源于植物词的"姓氏"和"名"，英语中还有一部分姓名是由一个植物词和一个其他域的名词组合形成，如 Thorndike（棘刺 + 渠），Seedman（种子 + 人），Fullwood（泥泞的 + 树林），Fursdon（荆豆 + 山），Haydon（干草 + 河谷），Hepworth（蔷薇果 + 圈用地），Beanland（豆 + 土地），Beasley（小糠草 + 开垦地），Laughton（leek + enclosure —韭葱 + 圈用地），等等，其中有些词是古英语的形式，在现代英语里仅作为人名沿用。

同英民族的姓名一样，汉民族的姓氏和名字有许多也是直接来源于植物名，如"苗、花、柳、葛、柏、茅、米、林、松、桂、艾、柴、桑、荆、禾、苟、檀、藤、枝、粟、栗、叶、豆、果、蒲、竹、草"等姓氏；用作人名的植物词就更广泛，如表示笼统概念的植物词"花、枝、根、叶、苗、木、竹、草、树、果、种"等，表示具体概念的植物词"荷（花）、桃（花）、梅（花）、茶（花）、李（花）、杏（花）、菊（花）、梨（花）、枣（花）、莲花、海棠、桂圆、玉兰、水仙、瓜"，等等。

通过比较英汉语含有植物词的姓名，可以找出如下规律：（1）植物词在英汉语中都是人的姓氏和名字的主要词源；（2）与基本食物来源有关的植物词"苗、花、草、枝、叶、米"在英汉语中都可用于姓氏；（3）在"花、草、树、根、茎、枝、叶、果、刺、竹、苗、核、种"等 13 个基本植物词中，"Thorn（刺）、Root（根）、Seed（种）、Tree（树）"在英语里可用于姓氏，汉语姓氏里没有出现；汉语中的"竹"姓、"果"姓，英语里没有；指称植物主干部分的"茎"和指称植物果实内部中心部分的"核"，都没有出现在英汉语的姓氏中；（4）表示具体水果的植物词在英语中可以用作姓氏，汉语姓氏里没有该类植物词；（5）在英汉语中，一些植物的名称本身就来自古代人名或神话故事中的人物名，这些植物名反过来又作为姓名传承下来，如 Narcissus（水仙花），Paeony/peony（芍药、牡丹），Rosemary（迷迭香），何首乌（蓼科藤本植物），徐长卿（萝藦科鹅绒藤属），刘寄奴（玄参科草本植物），杜仲（我国特产的一种药用植物），等等。

再看英汉地名中植物词的运用情况。

汉语中的地名构成丰富多彩。以植物命名的地名俯拾皆是，例如：梅州，绵竹，枣庄，菏泽，桐城，桐乡，竹山，桂林，桃花源，芙蓉城，等等。有人仅从陕北延安、榆林地区 18 个市县的地名档案中就整理出 600 多个植物地名，其中以乔木命名的 480 多个、灌木命名的近 40 个、草本命名的约 100 个。就乔木地名来说，有野生树种，也有栽培林木，有表示树木数量的，如一把树、双树台、三杨树庄、四柏树等，也有表示林木年龄及其形态的，如大树梁、大树塘、老林湾、老柳树沟等。植物地名的结构一般是："植物名称 + 黄土地貌名称"，如榆林山、杏树梁、松树峰、柏树峁、枣林坪、核桃树湾、青杨台、柳树滩、榆桃涧、白杨树岔、枣杨河、桐树沟等，鲜明地反映了不同植物适宜生长的生态环境。这 600 多个地名所反映出的自然树种有榆、山杏、山桃、杨、柳、柏、杜梨、椿、冷杉、桦、黄榆、松等 10 多种，栽培树种有枣、梨、桑、槐、桐、核桃等，灌木有红柳、酸刺、酸枣等，草本有白草、芦苇、黄草、艾蒿、地椒等（http：//www. douban. com/group/topic/3591795/）。

我国地域广博，有时候某个新开垦或新开发区域里的地名全部是采用植物名来命名。同治三年（1864 年），清政府开放原属于皇家禁地的河北承德木兰围场。人们便根据那里的森林面貌命名了一批地名，如黑林子、长林子、四方林子、三道林子、五道林子、南大林子、干柴林子、箩圈林子、杨树林子、桦树林子、榆树林子、松树沟、松檩沟、柏松沟、杨树沟、榆树沟、榆木沟、桦树沟、梨树沟、柳条沟、梨树甸子、松树梁、松树坑、红松洼等，这些地名现在多为围场县（始置于1913年）的行政村或居民点。后来，随着围场的森林树木资源逐渐减少，又相继形成了一棵松、孤榆树、双榆树、四棵树、六棵桦、七棵树、六十棵杨树这样表示树木稀少的地名（http：//www. douban. com/group/topic/3591795/）。可见，地名是不同历史时代的产物，它与历史社会文化的联系千丝万缕（郭锦桴，2004：45）。"中国的地名由来、发展和变化，反映了汉民族的社会风貌，体现出汉民族的文化心态和民间习俗等。"（常敬宇，1995：192）

通过考察《英国地图》（中国地图出版社，2006）、查阅中国期刊网自1985年以来收集的相关论文，仅有两篇，分别为《英国地名探源》（黄河清，1988）和《来自地名的英语词汇》（肖志清，2009），发现英语中虽然也有极少数含有植物词的地名，如 "Bush Hill、Bushmills、Apple-by、Ringwood" 等，但与汉语相比显得十分贫乏。除了有少量植物词加在一些表示领地、居住地的缀词（如-ham、-ton、-field、-by 等）前，组合形成地名外，英语几乎没有直接用植物词来表示地点的名词。这从一个侧面说明，汉民族在与自然界相处互动过程中，比英民族更加关注属地、居住地上的自然生长物，而淡化或不大看重领属权利等。

第六节　含有人体词的植物词语和含有植物词的人体词语

在前面章节我们讨论了植物概念隐喻化的理据和认知特点，了解了植物的命名、植物词的范畴化、植物词义的转移扩展都是人与植物互动的结果。植物词语在语用上由实到虚、由具体到抽象的过程，体现了人类认识世界、规划范畴、表达概念和发展语言的能力不断提高的轨迹。这个轨迹除了从前面所讨论的几章可以窥见之外，我们还可以从日常语言和涉及各类题材、体裁的文字中看到 "人与植物"、"人体与植物体" 的 "如影随形"、密不可分。

一　英汉语言中含有人体词的植物词语

植物概念是人类体验植物实体的认知概括，植物名是抽象反映具体事物的语言符号。"概念和意义是一种基于身体经验的心理现象，是人类通过自己的身体和大脑与客观世界互动的结果，它们通过体验而固定下来。人类在认知世界时，首先是'体认'世界的，也就是说人类几乎将身体的各个部位以各种方式投射于客观物质世界，采用人体隐喻化的认知方式来认识世界的。"（陈家旭，2007：90）在生存、繁衍及向文明发展的历史进程中，人类尽管地域相隔、肤色相异，但共享着一个相同的规律，那就是依靠植物来防身、居住和果腹充饥。由于长期与植物频繁接触，逐渐认识了不同属性、不同功用、不同特征、不同形态的植物，对已了解和熟悉的植物形成了种类繁多的概念，这些概念有的无法直接用表达植物概念的语言或通过原有其他植物词呈现出来，所以就采用与人体概念进行类比联系（基于相似性或关联性）的方式而转指、表达出来。本来是"体认"植物，结果随着语言的发展和传承，就出现了"'体'认植物"和"植物认'体'"的认知模式。毋庸赘言，人类在认识世界的漫长历史进程中，认知过程是循序渐进的，"体认"是开始，"植物认"是对"体认"的发展，这其中也昭示着人类认知能力不断发展、认知领域不断扩大的必然规律。

英汉语言的日常表达和各类文学作品中，都有许多由人体词和植物词组合而成的习语、谚语、固定短语和歇后语（汉语独有），人体词和植物词在其中的搭配共现，大大增强了此类语言形式的认知形象度和语用接受度，降低了语言习得难度，扩大了语言使用范围，并且无形中也提高了语言使用者的文化认同、扩展了人们的百科知识，能间接唤起和巩固人们的绿色意识。我们可以通过考察两种语言中植物词嵌用在表达人的概念的词句中、人体词嵌用在表达植物概念的词句中，来探讨植物词语的语用密度和语用广度，从而进一步认知植物词。英汉语既存在含有"人体词"的植物词语，也存在含有"植物词"的人体词语。含有"人体词"的植物词语包含三层意思，一是指含有"人体词"的植物名称；二是指较为广泛习用、相对固定了的惯用短语或习语；三是语言使用者在语言交际或文字表达中创造使用的"人体词+植物词"组合语。

二　英汉"人体词+植物词"惯用词语的对比

英汉语"人体词+植物词"惯用词语大致可以分为四类：第一类是以人体的器官词来描述某种植物的器官（或植物的某一实体部分），这是认知上通过感官感知类比联系的结果，即把植物体当成人体、把植物的器官当成人的器官，例如 skin of an orange，flesh of fruit，heart of a cabbage，limb of a tree，joint of the bamboo，an ear of corn，the eye of a flower，the eye of a potato，golden ears of wheat，指甲花，指顶花，凹唇姜，（佛）手瓜，五指柑，发菜，口蘑，乳茄，心叶，心花（怒放），脑袋瓜，人面竹，人心果，舌状花，腰果，腰豆，脐橙，腋芽，等等。这一类搭配使用的词语已经词汇化，一般用来指称植物的实体部分或某种植物品种，汉语中有些则仅用来指称人体的某一部分，如"心叶、心花（怒放）、脑袋瓜"等。需要指出的是，英语中此类词语的语法形式都是由"人体词" + of + "植物词"，属于由介词 of 连接的名词结构，若去掉 of，换成名词所有格形式，如 skin of an orange、flesh of fruit 两词，说成 an orange's skin、fruit's flesh，词义基本不变，意思还是"橘子皮"、"水果肉"；但汉语中此类词语，语法上不可在人体词和植物词之间插入"的"字，换成名词所有格形式，即"指甲花、凹唇姜"不能说成"指甲的花、凹唇的姜"，这是英汉语言形式差异形成的结果。

第二类是用表示人的身份、头衔的名词（实际上也是隐喻化了的人体词）与植物名词搭配，构成含有人体词的植物词语，这种认知属于心理感知形成，理解上较抽象，例如 baby rose（蔷薇），crown of thorns（虎刺梅），the queen of roses（玫瑰王后），the king of the forest（森林之王），Prince Rupprecht's larch（华北落叶松），veiled-lady mushroom（竹荪），伯乐树，湘妃竹，罗汉竹，罗汉松，君子兰，光棍树，人参，人柳，人果，等等。这一类词语，从结构上看，英汉语相当，都是前面的部分为指称人的名词，后面的部分为指称植物的名词，但组合起来之后，英汉语的意义指向范围不同，英语中的词语既可用来指称人，也可用来指称植物，如 the queen of roses，在实际语用中既可比喻美丽高贵的女人，也可指玫瑰花中最引人注目的一朵；汉语中的词语一般用来指代属类下的植物品种，比喻人时是特指，意义侧重于前半部分。

第三类是"人名 + 植物词"形式。由于人名是指称人（隐性包含人体概念）的，故我们也把此类词语看成是"人体词+植物词"惯用结构的扩展形式。这一类词语一般是用来表达植物属类下的植物品种，如 Sim's azalia（映山红），David maple（青榨槭），judas tree（紫荆），Henry pine（巴山松），Wilson poplar（椅杨），Oliver plumyew（篦子三尖杉），

fuchsia（灯笼海棠，Fuchsia 为德国植物学家），女贞子，杜仲（树），公孙树，何氏凤仙，等等。

第四类是用描述人的外表形貌或衣物佩戴的名词来指称植物。由于人的外表形貌或穿戴与人密切相关，隐性地包含人体概念，所以我们也把此类词语看成是"人体词 + 植物词"惯用结构的扩展形式。这一类词语的使用情况同第三类相似。如 Joseph's coat（三色堇），granny's bonnet（耧斗菜），lady slipper（拖鞋兰），Venus's hair fern（铁线草），Cupid's dart（蓝箭菊），bachelor's button（矢车菊），白头翁，霸王鞭，美女樱，长寿花，胭脂花，凤眼莲，佛肚树，落新妇，锦绣苋，仙客来，仙人球，仙人掌，含羞草，含笑，醉仙翁，等等。

从这些日常使用的词语中，不难看出，英汉族人都习惯把所熟悉的、具体有形的人体及其器官作为始源域（或喻体）来隐喻形貌相似、有待熟悉的植物（目标域或本体）。可以相信，这些惯用词语在最初往往都是（现在的基本义也是）用来指称植物或植物"器官"的，只是后来在语用的过程中，由于人的联想思维，有些植物词才转化衍生出了其他非"植物"义。将植物与人体联系，用人体词来命名植物词，不仅丰富了语言，而且也是人类对不同范畴的事物强加一种关联的方式，是简化语言的手段（赵艳芳，2001：105）。这从一个侧面可以证明，人类在认识世界、命名万物的进程中，是先认知人体、命名人体，之后认知植物、命名植物；对植物的认知又会促进对人体（包括人的外貌、体型等具体概念及性格、感情等抽象概念）的认知，给植物命名又会促进对人体的命名。正如卢卫中（2003）所说，"人体及其器官即是人类赖以实现隐喻化的一种基本的、重要的始源域；而始源域与目标域之间的互动性又决定着人体有时也是目标域"。人对植物，如此互动不息，认知不止。Raymond W. Gibbs（2003：1—15）指出，在感知真实世界的过程中，人们会有选择地注意具体的、相关的经验，包括形貌、颜色、气味、运动和情绪等方面……这就是为什么人们——也许是人的体验表现（embodied representations），在理解涉及体验行为（embodied action）的语言时会变得特别活跃。Yu Ning（2009：28）认为，理解人类认知的本质是寻找可能在身体与物理世界和身体与文化世界的互动中形成的心智—身体、语言—身体之间的联系。

三　英汉 "植物词＋人体词" 惯用词语的对比

除了许多表示植物实体的词语含有人体词外，英汉语言中许多描写人体及其器官的固定用语则是通过使用植物词来实现其内涵义的形象性和外延义的凸显性。

含有 "植物词"、描写人体的词语主要是指用来形容人的各种相对固定了的惯用短语或习语，也指少数含有 "植物词" 和 "人体词" 的植物名称，同时还包含个别语言使用者在语言交际和文字表达中创造使用的 "植物词＋人体词" 组合语，例如 apple of the eye, peach cheeks, 柴米夫妻，豆蔻少女，黄花闺女，杏林高手，等等。

在用来描写人体的 "植物词＋人体词" 惯用语式中，"植物" 是喻体，"人体" 是本体，二者结合后，词义指向人体概念，既可指植物的外观形状、物质种类，也可比喻人身体、五官的外貌特征。英汉语中，此类词语的语法结构有相同点，也有不同点。相同之处是：词语可以由 "植物词" 与 "人体词" 直接相加形成，例如 bean brain（蠢材），a casuliflower ear（在拳击中被打残废的菜花耳），pumpkin-head（笨蛋，傻瓜），a banana skin（让粗心之人出丑、受害的东西），柳叶眉，萝卜腿，菜心，花心，芋艿（最初写作 "芋奶"，" 艿" 由作为类比对象的人体 "奶/乳房" 派生而成），木耳，等；不同之处是：英语中有由介词连接名词而成的结构和所有格形式，汉语无所有格形式，汉语里还有通过明喻方式将 "植物词" 置于 "人体词" 之后形成的短语，英语里没有。如英语中的 apple of the eye（掌上明珠），have a plum in one's mouth（像上流社会的人一样说话；举止文雅）；汉语中的貌美如花，命薄如花，心乱如麻，骨瘦如柴，等等。有趣的是，汉语中的 "貌美如花，命薄如花，心乱如麻，骨瘦如柴" 等明喻式短语，若去掉比喻词 "如"，就可以表达为 "花貌美，花命薄，麻心乱，柴骨瘦"，实质上还是基于植物与人体的联系。

与语法结构上存在的异同点相比，英汉语 "植物词＋人体词" 惯用语式之间，更大的差异出现在词义的内涵上。词义内涵差异主要表现在四个方面：（1）英语中的词语主要用来比喻、形容人的智慧高低，如 pea brain（脑袋只有豌豆那么大，形容人笨），bean brain（蠢材），pumpkin-head（笨蛋，傻瓜），等；汉语中的词语主要用来比喻、形容人外貌特征、美丑情况，如瓜子脸，柳叶眉，柳腰，柳眉，萝卜头，苦瓜脸，苹果脸，香菇头，萝卜腿，（三寸丁）谷树皮，等；（2）英语中的词语在理解上意义很明确，一般没有歧义，如 a casuliflower ear（在拳击中被打残废的菜花耳）；汉语中的词语意义具有双重性，在理解上易出现歧义，如"香菇头、萝卜头"，既可指人的头型、发型像"香菇、萝卜"，也可指植物"香菇、萝卜"的顶端部分，"花头"既可指人"耍花招、滑头"，也可指植物实体"花"的顶端部分，"花心"既可指男性"爱情上不专一"，也可指植物实体"花蕊"部分；（3）汉语中这部分词语单用时很多都用来指称植物，如蒜头，树头，树身，树皮，树冠，芽眼，花须，菜心，木耳，果皮，果肉等，英语中这部分词语指称植物时则多用介词结构和所有格形式，如汉语的"果皮、果肉、洋葱头"必须与英语的"skin of fruit、flesh of fruit、head of onion"或"fruit's skin、fruit's flesh、the onion's head"对应才行；（4）在汉语中的"植物词 + 人体词"惯用语式里，"人体词"除了可以是指称人的器官的词外，还可以是指称人的身份或群体的名词，如草人、草民、草寇、草莓族，以及豆蔻少女、花苞少女、蜜桃少女，桑榆老人，等等。

植物词汇在英汉语用中还有一种共同的现象：能用于诗化的语言表达，形成语篇隐喻，表达爱情或某种感情。此类隐喻的喻体虽然是基于人们对植物形貌、功用和生长规律的理解与认知，但具体映射的本体往往带有作者个人的主观意向，要与整个诗歌的隐喻义一起理解。例如《孔雀东南飞》焦仲卿妻与夫分别时写的誓言："君当作磐石，妾当作蒲苇；蒲苇韧如丝，磐石无转移。"作者以蒲苇隐喻自己，以蒲苇叶柔韧不易断象征自己对爱情的坚定不移，显示出女子柔而不弱的特质。我们现在之所以读完该诗就能明白其义，就是因为整个语篇隐喻清楚明了。假若离开了语篇，没有了磐石与蒲苇的对喻言情，则其隐喻本体难以确定。因为以蒲苇象征男女感情忠贞不愈是古人的概念范畴，现代人很可能将其理解为比喻追求信念的执着坚定或做事情的坚韧不拔。英语情诗"For Valentine's Day：Roses are red，Violets are blue，Sugar is sweet，And so are you."与此相似。

含有人体词的植物词语和含有植物词的人体词语在英汉语应用中的大量出现，实际上是语言"词汇化拟人（lexicalized personification）"（邵志洪、邵惟韺，2007）的表现。邵志洪等（2007）认为，汉语指称系统中有十分丰富的词汇化拟人表达法，英语在动词系统中也有十分丰富的词汇化拟人表达法。因为"在对事物、现象、状态、行为的指称上，中国人往往特别注重指称的具象性，据此造出富于形象性的语词"（邵志洪、邵惟韺，2007）。而英语中的词汇化拟人则主要有两种方式：一是类似汉语，通过既有特指事物的名词与其他词的搭配与组合，如 big potato，small potato，hot potato，mouse potato，couch potato，等等；二是通过 N→V 等转类方法将用于特指事物的名词转用为动词，如 to stem cherries，to stem tobaccos，to root the plant，to blossom a child，等等。就植物词汇的语用表达来看，英汉植物词的词汇化程度是不同的，含有人体词的植物词语和含有植物词的人体词语所对应的植物词分布情况也不尽相同。

　　本章主要讨论植物名词的语用表现。植物词作为普通名词的一个组成部分，其句法义与属于其他域的普通名词没有多大区别，其概念义和语用义才是从根本上与其他属域的词语区分开来的主要入口。植物词在习语、人名、地名、文学语篇中广泛使用。植物词的语用义是人们理解植物属性、了解植物词义转移引申的直接方式，是植物词在语用中与其他域的词语搭配使用时反映出来的包含民族文化特征的语言意义，它是植物词转义和语法引申的表现方式。许多表示植物实体的词语含有人体词，许多描写人体及其器官的固定用语又通过使用植物词来实现其内涵义的形象性和外延义的凸显性，这是语言中植物词词汇化的表现。英汉语中含有人体词的植物词语和含有植物词的人体词语的结构及隐喻模式互有异同，但都属于语言的词汇化拟人。英汉植物词的词汇化程度不尽相同。

结　　语

　　本研究依据认知语言学、词汇语义学、文化语义学和植物民间分类原则等理论，从概念隐喻、范畴化、互动体验、百科知识角度入手，以英汉语相关权威词典及综合性语料库中的植物词语为语料，通过考察植物名称的理据性、植物词汇概念意义的形成与演变和英汉植物词汇在词义特征、形式结构、隐喻概念及语用表现上的共性和个性，从宏观和微观层面上深入探讨了植物词词义形成和理解的主要因素，对比分析了英汉植物词汇的词义理据、跨域隐喻、语法搭配和语用现象，系统归纳和阐释了英汉植物词汇词义特征及其文化理据。

　　针对英汉植物词汇词义特征及其文化理据对比研究的不足，我们分别从英文文献和中文文献中搜集到英汉语植物词语各2000多个（条），这些植物词语包括英汉植物俗名及其转义派生的各种隐喻表达、固定语，较为全面地获得了对比论证英汉植物词汇的语料。在对英汉语料进行定量统计、分类考察的基础上，着重讨论了民间植物命名的依据和类别、英汉植物名的"有理"和"无理"表现异同、英汉植物名理据类型及其表现异同、植物概念隐喻下的他物隐喻植物和植物隐喻他物的英汉语异同、英汉植物名转义异同、英汉植物词构词及语法派生的异同、英汉民俗文化中的植物象征及英汉植物词语的文化义异同、英汉植物词汇惯用搭配及其语用义的异同等问题，对植物命名的认知路径和文化理据、植物词汇在英汉语言使用中呈现的词义特征和隐含的民族文化理据等内容，进行了较为新颖的理论阐释和系统深入的分析比较。

　　研究中发现：（1）大多数植物名都属于"理据"词，有"理据"的植物名经由隐喻、转喻的认知形成，反映出"人——植物"的互动关系。（2）英汉植物名具有民族文化属性，词义理据表现异同共存，各有特征。（3）英汉植物名都存在有二次隐喻的现象，二次隐喻的实现借助于文化感知。（4）植物词汇词义演进受民族文化影响，是语言发展的结果和标记；

英汉植物词汇在转义内容上存在较大差异。(5)在"植物是他物"的概念隐喻下，英汉语"拟人化"、"拟动物化"和"拟器物化"植物名的源域内容和语言表达形式存在差异，反映出不同的文化生态观和民族哲学思想。(6)植物词的多义性是基本词义在不同语义场之间的映射表现，绘制出的"树—人"走向植物词语义跨域映射结构图，较好地揭示出英汉民族根据对木本植物的个体概念去对应理解人的个体概念的认知过程。(7)英汉语 13 个核心植物词的转义数量差别较大，英语转义基于植物特征的客观性更明显，汉语转义较为基于人的主观性。(8)英汉植物词构词类型和派生构词力不尽相同，英语植物词在转类上表现得更为活跃，汉语植物词在与其他范畴词汇灵活组合形成新词上表现得更为活跃。(9)中英植物实体所背负的民俗含意差别明显；英汉大多数植物词语所含的文化义不同。英国植物文化体现了西方人的"神本"思想，中国植物文化体现了古代的"人本"思想。(10)英汉植物词语用义表现不同。都存在"人体词＋植物词"和"植物词 ＋人体词"的惯用表达，但具体语法结构和词义指向不一致。

　　本研究全景式归纳和描述了植物作为人类思维发展的主要认知源在语言使用和发展中的具体表现，揭示了植物命名理据与民族生态文化思想之间的关联性，阐释了英汉植物词汇形式和内涵的差异是如何与两个民族的思维方式相互影响的问题，从一个侧面揭示出英汉语言词汇的共性和民族文化的个性，可以为汉外其他类词汇的深入对比研究在理论和方法上提供借鉴和参考。研究成果扩大了认知语言学研究的视野、充实了概念隐喻研究的内容，为英汉词汇语义对比研究、中西生态文化思想的比较提供了珍贵的佐证语料，研究所涉及的语言和文化方面的内容，可以为跨文化交际、英汉语教学及翻译提供参考，尤其对语言学习者了解英汉语中植物的命名方式、植物词汇的语用表现，扩大"百科知识"，提高人文素养，有一定的帮助。

　　书中第六章部分内容曾以论文的形式发表在 2014 年的《外国语文》和《西安外国语大学学报》上。

　　限于作者的理论素养和研究能力，书中的某些观点不够成熟，理论性显得单薄，论证显得不够严谨，分析不够透彻，其中有些观点和解释还有待更合理的讨论来加以补充完善；由于英汉植物名数量繁多，且一物多名，不乏生僻，限于条件，语料搜集仍有遗漏。以上不足和遗憾，敬望读者谅解。

对于英汉植物词语的语法类型、隐喻类型、语用功能及特征、单个植物名的词群表现及特征等方面的对比研究还需要分门别类深入探讨，同时对于英汉"拟器物化"植物名中所含的传统文化知识及其反映出的英汉民族物质文明表现的异同和规律，也期待同仁们进行跨学科合作探究。

但愿本书能起到抛砖引玉的作用。

参考文献

1. Alexander Crinan, et al. (eds.) . 2007. Plant Names, a guide for horti-culturists, nurserymen, gardeners and students [A]. In: A Guide to Plant Names [C]. Royal Horticultural Society, Edinburgh, 3 (1): 1 – 31.

2. Alexander, R. J. 1978. Fixed Expressions in English: a linguistic, psycho-linguistic, sociolinguistic and didactic study [J]. Anglistik und Englis-chunterricht, 6: 171 – 188.

3. Berkes, Fikre. et al. 2000. Rediscovery of Traditional Ecological Knowledge as Adaptive Management [J]. Ecological Applications, 10 (5): 1251 – 1262.

4. Berlin, B. & Dennis, Breedlove. & Peter, Raven. 1973. General Principles of Classification and Nomenclature in Folk Biology [J]. American Anthro-pologist, 75: 214 – 242.

5. Berlin, B. & P. Kay. 1969. Basic Color Terms: Their Universality and Evolu-tion [M]. Berkeley: University of California Press.

6. Berlin, B. et al. 1966. Folk taxonomy and Biological Classification [J]. Sci-ence, 154: 273 – 275.

7. Berlin, Brent. 1972. Speculations on the Growth of Ethnobotanical Nomencla-ture [J]. Language in Society, 1: 51 – 86.

8. Black, M. 1962. Models and Metaphors [M]. Cornell: Cornell University Press.

9. Brown Cecil, H. 1977. Folk Botanical Life-Forms: Their Universality and Growth [J]. American Anthropologist, volume, 79 (2): 317 – 342.

10. Brown Cecil, H. & John Kolar. et al. 1976. Some General Principles of Bio-logical Folk Classification [J]. American Anthropologist, 3: 73 – 85.

11. Brown, G., et al. 1999. Language and Understanding [M]. Shanghai: Shanghai Foreign Language Education Press.

12. Brown, R. 1958. How Shall a Thing Be Called? [J]. Psychological Review, 65: 14 – 21.

13. Cannon, Martin J. 2001. Cultural Metaphors: Readings, Research Translations, and Commentary [M]. Thousand Oaks, California: Sage Publications, Inc.

14. Carl, James. 2005. Contrastive Analysis [M]. Qingdao: Qingdao Publishing House.

15. Carston, R. 2002. Thoughts and Utterances: The Pragmatics of Explicit Communication [M]. Oxford: Blackwell.

16. Carter, R. 1987. Vocabulary: Applied Linguistic Perspectives [M]. London: Allen & Unwin Ltd.

17. Comrie, B. 2009. Language Universals and Linguistic Typology: Syntax and Morphology [M]. Peking: Peking University Press.

18. Coombes Allen J. 2009. The Timber Press Dictionary of Plant Names [Z]. London: Timber Press.

19. Costa, Rute. 2006. Plurality of Theoretical Approaches to Terminology [A]. In: Modern Approaches to Terminological Theories and Applications by Heribert Picht [C]. Peter Lang: 77 – 89.

20. Cruse. D. A. Lexical Semantics, 世界图书出版公司北京公司 2009 年版.

21. David, S. Landes. 1987. Classification and Naming [J]. Language in Society, 16: 123 – 130.

22. Dirven, R. 1999. Conversion as a conceptual metonymy of event schema [A]. In: Panther, K. -U. & Radden, G. (eds.). Metonymy in language and thought [C]. John Benjamins Publishing: 275 – 288.

23. Dirven, R. 2003. In search of Conceptual Structure: Five Milestones of in the Work of Guntter Radden [A]. In: Hubert Cuyckens, Thomas Berg, Rene Dirven and Klaus-Uwe Panther (eds.). Motivation in Language [C]. XIII.

24. Esenova, Orazgozel. 2007. Plant Metaphors for the Expression of Emotions in the English Language [J]. Beyond Philology, 5: 7 – 21.

25. Evans, V. 2009a. How Words Mean—Lexical Concepts, Cognitive Models and Meaning Construction [M]. Oxford: Oxford University Press.

26. Evans, V. 2009b. Semantic Representation in LCCM Theory [A]. In: V. Evans & S. Pource (eds.). New Directions in Cognitive Linguistics [C]. Amsterdam/Philadelphia: John Benjamin Publishing Company: 27 – 55.

27. Fauconnier, G. 1997. Mappings in Thought and Language [M]. Cambridge: Cambridge University Press.

28. Funk, W. 1978. Word Origins and Their Romantic Stories [M]. Wilfred Funk Inc.

29. Gannon, M. J. 2001. CulturalMetaphors: Readings, ResearchTranslationandCommentary [M]. Thousand Oaks California: Sage Publications, Inc.

30. Garner, Andrew. 2004. Living History: Trees and Metaphors of Identity in anEnglish Forest [J]. Journal of Material Culture, 9: 87 – 100.

31. Gibbs, R, W. 2003. Embodied Experience and Linguistic Meaning [J]. Brain and Language, 1: 1 – 15.

32. Gledhill, David. 2002. The Names of Plants (Third Edition) [M]. Cambridge: Cambridge University Press.

33. Herman, D. & Moss, S. 2007. Plant names and folk taxonomies: Frameworks for ethnosemiotic inquiry [J]. Semiotica, 167: 1 – 11.

34. Hill, Jane H. 2003. What is lost when names are forgotten [A]. In: Glauco Sanga, Gherardo Ortalli (ed.). Nature Knowledge: Ethnoscience, Cognition, and Utility [C]. Berghahn Books: 161 – 184.

35. Hsieh, Shelley Ching-yu. & Chiu, Yuan-Ling. 2004. "Plant Fixed Expressions in Mandarin Chinese and English: A Cross-cultural Study on 'trees'". Proceedings of Language Education International Conference, English Group, pp. 63 – 68. Tainan, Taiwan: South Taiwan University of Technology.

36. Hsieh, Shelley Ching-yu. & Elena, Kolodkina. 2007. Frame Semantics and Languaculture: Plant Fixed Expressions in Mandarin Chinese and English [A]. In: Studies of International Culture [C]. Taibei: Zhenli University Press. 2: 1 – 33.

37. Hunn Eugene. 1982. The Utilitarian Factor in Folk Biological Classification [J]. American Anthropologist, New Series, Vol. 84, No. 4.

38. Jackendoff, Ray. 1985. Semantics and Cognition [M]. Cambridge, Mass: MIT Press.

39. Kovecses, Zoltan. 2010. Metaphor: A Practical Introduction [M]. New York/Oxford: Oxford University Press.

40. Krzeszowski, Tomasz P. 1997. Angels and Devils in Hell: Elements of Axiology in Semantics [M]. Warszzawa: Wydawnictwo Energeia.

41. Labov, W. 1973. The Boundaries of Words and Their Meanings [A]. In: Baily, C. J. & Shuy, R. (eds.). New Ways of Analyzing Variation in English [C]. Washington: George Town University Press: 340 – 373.

42. Lai, Vicky Tzuyin. & Ahrens, Kathleen. 2004. Mappings from the Source Domain of Plant in Mandarin Chinese. Proceedings Paper of the 15th PacificAsia Conference on Language Information and Computation. City University of Hong Kong.

43. Lakoff, G. 1987. Women, fire, and dangerous things: What categories reveal about the mind [M]. Chicago: University of Chicago Press.

44. Lakoff, G. & M. Johnson. 1980. Metaphors We Live By [M]. Chicago: University of Chicago Press.

45. Lakoff, G. & M. Johnson. 1999. Philosophy in the Flesh: the Embodied Mind and Its Challenge to Western Thought [M]. New York: Basic Books.

46. Lakoff, G. & M. Turner. 1989. More than Cool Reason: A Field Guide to Poetic Metaphor [M]. Chicago: University of Chicago Press.

47. Langacker, R. 1987. Foundations of Cognitive Grammar, Vol. 1, Theoretical Prerequisites [M]. Stanford: Stanford University Press.

48. Langacker, R. 1990. Concept, Image, and Symbol [M]. Berlin. New York: Mouton de Gruyter.

49. Leech, G. 1981. Semantics (2nd ed.) [M]. Harmondsworth: Penguin Books.

50. Leech, G. 1983. Principles of Pragmatics [M]. Longman: Longman Group Limited.

51. Matthews, P. H. 1997. The Concise Oxford Dictionary of Linguistics [Z]. Oxford University Press, USA.

52. Moon, R. 1998. Fixed Expressions and Idioms in English: A Corpus-Based Approach [M]. Oxford: Clarendon Press.

53. Morris, C. W. 1938. Foundations of the Theory of Signs [M]. Chicago: University of Chicago Press.

54. Morris, C. W. 1946. Signs, Language and Behavior [M]. New Jersey: Prentice Hall.

55. Ogden, C. K. &I. A. Richards. 1989. The Meaning of Meaning: A Study of the Influence of Language upon Thought and of the Science of Symbolism [M]. New York: Harcourt Brace; London: Kegan Paul.

56. Ortony, A. (ed.). 1993. Metaphor and thought. (2nd ed.) [M]. Cambridge: Cambridge University Press.

57. Radden, G. & Kovecses, Z. 1999. Towards a theory of Metonymy [A]. In: K. Panther & G. Radden (eds.). Metonymy in Language and Thought [C]. Amsterdam: John Benjamins.

58. Rakova, M. 2004. The Extent of the Literal Metaphor, Polysemy and Theories of Concepts [M]. Beijing: Peking University Press.

59. Rastall, Paul. 1996. Metaphor and the names of plants [J]. English Today, 12: 30 – 31.

60. Richards, I. A. 1936. The Philosophy of Rhetoric [M]. New York/Oxford: Oxford University Press.

61. Rival, Laura. 1998. The social life of trees: anthropological perspectives on tree symbolism [M]. Berg.

62. Roger Lass & John M. Anderson. 1994. Old English: A Historical Linguistic Companion [M]. Cambridge University Press.

63. Rosch, E. 1975. Cognitive Representations of Semantic Categories [J]. Journal of Experimental Psychology: General, Vol. 104, (3): 192 – 233.

64. Rosch, E. 1977. Human categorization [A]. In: Warren, N. (Ed.), Advances in cross-cultural psychology [C]. Vol. 1. London: Academic Press.

65. Rosch, E. 1978. Principles of Categorization [A]. In: Rosch, E. & Lloyd,

B. (eds.) . Cognition and Categorization [C]. Hillsdale, New Jersey: Lawrence Erlbaum: 27 – 48.

66. Rydén, Mats. 1984. The contextual significance of Shakespeare's plant names [J]. Studia Neophilologica, 2: 155 – 162.

67. Saussure. 2001. Course in General Linguistics [M]. Beijing: The Commercial Press.

68. Smith, L. P. 1925. Words and Idioms [M]. London: Oxford University Press.

69. Su, Jerome Cheng-lung. 2003. Striving for Accuracy: The Rendition of Plant Names in Bilingual Dictionaries [J]. Journal of Translation Studies, 8: 75 – 90.

70. Taylor, J. R. 1989. Linguistic Categorization: Prototypes in Linguistic Theory [M]. Oxford: Oxford University Press.

71. Taylor, J. R. 2002. Cognitive Grammar [M]. Oxford: Oxford University Press.

72. Ullmann, Stephen. 1962. Semantics [M]. Oxford: Blackwell & New York: Bames & Noble.

73. Ullmann, Stephen. 1983. Semantics: an introduction to the science of meaning [M]. Oxford: Basil Blackwell.

74. Ungerer, F. & H, Schmid. 2008. An Introduction to Cognitive Linguistics [M]. London: Addition Wesley Longman Limited.

75. Wierzbicka, A. 1990. The Meaning of Color Terms: Semantics, Culture and Cognition [J]. Cognitive Linguistics, 1: 99 – 150.

76. Wilkins, David. 1972. Linguistics in Language Teaching [M]. Edward Arnold.

77. Witkowski, Stanley R. et al. 1981. Where Do Tree Terms Come From [J]. Man, 16: 1 – 14.

78. Ye, Zhengdao. 2007. Memorization, learning, and cultural cognition: the notion of bei ("auditory memorizing") in the written Chinese tradition [J]. (ed. in Mengistu Amberber). The Language of Memory in a Cross-linguistic Perspective. John Benjamins Publishing Company, Amsterdam, the Netherlands, pp. 139 – 180.

79. Yu，Ning. 1995. Metaphorical expressions of anger and happiness in English and Chinese ［J］. Metaphor and Symbolic Activity，10（2）：59－92.

80. Yu，Ning. 2009a. From Body to Meaning in Culture：Papers on Cognitive Semantic Studies of Chinese ［M］. Amsterdam and Philadelphia：John Benjamins.

81. Yu，Ning. 2009b. The Chinese HEART in a Cognitive Perspective：Culture，Body，and Language ［M］. Berlin：New York（Mouton de Gruyter）.

82. Zeiger，A. 1978. Encyclopedia of English ［M］. Arco Publishing Company，Inc.

83. ［法］阿尔诺·朗斯洛：《普遍唯理语法》，张学斌、柳利译，商务印书馆 2010 年版。

84. ［美］爱德华·萨丕尔：《语言论》，陆卓元译，商务印书馆 1964 年版。

85. ［英］埃德蒙·利奇：《文化与交流》，郭凡、邹和译，上海人民出版社 2000 年版。

86. 安志伟：《汉语动植物名词指人现象的隐喻认知研究》，《东岳论丛》2009 年第 10 期。

87. 白靖宇：《文化与翻译》，中国社会科学出版社 2010 年版。

88. 卞于靖：《论汉英植物词联想意义的异同》，《语文学刊》2005 年第 3 期。

89. ［美］Dwight L. Bolinger：《语言要略》，方立等译，外语教学与研究出版社 1993 年版。

90. ［英］布莱恩·特纳：《身体与社会》，春风文艺出版社 2000 年版。

91. 蔡基刚：《英汉词汇对比研究》，复旦大学出版社 2008 年版。

92. 蔡龙权：《隐喻化作为一词多义的理据》，《上海师范大学学报》（哲社版）2004 年第 5 期。

93. 蔡金亭、陈晦：《动词突显度对英语过渡语中一般过去时标记的影响》，《四川外语学院学报》2005 年第 6 期。

94. 常敬宇：《汉语词汇与文化》，北京大学出版社 1995 年版。

95. 陈道明：《Metonymy：借代与转喻》，《西安外国语大学学报》2007 年第 4 期。

96. 陈晦：《英语贺卡语中的语用前提》，《山东外语教学》2003 年第

2 期。

97. 陈晦：《环境语与师生的课堂空间位置》，《中小学英语教学与研究》2004 年第 6 期。

98. 陈晦：《语用前提运用的认知性透视》，《江汉大学学报》（人文科学版）2007 年第 3 期。

99. 陈晦：《英汉习语中本体/喻体的文化语义感知》，《湖北大学学报》（哲学社会科学版）2009 年第 6 期。

100. 陈晦：《英汉指示词与时间名词的搭配及其语义认知研究》，《南华大学学报》（社会科学版）2011 年第 4 期。

101. 陈晦：《"植物是人"概念隐喻在汉英植物名中的投射》，《外国语文》2014a 年第 5 期。

102. 陈晦：《汉英植物名理据及生态观对比分析》，《西安外国语大学学报》2014b 年第 5 期。

103. 陈家旭：《英汉隐喻认知对比研究》，学林出版社 2007 年版。

104. 陈建生：《认知词汇学概论》，复旦大学出版社 2008 年版。

105. 陈骙：《文则》，人民文学出版社 1998 年版。

106. 陈蕊、梁丽：《英汉植物隐喻的跨文化比较》，《外语教育》2007 年第 1 期。

107. 陈蕊娜：《汉英植物文化的社会差异》，《贵州工业大学学报》（社会科学版）2003 年第 1 期。

108. 陈晚姑：《英汉复合词的语义及认知模式对比研究》，《外语学刊》2008 年第 2 期。

109. 陈望道：《修辞学发凡》，上海教育出版社 2001 年版。

110. 陈西平：《中国民俗中的树文化内涵》，《前沿》2003 年第 8 期。

111. 陈香兰：《转喻：从"辞格"到认知的研究回顾》，《外语与外语教学》2005 年第 8 期。

112. 陈映戎：《汉英植物隐喻的跨文化理解研究》，华东师范大学博士论文，2012 年。

113. 陈重明：《民族植物与文化》，东南大学出版社 2004 年版。

114. 褚孝泉：《语言哲学：从语言到思想》，生活·读书·新知三联书店 1991 年版。

115. 崔爱勇：《英汉语言中的植物文化特点》，《内蒙古农业大学学报》

2003 年第 2 期。

116. 崔大方：《植物分类学》，中国农业出版社 2006 年版。

117. 崔明昆：《植物民间分类、利用与文化象征》，《中南民族大学学报》（人文社会科学版）2005 年第 4 期。

118. 戴浩一：《认知功能语法与汉语教学》，《语言与语言教学》，香港：香港教育学院 2003 年版。

119. 丁国旗：《认知语法视角下的意象分析与翻译》，浙江大学出版社 2011 年版。

120. 杜学增：《中英（英语国家）文化习俗比较》，外语教学与研究出版社 1999 年版。

121. 段照炜：《英汉植物词汇不同的文化含义和修辞功能》，《开封大学学报》2008 年第 2 期。

122. 方造：《文化移植中的若干问题》，《外语学刊》1996 年第 1 期。

123. 丰国欣：《汉英复合词的对比分析》，《西安外国语大学学报》2011 年第 3 期。

124. 冯英：《汉语义类词群的语义范畴及隐喻认知研究》，北京语言大学出版社 2009 年版。

125. 付广华：《传统生态知识：概念、特点及其实践效用》，《湖北民族学院学报》（哲学社会科学版）2012 年第 4 期。

126. 符淮青：《词义的分析和描写》，外语教学与研究出版社 2006 年版。

127. ［法］福柯·米歇尔：《词与物》，莫伟民译，上海三联书店 2001 年版。

128. 耿占春：《隐喻》，东方出版社 1993 年版。

129. 顾晓鸣：《有形与无形：文化寻踪》，上海人民出版社 1989 年版。

130. 郭锦桴：《汉语地名与多彩文化》，上海辞书出版社 2004 年版。

131. 郭聿楷：《符号关系与词义》，《中国俄语教学》1996 年第 4 期。

132. 何善芬：《英汉语言对比研究》，上海外语教育出版社 2002 年版。

133. ［德］洪堡特·威廉·冯：《论人类语言结构的差异及其对人类精神发展的影响》，姚小平译，商务印书馆 1997 年版。

134. 胡世平：《汉英拉动植物名称》，商务印书馆 2003 年版。

135. 胡曙中：《英汉修辞比较研究》，上海外语教育出版社 1993 年版。

136. 胡筝：《生态文化——生态实践与生态理性交汇处的文化批判》，中国社会科学出版社 2006 年版。

137. 胡壮麟：《隐喻认知学》，北京大学出版社 2004 年版。

138. 黄碧蓉、于睿：《人体词语词义转喻性研究》，《外语学刊》2011 年第 4 期。

139. 黄鹤：《论客家山歌的文化题与文化意象》，《岭南文史》2004 年第 S1 期。

140. 黄河清：《英国地名探源》，《现代外语》1988 年第 2 期。

141. 黄普华：《植物名称研究专集》，中国林业出版社 2011 年版。

142. 黄兴运、覃修桂：《体验认知视角下"水"的概念隐喻》，《山东外语教学》2010 年第 6 期。

143. （西晋）嵇含：《南方草木状》，《丛书集成初编》（第 1532 册），中华书局 1985 年版。

144. ［德］伽达默尔·汉斯·乔治：《真理与方法》，洪汉鼎译，上海译文出版社 1999 年版。

145. 寇福明：《汉英谚语对比研究》，中央民族大学博士学位论文，2007 年。

146. ［美］理查德·多尔逊：《民俗学·域外民俗学鉴要》，王汝澜译，宁夏人民出版社 2005 年版。

147. 李丹弟：《词语语用义的认知理据》，《湖北社会科学》2009 年第 3 期。

148. 李冬：《汉英词语理据比较》，《外国语》1988 年第 6 期。

149. 李福印：《语义学概论》，北京大学出版社 2006 年版。

150. 李国南：《辞格与词汇》，上海外语教育出版社 2001 年版。

151. 李国南：《英语动词过去时的隐喻认知模式》，《外语教学与研究》2004 年第 1 期。

152. 李景光：《浅析中西方节日的文化渊源及演变发展趋势》，《吉林省教育学院学报》2009 年第 11 期。

153. ［英］利奇·杰弗里：《语义学》，上海外语教育出版社 1987 年版。

154. 李瑞华：《英汉语言文化对比研究》，上海外语教育出版社 1996 年版。

155. （明）李时珍：《本草纲目》，人民卫生出版社 1982 年版。

156. 李耸、赵晓丹：《英汉语言中隐喻的认知与异同》，《东北大学学报》（社会科学版）2004 年第 2 期。

157. 李行键、余志鸿：《现代汉语异形词研究》，上海辞书出版社 2005 年版。

158. 李勇忠：《语言结构的转喻认知理据》，《外国语》2005 年第 6 期。

159. 连淑能：《英汉对比研究》，高等教育出版社 1993 年版。

160. 廖光蓉：《英汉文化植物词对比》，《解放军外国语学院学报》2002 年第 4 期。

161. 林孟美：《中文动植物譬喻衍生词初探》，（台湾）清华大学硕士学位论文，2006 年。

162. 林书武：《国外隐喻研究综述》，《外语教学与研究》1997 年第 1 期。

163. 刘辰诞：《英语植物俗名略论》，《信阳师范学院学报》（哲学社会科学版）1995 年第 2 期。

164. 刘介民：《比较文学方法论》，天津人民出版社 1993 年版。

165. 刘洁修：《汉语成语考释词典》，商务印书馆 2003 年版。

166. 刘京：《〈尔雅·释草〉名物词理据研究》，《科技信息》（学术研究）2008 年第 7 期。

167. 刘晶：《人类学视域中的颜色词语研究》，《外语学刊》2009 年第 5 期。

168. 刘宓庆：《新编汉英对比与翻译》，中国对外翻译出版公司 2006 年版。

169. 刘世彪：《〈红楼梦〉中植物的特点及其研究价值》，《曹雪芹研究》2014 年第 1 期。

170. 刘铁凯、谷化琳：《比喻的相似性与相关性及其感知过程》，《四川外语学院学报》2005 年第 6 期。

171. 陆国强：《现代英语词汇学》，上海外语教育出版社 1999 年版。

172. 卢卫中：《人体隐喻化的认知特点》，《外语教学》2003 年第 6 期。

173. 卢植：《认知与语言：认知语言学引论》，上海外语教育出版社 2006 年版。

174. 卢植、孟智君：《英汉概念隐喻的认知语言学分析》，《华南师范大学学报》（社会科学版）2004 年第 3 期。

175. 陆宗达、王宁：《训诂与训诂学》，山西教育出版社 1994 年版。

176. 罗荷香、张治国：《从地理环境比较中英词汇的国俗语义差异》，《江西社会科学》2003 年第 11 期。

177. 骆世平：《英语习语研究》，上海外语教育出版社 2006 年版。

178. 罗晓燕、葛俊丽：《植物隐喻映射下的汉英情感叙事》，《浙江工业大学学报》（社会科学版）2010 年第 1 期。

179. 马清华：《文化语义学》，江西人民出版社 2006 年版。

180. 马壮寰：《索绪尔语言理论要点评析》，北京大学出版社 2008 年版。

181. 梅家驹：《同义词词林》，上海辞书出版社 1989 年版。

182. ［英］帕默尔：《语言学概论》，李荣等译，商务印书馆 1983 年版。

183. ［法］帕斯卡尔：《思想录》，何兆武译，商务印书馆 1985 年版。

184. 潘富俊：《诗经植物图鉴》，上海书店出版社 2003 年版。

185. 潘富俊：《唐诗植物图鉴》，上海书店出版社 2003 年版。

186. 潘文国：《汉英语对比纲要》，北京语言大学出版社 1997 年版。

187. 潘文国：《语言的定义》，《华东师范大学学报》2001 年第 1 期。

188. 裴盛基：《中国民族植物学：回顾与展望》，《中国医学生物技术应用杂志》2003 年第 2 期。

189. 裴盛基：《植物的文化寓意》，《生命世界》2008 年第 9 期，第 1 页。

190. 戚雨村：《现代语言学的特点和发展趋势》，上海外语教育出版社 2011 年版。

191. 钱冠连：《语言全息论》，商务印书馆 2002 年版。

192. 钱冠连：《美学语言学：语言美和言语美》，高等教育出版社 2004 年版。

193. 钱冠连：《语言：人类最后的家园》，商务印书馆 2005 年版。

194. 钱冠连：《有理据的范畴化过程——语言理论研究中的原创性》，《外语与外语教学》2001 年第 5 期。

195. 秦建栋：《略论汉英词汇的理据》，《福建外语》1995 年第 3 期。

196. 瞿明安：《隐藏民族灵魂的符号：中国饮食象征文化论》，云南大学出版社 2002 年版。

197. 冉永平：《词汇语用信息的临时性及语境构建》，《外语教学》2008 年第 6 期。

198. 冉永平：《词汇语用信息的语境依赖与词汇释义之缺陷》，《中国外语》2009 年第 2 期。

199. 任重：《生态伦理学维度》，江西人民出版社 2012 年版。

200. 邵志洪：《英汉语研究与对比》，华东理工大学出版社 1997 年版。

201. 邵志洪、邵惟韺：《词汇化拟人和修辞性拟人》，《解放军外国语学院学报》2007 年第 2 期。

202. 佘正荣：《中国生态伦理传统与现代西方环境伦理学思维方式之比较》，《鄱阳湖学刊》2011 年第 1 期。

203. 沈安平：《论社会文化与语言的联想意义》，上海外语教育出版社 1996 年版。

204. 沈家煊：《英汉方所概念的表达》，赵世开：《汉英对比语法论集》，上海外语教育出版社 1999 年版。

205. 谌莉文：《概念隐喻与委婉语隐喻意义构建的认知理据》，《外语与外语教学》2006 年第 8 期。

206. 申小龙：《中国语言的结构与人文精神》，光明日报出版社 1988 年版。

207. 束定芳：《文化·语言·外语教学》，《山东外语教学》1988 年第 2 期。

208. 束定芳：《隐喻学研究》，上海外语教育出版社 2000 年版。

209. 束定芳：《论隐喻的认知功能》，《外语研究》2001 年第 2 期。

210. 宋春阳：《现代汉语"名＋名"逻辑语义研究》，学林出版社 2005 年版。

211. 谭宏娇：《古汉语植物命名研究》，浙江大学博士学位论文，2004 年。

212. 谭宏娇：《〈山海经〉植物名的构词特点》，《北京林业大学学报》（社会科学版）2005 年第 1 期。

213. 谭宏娇：《汉英植物名比较初探》，《吉林师范大学学报》（人文社会科学版）2010 年第 5 期。

214. 谭业庭、张英杰：《中国民俗文化》，经济科学出版社 2010 年版。

215. ［英］特纳·布莱恩：《身体与社会》，马海良、赵国新译，春风文艺出版社 2000 年版。

216. 田茉云：《从丧葬礼俗看中西方文化的差异》，《无锡商业职业技术学院学报》2006 年第 5 期。

217. 田运：《思维辞典》，浙江教育出版社 1996 年版。

218. 王艾录：《汉语理据词典》，北京语言学院出版社 1995 年版。

219. 王艾录、司富珍：《汉语的语词理据》，商务印书馆 2001 年版。

220. 王艾录、司富珍：《语言理据研究》，中国社会科学出版社 2002 年版。

221. 王德春：《国俗语义学和〈汉语国俗词典〉》，吴友富：《国俗语义研究》，上海外语教育出版社 1998 年版。

222. 王德春：《多角度研究语言》，清华大学出版社 2002 年版。

223. 王德春、王建华：《论双语国俗语义的差异模式》，吴友富：《国俗语义研究》，上海外语教育出版社 1998 年版。

224. 王德春、杨素英、黄月圆：《汉英谚语与文化》，上海外语教育出版社 2003 年版。

225. 王逢鑫：《英汉比较语义学》，外文出版社 2001 年版。

226. 王福祥、吴汉樱：《文化与语言》，外语教学与研究出版社 1994 年版。

227. 王化鹏：《论汉英语动物词的语义特征与翻译》，《福建外语》1995 年第 1 期。

228. 王继同：《新编汉英分类词典》，浙江大学出版社 2005 年版。

229. 王静：《英汉植物词汇隐喻的认知比较》，《长春师范学院学报》2009 年第 1 期。

230. 王珏：《植物名词的分类及其语义和语法区别》，《世界汉语教学》1998 年第 1 期。

231. 王珏：《现代汉语名词研究》，华东师范大学出版社 2001 年版。

232. 王珏：《汉语生命范畴初论》，华东师范大学出版社 2004 年版。

233. 王璞：《英汉植物隐喻对比研究》，上海海事大学硕士学位论文，2007 年。

234. 王茜：《生态文化的审美之维》，上海人民出版社 2007 年版。

235. 汪榕培：《英语词汇学高级教程》，上海外语教育出版社 2002 年版。

236. 王薇：《名词动用的认知研究》，浙江大学出版社 2009 年版。

237. 王文斌：《英语词汇语义学》，浙江教育出版社 2001 年版。

238. 王文斌：《英语词法概论》，上海外语教育出版社 2005 年版。

239. 王文斌：《受喻者的主体性及主题自治》，《外国语》2006 年第 6 期。

240. 王晓丽：《从文化人类学的角度讨论民俗》，《中国社会科学院研究生院学报》2005 年第 4 期。

241. 王寅：《论语言符号象似性》，新华出版社 1999 年版。

242. 王寅：《语义理论与语言教学》，上海外语教育出版社 2001 年版。

243. 王寅：《认知语言学探索》，重庆出版社 2005 年版。

244. 王寅：《认知语言学》，上海外语教育出版社 2007 年版。

245. 吴恩锋、全晓云：《论"茶"的隐喻认知系统》，《江南大学学报》2007 年第 6 期。

246. （清）吴其濬：《植物名实图考校释》，张瑞贤等校释，中医古籍出版社 2008 年版。

247. 吴世雄：《隐喻，词源和文化：基于语料库的探索和方法论思考》，中国社会科学出版社 2008 年版。

248. 吴世雄、陈维振：《原型范畴理论的历史渊源及其对模糊语义研究的意义》，《天津外国语学院学报》2004 年第 5 期。

249. 吴友富：《国俗语义研究》，上海外语教育出版社 1999 年版。

250. 夏纬瑛：《植物名释札记》，农业出版社 1990 年版。

251. 肖志清：《来自地名的英语词汇》，《科技英语学习》2009 年第 8 期。

252. 谢春红：《当代中国共产党建设学习型政党研究》，人民出版社 2009 年版。

253. 徐宏亮：《英汉比喻喻体的国俗语义比较》，《广西社会科学》2003 年第 9 期。

254. 徐烈炯：《概念的命名和词义的理据》，《外国语》1981 年第 4 期。

255. 徐通锵：《对比和汉语语法研究的方法论》，《语言研究》2001 年第 4 期。

256. 许余龙：《对比语言学概论》，上海外语教育出版社 1992 年版。

257. 许余龙：《对比语言学》，上海外语教育出版社 2002 年版。

258. 徐郑慧：《汉英植物文化社会差异探论》，《广西教育学院学报》2006 年第 4 期。

259. 严辰松：《语言理据探究》，《解放军外国语学院学报》2000 年第 6 期。

260. 闫亚平：《外来文化对词语象征义的影响》，《修辞学习》2005 年第 5 期。

261. 杨士虎、王小博：《〈圣经〉中的生态观》，《西北师范大学学报》（社会科学版）2010 年第 3 期。

262. 杨元刚：《英汉词语文化语义对比研究》，武汉大学出版社 2008 年版。

263. 杨元刚、张安德：《英汉植物词文化联想意义对比分析》，《语言教学与研究》2002 年第 4 期。

264. 杨自俭：《简论对比语言学中的几个问题》，《英汉语比较与翻译》（3），上海外语教育出版社 2000 年版。

265. 叶蜚声：《历史语言学》，商务印书馆 1991 年版。

266. 殷莉、韩晓玲：《英汉习语与民俗文化》，北京大学出版社 2007 年版。

267. 尹小梅：《汉英植物概念框架研究》，湖南师范大学硕士学位论文，2008 年。

268. 余江玲、陈月华：《中国植物文化形成背景》，《西安文理学院学报》（自然科学版）2007 年第 1 期。

269. 余谋昌：《生态文化论》，河北教育出版社 2001 年版。

270. 袁晓红、戴卫平：《美语词汇与美利坚文化研究》，吉林大学出版社 2010 年版。

271. 张公瑾：《语言与民族物质文化史》，民族出版社 2002 年版。

272. 张建理：《英汉"心"的多义网络对比》，《浙江大学学报》2006 年第 3 期。

273. 张敏：《认知语言学与汉语名词短语》，中国社会科学出版社 1998 年版。

274. 张维友：《英汉语缀合构词法比较》，《外语与外语教学》2007 年第 2 期。

275. 张宜波：《英汉植物词语的国俗语义对比研究》，《石油大学学报》（社会科学版）2000 年第 3 期。

276. 张再红：《词汇文化义的认知研究》，上海译文出版社 2010 年版。

277. 张喆：《基于英语语料的"人是树"隐喻研究》，《郑州大学学报》（哲学社会科学版）2012 年第 3 期。

278. 赵爱国、姜雅明：《应用语言文化学概论》，上海外语教育出版社 2003 年版。

279. 赵伯涛：《门前有槐》，《生命世界》2008 年第 9 期。

280. 赵世开：《汉英对比语法论集》，上海外语教育出版社 1999 年版。

281. 赵新：《汉英植物文化的社会差异》，《中山大学学报》1998 年第 4 期。

282. 赵艳芳：《隐喻的认知结构——〈我们赖以生存的隐喻〉评介》，《外语教学与研究》1995 年第 3 期。

283. 赵艳芳：《认知语言学概论》，上海外语教育出版社 2001 年版。

284. 钟守满：《颜色词的语义认知和语义结构》，《外语教学》2001 年第 4 期。

285. 钟守满：《英汉言语行为动词语义认知结构研究》，中国科学技术大学出版社 2008 年版。

286. 周方珠:《生物学词语的文化内涵及翻译》,《中国科技翻译》2003
     年第 2 期。

287. 周红英:《"家/family/home"在中西文化中的概念差异及其文化认知
     理据》,《西安外国语大学学报》2011 年第 1 期。

后　记

　　本书是在我的博士论文的基础上加工、修订完成的。在撰写、修改和出版的过程中，获得了多方面的指导和支持，没有这些帮助和鼓励，本书不可能得以顺利出版。当初选择这一研究课题，在一些学长、同仁看来是"吃力不讨好"的，因为英汉语植物词汇本身数量多、语用广，要对其词义理据进行系统的对比研究，不仅难度非常大，而且短期内无法出成果，尤其出不了大成果。可我依然固执，"无知者无畏"，因为不知道驾驭这样一个看似简单、实则不易的课题需要的不仅仅是选择的勇气、满腔的热情，更需要多学科的理论积累、丰富的社会阅历以及冷静、客观、全面的分析能力，只是凭借着自己多年来对于语言文化、植物词汇、生态文化及其相关问题的长期关注和由此引发的一些思想感悟，凭借着在思想的碰撞和切身的体悟中自然衍生的对民族发展的一种责任感和使命感，以及对党的十八大提出的推进生态文明建设的一种强烈认同。当然，也是出于"私心"——我所在大学的图书馆里收藏有多种中外植物学研究的图书，在文献查阅与参考上具有较大优势。由此，我在"放弃与坚持"的反复中磕磕绊绊地走到了今天，为本书画上了一个句号。

　　这个句号显然不完满，因为它还有许多的不足，立意还欠深远，论证还欠深刻，主题拓展和具体论证等方面还需加强。但是，它是真诚的、朴实的，在经历了一千多个日日夜夜的辗转反侧、苦思冥想、提炼升华之后，它已然注入了我的生命，积淀为我生命中的一个重要的组成部分。回放那一千多个忍受腰椎隐痛而伏案写作的日子，那一个个熟悉而又陌生的字符在电脑屏幕前跳跃，生活就是一场紧张、单调而又充满新奇的拉练。我工作在浙江农林大学，这里既是校园，又是植物园，尽管每天忙于做不完的"备、教、批、辅、考"具体教研事务，无暇顾及满眼的花草树果，但置身其中，无法不受植物散发出来的强大生命力和巨大包容性的感染，以致总会产生莫名的冲动——想了解它们叫什么、有什么特点，想与它们进行对话，在疲惫不堪之时、在情绪低落之时，甚至是植物们在给我以精神和物质支持，用它们那公平眷顾的绿意花香、用它们那热情招展的生机活力告诉我：平凡人生也拥有生命的本色之美……此时，面对 3000 多种热爱我和我热爱的植物，我恍惚看到了它们在接受一件小礼物——我这颗无怨无悔、常怀激情之心时露出的满足笑容。我一直认同和坚守"送人玫瑰，手留余香"、"多栽花，少栽刺"。礼物送出，我感觉到了一种经由"迷茫—困惑—苦难—深渊—欣慰"而达至的内心快乐。其实，我一直"痛并快乐着"，由此也对赐予我这种快乐的人们始终心存感激。

特别感谢我的博士论文导师、上海外国语大学许余龙教授，先生无私的指导、亲切的鼓励和耐心的帮助是书稿得以完成的直接外因。他的关怀印记在对我的悉心教诲、严格要求、启迪点拨里。还要感谢在我求学路上传授给我知识、引导我前行的其他各位小学、中学、大学老师。是我的老师们让我从一个无知男孩成长为一名可以指导后学的高校教育者。师恩永存！

感谢浙江农林大学外国语学院的领导和同事，谢谢你们工作上的理解、支持、友好合作！感谢我曾经的学生——浙江农林大学英语 083 班的全体同学，一张张灿烂的笑脸缀满心房，谢谢你们帮忙收集、整理资料！感谢 Vyvyan Evans 教授邀请我访问英国班戈大学语言学和英语学院并指导我完成"英汉植物名词义概念及隐喻映射比较"课题的研究。帮助和关爱难忘心间。情谊珍贵！

特别感谢浙江省社科联的全额资助！特别感谢浙江农林大学生态文明研究中心和国家留学基金委 2014 年地方（浙江）合作项目对先期课题的大力扶持！特别感谢浙江农林大学人事处、科技处的开明支持！鞭策无形！

感谢父母和亲人，从年少书生到双鬓向白，无论曾经辉煌或落寞，他们始终用浓浓的温情将我包容。父亲教导我人生要做"两个人"——一个对社会有用的人、一个知情感恩的人；弟弟们援助我、激励我；风雨与共的妻子和聪明贴心的女儿一直在默默支撑着我。亲情无价！

由于本人学识与精力的欠缺，本书中许多观点难免存在疏漏与论证不周的地方，敬请同行批评指正。

陈　晦

2015 年 6 月 28 日于英国班戈